नारी-महिमा

राम प्रताप सिंह

"खुदी को कर बुलंद इतना कि हर तकदीर से पहले खुदा बंदे से खुद पूछे
बता तेरी रजा क्या है" -अलामा इकबाल

"उठो,जागो और तब तक मत रुको जब तक मंजिल मिल न जाए" - स्वामी विवेकानंद

क्रम-सूची

क्रम-सूची

प्रस्तावना

"नारी-महिमा" नारी के मूल स्वभाव और संघर्ष की कहानी है | यह एक सफल जीवन जीने वाली महान नारियों के जीवन की दास्तान है | जी हाँ ,ये दुनिया की उन नारियों की कहानी है जो आपको अंदर तक हिला देगी और सोचने पर मजबूर कर देगी कि क्या यह भी संभव है | उन्होंने असंभव को संभव कर दिखाया | पुरुष ने नारी को हमेशा कमतर आँका है पर नारी पुरुष से कहीं अधिक सहनशील, दृढ़निश्चयी और कर्मठ है | उनकी जीवन गाथा को एक साथ पिरोने का उद्देश्य सिर्फ यही है कि हमारी वर्तमान और भावी पीढ़ी इन नारियों की संघर्षपूर्ण और साहस पूर्ण गाथा को पढे, सुने ,समझे ,अपना आत्मनिरीक्षण करें और प्रेरणा लें | मैंने पूरी कोशिश की है कि जीवन के हर क्षेत्र में अपना लोहा मनवाने वाली नारियों के जीवन चरित्र को इसमें समावेश करूँ | हालांकि पूरी दुनिया में न जाने कितनी नारियाँ हैं जिन्हे कोई पहचान नहीं मिल पाई पर उनका योगदान अपने परिवार, समाज और देश के निर्माण में कम नहीं है | इस कहानी को एक साथ पिरोने में मैंने पूरी ईमानदारी बरती है | मेरा इरादा किसी व्यक्ति विशेष की भावनाओं को चोट पहुंचाने का नहीं है बल्कि पूरी सच्चाई के साथ जो कुछ उनके साथ घटित हुआ है वही कहने का है | इंसान इस जीवन में बहुत कुछ सीखता है | एक स्वयं के अनुभव से और दूसरा दूसरों के अनुभव से | स्वयं के अनुभव से सीखने के लिए एक जिंदगी कम है | यही वजह है की इंसान दूसरों के अनुभव से भी सीखता है | इंसान को केवल दो चीजें कामयाब बनाती हैं ,एक अच्छी किस्मत और दूसरी कड़ी मेहनत | अच्छी किस्मत सबकी नहीं होती और कड़ी मेहनत सबसे नहीं होती | जिसने किस्मत को कभी नहीं माना और कड़ी मेहनत से कभी पीछे नहीं हटा कामयाबी उसके कदम चूमती रही|

अपने जीवन संघर्ष में जो सपने उन्होंने बुने उन पर पूरी सिद्दत से पाने के लिए वो संघर्षरत रहीं ,वो संकल्पशील थी या यूं कहें की वो हठी थीं | उन्होंने जीवन की घोर गरीबी,अभाव, कुंठा ,हीनता, पुरुष समाज के अत्याचार को सहते हुए उसे ही अपना हथियार बनाया और अपने जीवन

की दशा और दिशा खुद तय किया | जन्म लेते ही कोई व्यक्ति महान नहीं होता बल्कि उसकी सोच और उसके कार्य ही उसे महान बनाते है | हर व्यक्ति के अंदर मानवीय कमियाँ है | पर इन कमियों के बावजूद जिसने उन पर विजय हासिल कर लिया वही सफल हो गया| परिवार और देश के प्रति कर्तव्यों का निर्वहन करने वाली ऐसी ही महिलाओं ने अपने जीवन को निरंतर प्रगतिशील और खुशहाल बनाया|

हमें अपने अंदर आत्मविश्वास पैदा करना चाहिए | यह तभी होता है जब हम अपने लक्ष्य को ध्यान में रखकर हमेशा प्रयत्नशील रहें | मुशीबतों और रास्ते में आने वाली चुनौतियों से न घबड़ाएं , सफलता जरूर मिलेगी | जिस व्यक्ति ने अपने मन को जीत लिया उसने जग को जीत लिया | हमें अपनी आदतों का गुलाम नहीं बल्कि मालिक होना चाहिए | अच्छा स्वास्थ्य , अच्छे विचार, अच्छी संगति, अच्छी पुस्तकें ,अच्छी शिक्षा व संस्कार और इंसान के अपने कर्म ही उसको जीवन में सफल बनाते हैं |

मैं मानता हूँ हम सबका जीवन संघर्ष से भरा है | सभी के जीवन में संघर्ष होता है | पर संघर्ष में भी सुख छुपा होता है | वह दिखाई नहीं देता , वह महसूस होता है – आपके जज्बे से , काम करने के अंदाज से |

इस किताब में लिखे नारियों का जीवन चरित्र कोरी कल्पना नहीं बल्कि यथार्थ के धरातल पर किया गया जीवन संघर्ष है जो आपको निराशा के गर्त से निकालकर आपके जीवन में आशा और उत्साह का संचार कर देगा | यदि आपको उन महान नारियों के जीवन से थोड़ी भी प्रेरणा मिल सकी तो मैं समझूँगा की यह कहानी लिखने का मेरा प्रयास सफल रहा | लेखक से पत्र व्यवहार का पता rps1959@gamil.com Mobile No 7000153809

भूमिका

राम प्रताप सिंह भारतीय सेना, मैकनाइज्ड इनफेन्ट्री रेजीमेंट व सीमा सुरक्षा बल में एक सैन्य अधिकारी थे | उन्हे सैन्य सेवा का 36 वर्षों का अनुभव है| अपनी सेवा काल के दौरान उन्हे भारत-पाकिस्तान व भारत-बांग्लादेश सीमा में कार्य करने का अनुभव है | इसके अलावा उन्होंने अंग्रेजी साहित्य, विधि,मानव अधिकार, बिजनेस एडमिनिस्ट्रेशन, सायबर लॉ , लेबर लॉ में मास्टर्स डिग्री व डिप्लोमा हासिल किया है | सैन्य सेवा से मुक्त होने के बाद वो एक कंपनी में प्रशासनिक व सुरक्षा अधिकारी रहे| उन्होंने वकालत का पेशा भी अपनाया | अब वह अपना पूरा समय पठन-पाठन व लेखन में देते हैं | नारी-महिमा हिन्दी भाषा मे लिखा गया उनका सोलहवाँ उपन्यास है |

नारी-महिमा विश्व की उन महान नारियों की कहानी है जिन्हे अपने जीवन में घोर विपत्तियों का सामना करना पड़ा | जीवन के पथ में वो हर कदम पर संघर्ष करती रहीं |विपरीत परिस्थितियों के बावजूद भी उन्होंने अपना हौसला कम नहीं होने दिया | परिवार से ,समाज से, उन्हे घोर उपेक्षा और प्रताड़ना सहने को मिली पर वो अपने निर्धारित लक्ष्य से विचलित नहीं हुईं | उन्हे अपने आप को साबित करने के लिए अपने प्राणों तक का उत्सर्ग भी करना पड़ा पर वे पीछे नहीं हटीं | वो अपने जुनून को पागलपन की हद तक ले गईं और अंततः अपने लक्ष्य को हासिल कर लिया | उनकी यही उद्दाम इच्छा और सतत प्रयास ने उन्हे इतनी ऊंचाई तक पहुंचाया की वो आज देश और दुनिया के इंसानों के लिए प्रेरणास्रोत बन गईं | पढिए इन महान नारियों की संघर्ष गाथा – नारी-महिमा |लेखक से पत्र व्यवहार का पता –Email : rps1959@gmail.com Mobile No 91-7000153809.

पावती (स्वीकृति)

आशा मैं तुम्हारा आभारी हूँ , तुमने मेरे जीवन के हर क्षण को सुखमय
बनाया

आमुख

आरोही मुझे तुम्हारा ऊर्जा और उत्साह से भरा हुआ चेहरा याद आता है तो लगता है ठंडी हवा का झोंका आ रहा है जो जगाएगा,उठाएगा और हम सबके जीवन में आशा का संचार कर देगा |तुम्हारे दिल में लोगों के लिए प्यार होगा ,ममता होगी,सद्भावना होगी और अपने बड़ों के लिए सम्मान होगा | तुम भविष्य की धरोहर हो ,तुमसे परिवार,समाज और देश को बहुत उम्मीदें हैं | मुझे यकीन है तुम्हारे अंदर वो क्षमता और प्रतिभा है जो तुम्हें उस ऊंचाई तक ले जाएगी जहां तुम्हें देखकर लोग तुम पर गर्व महसूस करेंगे | बस तुम प्रयत्नशील रहो और कामयाब हो यही मेरी शुभकामना है |

1

नारी-महिमा

"सृष्टि नहीं नारी बिना यही जगत आधार,नारी के हर रूप की महिमा बड़ी अपार|"

परिचय- दुनिया भर की महिलाओं को पितृसत्तात्मक समाज में अपने अधिकारों के लिए संघर्ष करना पड़ा अपने जीवन में घोर विपत्तियों का सामना करना पड़ा | जीवन के पथ पर वो हर कदम पर संघर्ष करती रहीं |विपरीत परिस्थितियों के बावजूद भी उन्होंने अपना हौसला कम नहीं होने दिया | परिवार से ,समाज से, उन्हे घोर उपेक्षा और प्रताड़ना सहने को मिली पर वो अपने निर्धारित लक्ष्य से विचलित नहीं हुई | उन्हे अपने आप को साबित करने के लिए अपने प्राणों तक का उत्सर्ग भी करना पड़ा पर वे पीछे नहीं हटीं | वो अपने जुनून को पागलपन की हद तक ले गईं और अंततः अपने लक्ष्य को हासिल कर लिया | उनकी यही उद्दाम इच्छा और सतत प्रयास ने उन्हे इतनी ऊंचाई तक पहुंचाया की वो आज देश और दुनिया के इंसानों के लिए प्रेरणास्रोत बन गईं | यही है नारी महिमा | दुनिया की ऐसी ही चुनिंदा महिलाओं की यह एक संघर्ष गाथा हैं जिन्होंने विश्वपटल पर महिला होने का गौरव प्राप्त किया |

नारी की महिमा का बखान हमारे प्राचीन धर्मग्रंथों में बखूबी किया गया है | आइए जानते हैं कौन से वो ग्रंथ हैं जो विश्व के जनमानस के लिए एक दिशा निर्देश है जिन्हे अपना कर हम एक स्वस्थ परिवार, समाज और देश की रचना कर सकते हैं |

सामाजिक एवं व्यक्तिगत जीवन के विविध पक्षों पर प्रकाश डालने वाले ग्रन्थों को स्मृति कहते हैं। श्रुति' से जिस प्रकार वेद, ब्राह्मण, आरण्यक और उपनिषद ग्रन्थों का बोध होता है; उसी प्रकार 'स्मृति' को ग्रन्थकारों ने धर्मशास्त्र का पर्याय माना है। धर्मशास्त्र उस शास्त्र को कहते हैं, जिसमें राजा-प्रजा के अधिकार, कर्तव्य, सामाजिक आचार-विचार, व्यवस्था, वर्णाश्रम, धर्मनीति, सदाचार और शासन सम्बन्धी नियमों और व्यवस्थाओं का वर्णन होता है। स्मृतियाँ अनेक हैं किन्तु प्रमुख स्मृतियों की संख्या अठारह मानी जाती है। मनु, याज्ञवल्क्य, अत्रि, विष्णु, हारीत, उशनस, अंगिरा, यम, कात्यायन, बृहस्पति, पराशर, व्यास, दक्ष, गौतम, वसिष्ठ, नारद, भृगु आदि प्रमुख स्मृतिकार माने जाते हैं। मनु को मानव जाति के आदि पुरुष के रूप में वेदों में भी स्मरण किया गया है। मनु द्वारा रचित 'मनुस्मृति' न केवल सर्वाधिक प्राचीन है अपितु यह सबसे अधिक महत्त्वपूर्ण भी है। न्यायालयों में भी हिन्दू-विधि के लिए मनुस्मृति' को ही प्रामाणिक माना जाता हैं। वेदों और धर्मग्रंथों में वर्णित श्लोकों के द्वारा समाज और परिवार में नारी के महत्व को बताया गया है।

जहाँ नारियों की पूजा होती है, वहाँ देवता निवास करते हैं। जहाँ नारियों की पूजा नहीं होती, वहाँ सभी क्रियाएँ असफल हो जाती हैं। स्त्रियों के प्रसन्न रहने पर पूरा कुल प्रसन्न रहता है। इसीलिए नारियाँ सदैव आभूषण, वस्त्र एवं भोजन द्वारा पूजनीय हैं। सांसारिक ऐश्वर्य की इच्छा करने वाले मनुष्यों को चाहिए कि सदैव उत्सवों में इनका सत्कार करें। कल्याण चाहने वाले पिता, भाइयों, पति, देवरों द्वारा नारियों का सम्मान किया जाना चाहिए तथा इन्हें अलंकारों से भूषित किया जाना चाहिए। उपाध्याय से दस गुना आचार्य, आचार्य से सौ गुना पिता तथा पिता से हजार गुना माता गौरव में बढ़कर होती है। स्त्रियाँ सौभाग्यशालिनी तथा पुण्यशालिनी होती हैं। ये गृह की शोभा तथा लक्ष्मी होती हैं। इसलिए इनकी विशेष रूप से रक्षा की जानी चाहिए। निम्न लिखित श्लोकों से नारी की महिमा का वर्णन किया गया है :

यत्र नार्यस्तु पूज्यन्ते, रमन्ते तत्र देवताः।
यत्रैतास्तु न पूज्यन्ते, सर्वास्तत्राफलाः क्रियाः ॥

अर्थात जिस देश, समाज या घर में स्त्रियाँ पूजी जाती हैं; अर्थात सम्मानित होती हैं, वहाँ देवता प्रसन्नतापूर्वक निवास करते हैं। जहाँ पर ये पूजी, अर्थात् सम्मानित नहीं की जाती हैं, वहाँ पर किये गये यज्ञादि सभी कर्म निष्फल हो जाते हैं।

स्त्रियां तु रोचमानायां, सर्वं तद्रोचते कुलम्।
तस्यां त्वरोचमानायां, सर्वमेव न रोचते॥

स्त्रियों के आभूषण-वस्त्र आदि से प्रसन्न रहने पर उसका वह सारा कुल शोभित होता है। उनके प्रसन्न न रहने पर सभी कुछ अच्छा नहीं लगता है। तात्पर्य यह है कि जिस घर में स्त्रियाँ सुखी हैं, उसी घर में समृद्धि और प्रसन्नता विद्यमान रहती हैं। जहाँ स्त्रियाँ प्रसन्न नहीं रहती हैं, वहाँ कुछ भी अच्छा नहीं लगता है; अर्थात सम्पूर्ण कुल मलिन रहता है।

तस्मादेताः सदा पूज्या, भूषणाच्छादनाशनैः।
भूतिकामैनरैर्नित्यं, सत्यकार्येषुत्सवेषु च॥

प्रस्तुत श्लोक में सत्कार्यों और उत्सवों के अवसर पर नारी को सम्मानित करने की बात कही गयी है। इस कारण समृद्धि चाहने वाले मनुष्यों को शुभ कार्यों और उत्सवों में इनका अर्थात स्त्रियों का आभूषण, वस्त्र और भोजन द्वारा सदा सम्मान करना चाहिए।

पितृभिर्भातृभिश्चैताः पतिभिर्देवरैस्तथा।।
पूज्या भूषयितव्याश्च बहुकल्याणमीप्सुभिः॥

अपना अधिक कल्याण चाहने वाले माता-पिता आदि द्वारा, भाइयों द्वारा, पतियों तथा देवरों द्वारा इन स्त्रियों को वस्त्र-आभूषण आदि द्वारा अलंकृत करना चाहिए; अर्थात स्त्री चाहे जिस रूप में; माता, बहन, पत्नी अथवा अन्य कोई भी; हो, उसका सम्मान अवश्य करना चाहिए।

उपाध्यायान्दशाचार्य आचार्याणां शतं पिता।
सहस्त्रं तु पितृन्माता, गौरवेणीतिरिच्यते॥

अर्थात दस उपाध्यायों की अपेक्षा आचार्य श्रेष्ठ होता है, सौ आचार्यों की अपेक्षा पिता श्रेष्ठ होता है और हजार पिता की अपेक्षा माता श्रेष्ठ होती है। तात्पर्य यह है कि सबसे ऊँचा स्थान माता का, उसके पश्चात पिता

का, फिर आचार्य का और तत्पश्चात उपाध्याय का मान्य होता है।

पूजनीया महाभागाः पुण्याश्च गृहदीप्तयः ।।
स्त्रियः श्रियो गृहस्योक्ताः तस्माद्रक्ष्या विशेषतः ॥

सम्मान के योग्य, महाभाग्यशालिनी, पुण्यशीला और घर की शोभास्वरूप स्त्रियाँ घर की लक्ष्मी कही गयी हैं। इसलिए इनकी विशेष रूप से रक्षा करनी चाहिए। तात्पर्य यह है कि स्त्री सर्वविध पूजनीय और रक्षणीय है।

यत्र नार्यस्तु पूज्यन्ते रमन्ते तत्र देवताः।

प्रस्तुत सूक्ति में स्त्रियों का सम्मान करने पर बल दिया गया है और कहा गया है कि सदा स्त्रियों का सम्मान करना चाहिए। स्त्रियाँ देवी और लक्ष्मी के समान होती हैं; क्योंकि उनमें मातृत्व पाया जाता है। माता सदा सभी जगह वन्दनीय होती है। नारी के सतीत्व से यमराज भी पराजित हो गये। थे। स्त्रियों का सम्मान जिस घर में होता है, वह घर स्वर्गतुल्य हो जाता है और उस घर में रहने वाले लोगों का जीवन देवताओं के समान सुखी हो जाता है।

सहस्त्रं तु पितॄन्माता गौरवेणातिरिच्यते।

माता का पद सर्वाधिक गौरवशाली होता है। उसका. गौरव उपाध्याय, आचार्य और पिता से बढ़कर होता है। समाज में वेतनभोगी शिक्षक का पद भी गौरवशाली होता है, लेकिन वेतनभोगी शिक्षक से आचार्य का पद दस गुना गौरवपूर्ण होता है। सौ आचार्यों से पिता का गौरव अधिक होता है। और हजारों पिताओं से भी माता अधिक गौरवशालिनी होती है। इस प्रकार माता को गौरव गुरु, आचार्य और पिता सबसे अधिक होता है।

स्त्रियः श्रियो गृहस्योक्ताः तस्मादक्ष्या विशेषतः ।

घर की शोभा उसको सजाने-सँवारने तथा घर में आये अतिथियों के मान-सम्मान तथा आदर-सत्कार से होती है। इन सभी कार्यों का उत्तरदायित्व स्त्रियों का होता है। पुरुषों की अपेक्षा स्त्रियाँ ही इन कार्यों को भली प्रकार सम्पादित कर पाती हैं। इसीलिए तो स्त्रियों को घर की शोभा का पर्याय मानकर यह कहा जाने लगा है कि स्त्रियाँ ही घर की शोभा होती हैं। एक स्त्री घर के इन उत्तरदायित्वों का भली प्रकार निर्वाह

तभी कर पाती है, जब वह अपने को आर्थिक तथा सामाजिक सभी प्रकार से सुरक्षित अनुभव करती है। इसलिए घर की शोभा को बनाये रखने हेतु घर की स्त्रियों को उचित मान-सम्मान और सुरक्षा प्रदान की जानी चाहिए।

2

प्राचीन भारत की महान नारियाँ

"नारी दया, करुणा, ममता और प्रेम की पवित्र मूर्ति है और समय पड़ने पर प्रचण्डचण्डी भी। नारी मनुष्य के जीवन की जन्मदात्री है।"

प्राचीन भारत में महिलाएं काफी उन्नत व सुदृढ़ थीं। समाज में पुत्र का महत्व था, पर पुत्रियों को समान अधिकार और सम्मान मिलता था। मनु ने भी बेटी के लिए संपत्ति में चौथे हिस्से का विधान किया। उपनिषद काल में पुरुषों के साथ स्त्रियों को भी शिक्षित किया जाता था। सहशिक्षा व्यापक रूप से दिखती है, लव-कुश के साथ आत्रेयी पढ़ती थी। नारी भी सैनिक शिक्षा लेती थी। महाभारत काल से नारी का पतन होना शुरू हुआ तो मध्यकाल आतेआते नारी पूरी तरह से पुरुषों की गुलाम, दासी और भोग्या बन गई।

हजारों भारतीय महिलाओं ने अपने कर्म, व्यवहार और बलिदान से विश्व में आदर्श प्रस्तुत किया है। प्राचीनकाल से ही भारत में पुरुषों के साथ महिलाओं को भी समान अधिकार और सम्मान मिला है इसीलिए भारतीय संस्कृति और धर्म में नारियों का महत्वपूर्ण स्थान रहा है। इन भारतीय महिलाओं ने जहां हिंदू धर्म को प्रभावित किया वहीं इन्होंने संस्कृति, समाज और सभ्यता को नया मोड़ दिया। भारतीय इतिहास में इन महिलाओं के योगदान को कभी भी भूला नहीं जा सकता।

माता पार्वती :भारतीय नारियों में सबसे विराट व्यक्तित्व है मां पार्वती का। दुनिया भर की महिलाओं के लिए वे आदर्श और प्रेरणास्रोत हैं। माता सती ने ही पार्वती के रूप में दूसरा जन्म लिया था। पहले जन्म में वे ब्रह्मा के पुत्र दक्ष की पुत्री थी और उन्होंने भगवान शिव से विवाह किया था। बाद में दक्ष द्वारा शिव के अपमान के चलते उन्होंने यज्ञ में कूदकर आत्मदाह कर लिया था। दूसरे जन्म में उन्होंने हिमालयराज के यहां जन्म लिया और पार्वती कहलाई। पार्वती इसलिए की वह पर्वतराज की राजकुमारी थीं। आज भी वह पर्वतों की रानी है। इस जन्म में भी उन्होंने भगवान शिव से विवाह किया।

माता सती और उनके दूसरे जन्म की गाथा देवी भागवत पुराण में दर्ज है। वे धरती पर ही कश्मीर के **क्षेत्र** में रहती थी। ऋषि कश्यप के साथ मिलकर उन्होंने कई असुरों का वध किया था। आज भी संपूर्ण हिमालय के पर्वत क्षेत्र की वही माता रक्षा करती है। उन्हें पहाड़ों की देवी कहा जाता है।

कौशल्या :भगवान राम की माता कौशल्या बहुत ही सहृदय थीं। अपने पुत्र का वनगमन उनके हृदय विदारक घटना थी | माता कौशल्या ने अपने पुत्र राम को कुछ इस तरह से संस्कारित किया था कि वो 14 वर्ष के वनवास से भी विचलित नहीं हुए और सहर्ष वनवासी होना स्वीकार कर लिया।

परिस्थितिवश कौशल्या जीवनभर दुखी रहती हैं। अपने वास्तविक अधिकार से वंचित होकर उनका जीवन दयनीय हो जाता है लेकिन फिर भी वे संयम और सामंजस्यता से पातिव्रत्य, धर्म, साधुसेवा, भगवदाराधना का पालन करती रहीं। कौशल्या की कथा और चरित्र पर कई विद्वानों ने ग्रंथ लिखे हैं। रामायण और रामचरित मानस में उनके व्यक्तित्व का वर्णन विस्तार से मिलता है।राजा दशरथ की तीन रानियां थीं। कौशल्या ने अन्य दोनों रानियों को कभी सौत नहीं समझा बल्कि उन्होंने दोनों को अपनी छोटी बहन समझकर ही उनसे व्यवहार किया।

सीता :राजा जनक की पुत्री का नाम सीता इसलिए था कि वे जनक को हल चलाते वक्त खेत की रेखाभूमि से प्राप्त हुई थीं इसलिए उन्हें

भूमिपुत्री भी कहा गया। राजा जनक की पुत्री होने के कारण उन्हें विदेही भी कहा गया। जनक विदेही संस्कृति और धर्म के अनुयायी थे।

राम से विवाह के बाद सीता के जीवन में एक नया मोड़ आया। राम के वनवास काल में सीता का रावण ने हरण कर लिया था। सीता को अशोक वाटिका में रखकर रावण ने साम, दाम, दंड, भेद आदि सभी उपायों से सीता को खुद से विवाह करने के प्रयास किए किंतु सीता ने अपने पारिवारिक आदर्श का परिचय देते हुए केवल श्रीराम का ही ध्यान किया। पतिपरायण, पतित भावना, भक्ति भावना, मृदुता, स्नेहमयी, वात्सल्यमयी सीता ने अपने चरित्र से सभी नारियों के समक्ष एक उदाहरण प्रस्तुत किया।लेकिन रावण के पास रहने के कारण सीता को समाज ने नहीं अपनाया। सीता को अग्नि परीक्षा देना पड़ी फिर भी लोगों ने उस पर संदेह किया। लोकापवाद के कारण सीता निर्वासित होती है लेकिन इसके लिए वह अपना उदार हृदय व सहिष्णु चरित्र का परित्याग नहीं करती और न ही पति को दोष देती है।

शबरी :शबरी को श्रीराम के प्रमुख भक्तों में गिना जाता है। शबरी का वास्तविक नाम 'श्रमणा' था। वह भील समुदाय की 'शबरी' जाति से थीं। शबरी के पिता भीलों के राजा थे। शबरी जब विवाह के योग्य हुई तो उसके पिता ने एक दूसरे भील कुमार से उसका विवाह पक्का कर दिया और धूमधाम से विवाह की तैयारी की जाने लगी। विवाह के दिन सैकड़ों बकरे भैंसे बली के लिए लाए गए जिन्हे देखकर शबरी ने अपने पिता से पूछा- 'ये सब जानवर यहां क्यों लाए गए हैं?' पिता ने कहा- 'तुम्हारे विवाह के उपलक्ष्य में इन सबकी बलि दी जाएगी।'यह सुनकर बालिका शबरी को अच्छा नहीं लगा और सोचने लगी यह किस प्रकार का विवाह है, जिसमें इतने निर्दोष प्राणियों का वध किया जाएगा। यह तो पाप कर्म है, इससे तो विवाह न करना ही अच्छा है। ऐसा सोचकर वह रात्रि में उठकर जंगल में भाग जाती है।

दंडकारण्य में वह देखती है कि हजारों ऋषिमुनि तप कर रहे हैं। बालिका शबरी अशिक्षित होने के साथ ही निचली जाति से थी। वह समझ नहीं पा रही थीं कि किस तरह वह इन ऋषिमुनियों के साथ जंगल में रहे | उसे

ध्यान आदि कुछ भी नहीं आता था । लेकिन शबरी का हृदय पवित्र था और उसमें प्रभु के लिए सच्ची चाह थी, जिसके होने से सभी गुण स्वतः ही आ जाते हैं | वह रात्रि में जल्दी उठकर, जिधर से ऋषि निकलते, उस रास्ते को नदी तक साफ करती, कंकर-पत्थर हटाती ताकि ऋषियों के पैर सुरक्षित रहे। फिर वह जंगल की सूखी लकड़ियां बटोरती और उन्हें ऋषियों के यज्ञ स्थल पर रख देती।इन सब कार्यों को वह इतनी तत्परता से छिपकर करती कि कोई ऋषि देख न ले। यह कार्य वह कई वर्षों तक करती रही। अंत में मतंग ऋषि ने उस पर कृपा की।

जब मतंग ऋषि मृत्यु शैया पर थे तब उनके वियोग से ही शबरी व्याकुल हो गई। महर्षि ने उसे निकट बुलाकर समझाया- 'बेटी! धैर्य से कष्ट सहन करती हुई साधना में लगी रहना। प्रभु राम एक दिन तेरी कुटिया में अवश्य आएंगे | तू दीनहीन और अस्पृश्य नहीं है। वे तो भाव के भूखे हैं और अंतर की प्रीति पर रीझते हैं।'महर्षि की मृत्यु के बाद शबरी अकेली ही अपनी कुटिया में रहती और प्रभु राम का स्मरण करती रहती थी। राम के आने की बाट जोहती शबरी प्रतिदिन कुटिया को इस तरह साफ करती थी कि आज राम आएंगे। साथ ही रोज ताजे फल लाकर रखती कि प्रभु राम आएंगे तो उन्हें मैं यह फल खिलाऊंगी। वृद्धावस्था में एक दिन राम आए तो उसकी आंखों से अश्रुओं की धारा निकलने लगी। उसने श्रीराम के चरण धोकर उन्हें आसन पर बिठाया। फलों का पात्र उनके सामने रखकर वह बोली "प्रभु ! मैं अपने हाथों से फल खिलाऊँगी | खाएंगे न फल आप मेरे हाथों से ?

श्रीराम ने कहा- माँ मैं भक्ति से नाता रखता हूँ , कुल, धर्म सब मेरे सामने गौण हैं। मुझे भूख लग रही है, जल्दी से मुझे कुछ फल खिलाकर तृप्त कर दो।शबरी एक एक फल चख कर राम को खिलाती जाती और राम फल मांग कर खाते जाते |अंत में शबरी ने श्रीराम से कहा जा रहे हैं तो सुग्रीव से मित्रता करना न भूलना| श्री राम के आशीर्वाद से शबरी को मोक्ष मिला |

गांधारी :गांधार देश के सुबल नामक राजा की कन्या होने के कारण धृतराष्ट्र की पत्नी को गांधारी कहा जाता था। गांधारी ने जब सुना कि

उसका भावी पति अंधा है तो उसने अपनी आंखों पर पट्टी बांध ली जिससे कि पतिव्रत धर्म का पालन कर पाए। यह पट्टी उसने आजन्म बांधे रखी। गांधारी पतिव्रता के रूप में आदर्श थीं। शिव के वरदान से गांधारी के 100 पुत्र हुए, जो कौरव कहलाए। गांधारी दुर्योधन आदि की माता थी। महाभारत युद्ध के बाद गांधारी अपने पति के साथ वन में गई और वहां दावाग्नि में पति के साथ भस्म हो गईं। महाभारत युद्ध में अपने सभी पुत्रों की मृत्य से गांधारी द्रवित हो उठी। वह अपने सभी पुत्रों के शव के पास बैठकर विलाप करती रही और उसने श्रीकृष्ण से कहा- 'मेरे पतिव्रत में बल है तो शाप देती हूं कि यादव वंशी समस्त लोग परस्पर लड़कर मर जाएंगे। तुम्हारा वंश नष्ट हो जाएगा, तुम अकेले जंगल में अशोभनीय मृत्यु प्राप्त करोगे, क्योंकि कौरव-पांडवों का युद्ध रोकने में तुम ही समर्थ थे और तुतुमने युद्ध नहीं रोका |देखते देखते कुरु वंश का नास हो गया और उसका श्राप फलित हुआ |

कुंती –माद्री एक ओर गांधारी थी जिसके 100 पुत्रों के पालन पोषण में राजपाट लगा था तो दूसरी ओर कुंती थी, जो अकेली ही अपने 5 पुत्रों का लालनपालन कर रही थी। कुंती ने अपने पुत्रों को जो संस्कार और शिक्षा दी थी वो अतुलनीय है |

वन में ही कुंती को धर्म, इंद्र, पवन के अंश से युधिष्ठिर, अर्जुन, भीम पुत्रों का जन्म हुआ। दूसरी ओर कुंती की सौत माद्री को अश्वनीकुमारों के अंश से नकुल, सहदेव का जन्म हुआ। महाराज पाण्डु का देहांत होने पर माद्री ने भी अपनी देह छोड़ दी, लेकिन कुंती के समक्ष पांचों बच्चों के पालन पोषण की जिम्मेदारी आ गई | बच्चों की खातिर कुंती ने बहुत दुख सहे पर पांचों बच्चों के बीच अपने प्यार और ममता में कोई भेदभाव नहीं किया |

ऋषिगण विधवा कुंती समेत पांचों बालकों समेत उनके हस्तिनापुर में उनके परिवारवालों को सौंपने ले गए, तो कुंती का स्वागत तो हुआ नहीं, उल्टा उन्हें संदेह की दृष्टि से देखा गया। उनकी संतान को वैध मानने ने इंकार कर दिया। ऋषिगणों के अनुरोध पर बड़ी मुश्किल से उनको रखा गया लेकिन फिर उन्हें तरहतरह से सताया जाने लगा।

दुर्योधन की साजिश के तहत कुंती को अपने पांचों पुत्रों के साथ वारणावत भेजा गया। वारणावत में ऐसा भवन था, जो लाख से बना था और जो किसी भी समय भभककर भस्म हो जाता, लेकिन विदुर को इस साजिश का पता था। हितैषी विदुर के कारण कुंती अपने पुत्रों समेत बचकर निकल गईं। इसके बाद जंगल में उन्होंने बहुत कष्ट सहे। इसी दौरान उनको पुत्रवधू द्रौपदी की प्राप्ति हुई। इससे उन्हें कुछ संतोष हुआ। फिर एक दिन सभी को धृतराष्ट्र ने हस्तिनापुर में बुलाकर अलग रहने का प्रबंध कर दिया ताकि कोई झगड़ा न हो। यहां कुंती ने कुछ समय आराम से गुजारे।

द्रौपदी :द्रौपदी का जन्म महाराज द्रुपद के यहां होने से तथा द्रुपद पुत्री होने के कारण उन्हें द्रौपदी कहा जाता था। द्रौपदी को यज्ञसेनी इसलिए कहा जाता है कि मान्यता अनुसार उनका जन्म यज्ञकुण्ड से हुआ था। उन्हें पांचाली भी कहा जाता था, क्योंकि उनके पिता पांचाल देश के नरेश थे। उनका एक नाम कृष्णा भी था। द्रौपदी के भाई थे धृष्टद्युम्न जिन्होंने महाभारत के युद्ध में गुरु द्रोण का सिर काट दिया था।

द्रौपदी के स्वयंवर में महाराज द्रुपद ने शर्त रखी कि कि निरंतर घूमते हुए यंत्र के छिद्र में से जो भी वीर एक विशेष धनुष की प्रत्यंचा चढ़ाकर दिए गए पांच बाणों से, छिद्र के ऊपर लगे, लक्ष्य को भेद देगा, उसी के साथ द्रौपदी का विवाह कर दिया जाएगा।द्रौपदी के स्वयंवर में कर्ण और कौरव सहित देश और विदेश के कई राजा स्वयंवर स्थल पर पहुंचे | कर्ण ने ज्यों ही प्रत्यंचा चढ़ाई उसे सूट पुत्र कहकर प्रतियोगिता से बाहर कर दिया गया |कौरव आदि अनेक राजा तथा राजकुमार तो धनुष की प्रत्यंचा चढ़ा ही नहीं सके और भूमि पर गिर पड़े। तब ब्राह्मण वेश में अर्जुन ने पहुंचकर प्रत्यंचा चढ़ाई और लक्ष्य को भेद दिया लेकिन कौरवों सहित अन्य राजाओं ने इस बात पर आपत्ति जताई की ब्राह्मण को राजकन्या क्यों दी गई। इस दौरान कृष्ण भी उपस्थित थे, जो जानते थे कि ब्राह्मण वेश में कौन है तो उनकी नीति से समारोह में शांति बनी और कुंती ने अर्जुन को वरमाला पहनाई।

अर्जुन सहित पांडव द्रौपदी को लेकर कुंती के पास पहुंचे। उन्होंने द्वार पर ही खड़े होकर माता कुंती को पुकारा और कहा कि माते हम आपके लिए भिक्षा लाए हैं। उनके यह कहने पर कि वे लोग भिक्षा लाए हैं, उन्हें बिना देखे ही कुंती ने कुटिया के अंदर से कहा कि सभी मिलकर उसे ग्रहण करो। पांचों हैरान रह गए। लेकिन मां कुंती के मुंह से निकला वचन उनके लिए दुविधा का विषय बन गया। पुत्रवधू को देखकर अपने वचनों को सत्य रखने के लिए कुंती ने पांचों पांडवों को द्रौपदी से विवाह करने के लिए कहा।

द्रौपदी के जीवन की कथा यहीं से शुरू होती है, जो इतिहास में आज तक चर्चित है। द्रौपदी ने पांडवों के साथ रहकर पांडवों की हर कदम पर मदद की। द्रौपदी को युवराज युधिष्ठिर से प्रतिविन्ध्य, भीमसेन से सुतसोम, अर्जुन से श्रुतकीर्ति, नकुल से शतानीक और सहदेव से श्रुतवर्मा नामक पुत्र थे। द्रौपदी के कारण ही पांडवों को अश्वत्थामा के मस्तक की मणि लाना पड़ी थी। वह मणि जो अस्वत्थामा की शक्ति का केंद्र थी। वह मणि समस्त राज्य से अधिक मूल्यवान तथा शस्त्र, क्षुधा, देवता, दानव, नाग, व्याधि आदि से रक्षा करने वाली थी।

कहा जाता है कि द्रौपदी के कारण ही महाभारत युद्ध हुआ। क्यों? क्योंकि पांडवों द्वारा बनवाए गए मायानिर्मित सभा भवन में विभिन्न वैचित्र्यता थी। दुर्योधन जब वहां घूम रहा था तब उसको अनेक बार स्थल पर जल की, जल पर स्थल की, दीवार में द्वार की और द्वार में दीवार की भ्रांति हुई। कहीं वह सीढ़ी में समतल की भ्रांति होने के कारण गिर गया और कहीं पानी को स्थल समझ पानी में भीग गया। उसकी इस स्थिति को देखकर युधिष्ठिर को छोड़कर द्रौपदी सहित अन्य पांडव हंसने लगे। कहा यह भी जाता है कि द्रौपदी ने उन्हें 'अंधे का बेटा अंधा' कहा था।

दुर्योधन अपना यह अपमान सह नहीं पाए और द्रौपदी को सजा देने की योजनाएं बनाने लगा।

हस्तिनापुर जाते हुए दुर्योधन ने मामा शकुनि के साथ पांडवों को द्यूतक्रीड़ा में हराकर उनका वैभव चूर करने की एक युक्ति सोची।

दुर्योधन का मामा शकुनि द्यूतक्रीड़ा में निपुण था। दोनों ने मिलकर धृतराष्ट्र को द्यूतक्रीड़ा का आयोजन करने के लिए मना लिया और फिर विदुर के हाथों पांडवों को निमंत्रण भेजा। युधिष्ठिर ने चुनौती स्वीकार कर ली तथा द्यूतक्रीड़ा में वे व्यक्तिगत समस्त दांव हारने के बाद भाइयों को, स्वयं अपने को तथा अंत में द्रौपदी को भी हार बैठे। द्रौपदी को दु:शासन ने दुर्योधन के कहने पर भरी सभा में बाल खींचकर लाया और निर्वस्त्र करने लगा |तभी कृष्ण की महिमा से द्रौपदी के लाज की रक्षा हुई |द्रौपदी इतिहास में अकेली ऐसे महिला है जिसने सबसे ज्यादा कष्ट सहा। द्रौपदी के जीवन पर सैकड़ों ग्रंथ लिखे गए और उनके चरित्र की पवित्रता को उजागर किया गया।

देवकी-यशोदा भगवान कृष्ण की माता देवकी ने अपने जीवन के महत्वपूर्ण वर्ष जेल में ही बिता दिए और कृष्ण को जिस माता ने पाला उनका नाम था यशोदा। इतिहास में देवकी की कम लेकिन यशोदा की चर्चा ज्यादा होती है, क्योंकि उन्होंने ही कृष्ण को बेटा समझकर पाल पोष कर बड़ा किया और इतिहास में अमर हो गईं | यशोदा ने बलराम के पालन-पोषण की भी महत्वपूर्ण भूमिका निभाई, जो रोहिणी के पुत्र और सुभद्रा के भाई थे। उनकी एक पुत्री का भी वर्णन मिलता है जिसका नाम एकांगा था।

ब्रजमंडल में सुमुख नामक गोप की पत्नी पाटला के गर्भ से यशोदा का जन्म हुआ। उनका विवाह गोकुल के प्रसिद्ध व्यक्ति नंद से हुआ। भगवान श्रीकृष्ण ने माखन लीला, ऊखल बंधन, कालिया उद्धार, पूतना वध, गोचारण, धेनुक वध, दावाग्नि पान, गोवर्धन धारण, रासलीला आदि अनेक लीलाओं से यशोदा मैया को अपार सुख दिया। इस प्रकार 11 वर्ष 6 महीने तक माता यशोदा के महल में कृष्ण की लीलाएं चलती रहीं। इसके बाद कृष्ण को मथुरा ले जाने के लिए अक्रूरजी आ गए। यह घटना यशोदा के लिए बहुत ही दुखद रही। दूसरे के पुत्र को अपने कलेजे के टुकड़े जैसा प्यार और दुलार देकर यशोदा ने एक आदर्श चरित्र का उदाहरण प्रस्तुत किया। यशोदा का जीवन सिर्फ इतना ही नहीं है। धार्मिक ग्रंथों में उनके जीवन से जुड़ी कई घटनाएं और उनके पूर्व जन्म की कथाएं भी

मिलती हैं।

भारतीय संस्कृति मे प्राचीन वैदिक काल में परिवार मातृसत्तात्मक था। खेती की शुरूआत तथा एक जगह बस्ती बनाकर रहने की शुरूआत नारी ने ही की थी, इसलिए सभ्यता और संस्कृति के प्रारम्भ में नारी है किन्तु कालान्तर में धीरेधीरे सभी समाजों में सामाजिक व्यवस्था मातृसत्तात्मक से पितृसत्तात्मक होती गई और सतियाँ हाशिये पर चली गईं।ऋग्वेद में सरस्वती को वाणी की देवी कहा गया है जो उस समय की नारी की शास्त्र एवं कला के क्षेत्र में निपुणता का परिचायक है। अद्र्धनारीश्वर की कल्पना स्त्री और पुरुष के समान अधिकारों तथा उनके संतुलित संबंधों का परिचायक है। वैदिक काल में परिवार के सभी कार्यों और भूमिकाओं में पत्नी को पति के समान अधिकार प्राप्त थे। नारियां शिक्षा ग्रहण करने के अलावा पति के साथ यज्ञ का सम्पादन भी करतीं थीं। वेदों में अनेक स्थलों पर रोमाला, घोषाल, सूर्या, अपाला, विलोमी, सावित्री, यमी, श्रद्धा, कामायनी, विश्वम्भरा, देवयानी आदि विदुषियों के नाम प्राप्त होते हैं।

देवमाता अदिति चारों वेदों की प्रकाण्ड विदुषि थी। ये दक्ष प्रजापति की कन्या एवं महर्षि कश्यप की पत्नी थीं। इन्होंने अपने पुत्र इन्द्र को वेदों एवं शास्त्रों की इतनी अच्छी शिक्षा दी कि उस ज्ञान की तुलना किसी से सम्भव नहीं थी, यही कारण है कि इन्द्र अपने ज्ञान के बल पर तीनों लोकों का अधिपति बना। अदिति को अजरअमर माना जाता है।

देवसम्राज्ञी शची इन्द्र की पत्नी थीं, वे वेदों की प्रकांड विद्वान थी। ऋग्वेद के कई सूक्तों पर शची ने अनुसन्धान किया। शचीदेवी पतिव्रता स्त्रियों में श्रेष्ठ मानी जाती हैं। शची को इंद्राणी भी कहा जाता है। ये विदुषी के साथ-साथ महान नीतिवान भी थी। इन्होंने अपने पति द्वारा खोया गया सम्राज्य एवं पद प्रतिष्ठा ज्ञान के बल पर ही दोबारा प्राप्त की थी।

सती शतरूपा स्वायम्भूय मनु की पत्नी थीं। वे चारों वेदों की प्रकाण्ड विदुषी थी। जल प्रलय के बाद मनु और शतरूपा से ही दोबारा सृष्टि का आरम्भ हुआ। ये योगशास्त्र की भी प्रकांड विदुषी और साधक थीं।

शाकल्य देवी महाराज अश्वपति की पत्नी थी। एक बार अश्वपति महाराज ने ऋषियों से कहा कि मैं राष्ट्र में कन्याओं का भी निर्वाचन चाहता हूं। देश में ऐसी कौन महान वेदों की विदुषी है जो देवकन्याओं को वेदों की शिक्षा प्रदान करे। ऋषियों ने बताया कि आपकी पत्नी से बढ़कर वेदों की विदुषी और कोई नहीं है। तो राजा ने अपनी पत्नी शाकल्य देवी को वनवास दे दिया, ताकि वे वनों में रहकर कन्याओं के गुरुकुल स्थापित करें, आश्रम बनाएं और उसमें देश की कन्याएं शिक्षा पाएं। उन्होंने ऐसा ही किया। शाकल्य देवी ऐसी पहली विदुषी हैं, जिन्होंने कन्याओं के लिए शिक्षणालय स्थापित किए थे।

सन्ध्या वेदों की प्रकाण्ड विद्वान थीं। इन्होंने महर्षि मेधातिथि को शास्त्रार्थ में पराजित किया। वे यज्ञ को सम्पन्न कराने वाली पहली महिला पुरोहित थी। उन्हीं के नाम पर प्रातः संध्या और सायं सन्ध्या का नामकरण हुआ।

विदुषी अरून्धती ब्रह्मर्षि वसिष्ठ जी की धर्मपत्नी थीं। ये भी वेदों की प्रकाण्ड विद्वान थी। अपने ज्ञान के बल पर ही ये एकमात्र ऐसी विदुषी हैं, जिन्होंने सप्तर्षि मण्डल में ऋषि पत्नी के रूप में गौरवशाली स्थान पाया। महर्षि मेघातिथि के यज्ञ में ये बचपन से ही भाग लेती थीं और यज्ञ के बाद वेदों की बातों पर तर्कवितर्क किया करती थी।अरुंधति महान तपस्विनी थी। आज भी अरुंधति सप्तर्षि मंडल में स्थित वशिष्ठ के पास ही दिखाई देती हैं।अरुंधति भारत की महान महिलाओं में से एक है। भारत में नवविवाहित लड़कियां आकाश में अरुंधति को देखकर उनकी तरह आदर्श पत्नी बनने की कामना करती हैं। आकाश में एक तारा है जिसका हमारे प्राचीन वैज्ञानिकों ने नाम अरुंधति रखा है।

ब्रह्मवादिनी घोषा इनको कोढ़ रोग हो गया था, लेकिन उसकी चिकित्सा के लिए इन्होंने वेद और आयुर्वेद का गहन अध्ययन किया और ये कोढी होते हुए भी विदुषी और ब्रह्मवादिनी बन गई। आश्विनकुमारों ने इनकी चिकित्सा की और ये अपने काल की विश्वसुन्दरी भी बनी।

ब्रह्मवादिनी विश्ववारा वेदों पर अनुसन्धान करने वाली महान विदुषी थीं। ऋग्वेद के पांचवें मण्डल के द्वितीय अनुवाक के अटठाइसवें

सूक्त की ऋचाओं का सरल रूपान्तरण इन्होंने ही किया था। अत्रि महर्षि के वंश में पैदा होने वली इस विदुषी ने वेदज्ञान के बल पर ऋषि पद प्राप्त किया था।

ब्रह्मवादिनी अपाला भी अत्रि मुनि के वंश में ही उत्पन्न हुई थीं। अपाला को भी कुष्ठ रोग हो गया था, जिसके कारण इनके पति ने इन्हें घर से निकाल दिया था। ये पिता के घर चली गईं और आयुर्वेद पर अनुसंधान करने लगी। सोमरस की खोज इन्होंने ही की थी। इन्द्रदेव ने सोमरस इनसे प्राप्त कर इनके ठीक होने में चिकित्सीय सहायता की। आयुर्वेद चिकित्सा से ये विश्वसुंदरी बन गई और वेदों के अनुसंधान में संलग्न हो गईं। ऋग्वेद के अष्टम मंडल के 91 वें सूक्त की 1 से 7 तक ऋचायें इन्होंने संकलित कीं।

विदुषी तपती आदित्य की पुत्री और सावित्री की छोटी बहन थी। देवलोक, दैत्यलोक, गान्धर्वलोक और नागलोक में उन दिनों उनसे अधिक सुन्दरी कोई और नहीं थी। वे वेदों की भी प्रकाण्ड विदुषी थी। उनके रूप और गुणों से प्रभावित होकर ही अयोध्या के महाराजा सम्वरण ने उनसे विवाह किया था। तपती ने अपने पुत्र कुरु को स्वयं वेदों की शिक्षा दी, जिनके नाम पर कुरूकुल प्रतिष्ठित हुआ।

ब्रह्मवादिनी वाक अभृण ऋषि की कन्या थी। ये प्रसिद्ध ब्रह्मज्ञानिनीं थीं। इन्होंने अन्न पर अनुसन्धान किया और अपने युग में उन्नत खेती के लिए वेदों के आधार पर नए-नए बीजों को खेती के लिए अनुसंधान से पैदा करके दिया।

ब्रह्मवादिनी रोमशा बृहस्पति की पुत्री और भावभव्य की धर्मपत्नी थी। इनके सारे शरीर में रोमावली थी, इससे इनके पति इन्हें नहीं चाहते थे। लेकिन इन्होंने ज्ञान का प्रचार-प्रसार किया, ऐसी बातों का प्रचार किया, जिससे नारी शक्ति में बुद्धि का विकास होता हो।

ब्रह्मवादिनी वेदज्ञ ऋषि गार्गी :वेदों की ऋचाओं को गढ़ने में भारत की बहुत-सी स्त्रियों का योगदान रहा है उनमें से ही एक है गर्गवंश में वचक्नु नामक महर्षि की पुत्री 'वाचकन्वी गार्गी'। कृष्ण-अर्जुन संवाद से जिस तरह गीता का जन्म हुआ उसी तरह याज्ञवल्क्य-गार्गी के प्रश्न-उत्तरों के कारण 'बृहदारण्यक उपनिषद' की ऋचाओं का निर्माण हुआ।

उपनिषद वेदों का एक हिस्सा है जिन्हें वेदांत भी कहते हैं। गार्गी के पिता का नाम वचक्नु था, जिसके कारण इन्हें वाचक्नवी भी कहते हैं। गर्ग गोत्र में उत्पन्न होने के कारण इन्हें गार्गी कहा जाता है। ये वेद शास्त्रों की महान विद्वान थी। इन्होंने शास्त्रार्थ में अपने युग में महान विद्वान महर्षि याज्ञवल्क्य तक को हरा दिया था।

ब्रह्मवादिनी वेदज्ञ ऋषि मैत्रेयी :मैत्रेयी मित्र ऋषि की कन्या और महर्षि याज्ञवल्क्य की दूसरी पत्नी थी। महर्षि याज्ञवल्क्य पहली पत्नी भारद्वाज ऋषि की पुत्री कात्यायनी थीं। एक दिन याज्ञवल्क्य ने गृहस्थ आश्रम छोड़कर वानप्रस्थ जाने का फैसला किया। ऐसे में उन्होंने दोनों पत्नियों के सामने अपनी संपत्ति को बराबर हिस्से में बांटने का प्रस्ताव रखा।कात्यायनी ने पति का प्रस्ताव स्वीकार कर लिया, लेकिन बेहद शांत स्वभाव की मैत्रेयी की अध्ययन, चिंतन और शास्त्रार्थ में रुचि थी। वे जानती थीं कि धन-संपत्ति से आत्मज्ञान नहीं मिलता। इसलिए उन्होंने पति की संपत्ति लेने से इंकार करते हुए कहा कि मैं भी वन में आपके साथ जाऊंगी और ज्ञान और अमरत्व की खोज करूंगी। इस तरह कात्यायनी को ऋषि की सारी संपत्ति मिल गई और मैत्रेयी अपने पति के साथ जंगल में चली गई। 'वृहदारण्य उपनिषद्' में मैत्रेयी का अपने पति के साथ बड़े रोचक संवाद का उल्लेख मिलता है।आज हमारे लिए स्त्री शिक्षा बहुत बड़ा मुद्दा है, लेकिन हजारों साल पहले मैत्रेयी ने अपनी विद्वता से न केवल स्त्री जाति का मान बढ़ाया, बल्कि उन्होंने यह भी सच साबित कर दिखाया कि पत्नी धर्म का निर्वाह करते हुए भी स्त्री ज्ञान अर्जित कर सकती है।इन्होंने पति के श्रीचरणों में बैठकर वेदों का गहन अध्ययन किया। पति परमेश्वर की उपाधि इन्हीं के कारण जग में प्रसिद्ध हुई, क्योंकि इन्होंने पति से ज्ञान प्राप्त किया था और फिर उस ज्ञान के प्रचार-प्रसार के लिए कन्या गुरुकुल स्थापित किए।

विदुषी सुलभा महाराज जनक के राज्य की परम विदुषी थी। इन्होंने शास्त्रार्थ में राजा जनक को हराया एवं स्त्री शिक्षा के लिए शिक्षणालय की स्थापना की।

विदुषी लोपामुद्रा महर्षि अगस्त्य की धर्मपत्नी थीं। ये विदर्भ देश के राजा की बेटी थी। राजकुल में जन्म लेकर भी ये सादा जीवन उच्च

विचार की समर्थक थी, तभी तो इनके पति ने इन्हें कहा था- *तुष्टोऽहमस्मि कल्याणि तव वृत्तेन शोभने*, अर्थात् कल्याणी तुम्हारे सदाचार से मैं तुम पर बहुत संतुष्ट हूं। ये इतनी महान विदुषी थी कि एक बार इन्होंने अपने आश्रम में राम,सीता एवं लक्ष्मण को ज्ञान की बहुत सी बातों की शिक्षा दी थी।

विदुषी उशिज, ममता के पुत्र दीर्घतमा ऋषि की धर्मपत्नी थी। महर्षि काक्षीवान इन्हीं के सुपुत्र थे। इनके दूसरे पुत्र दीर्घश्रवा महान ऋषि थे। वेदों की शिक्षा इन्होंने ही अपने पुत्रों को प्रदान की थी। ऋग्वेद के प्रथम मंडल के 116 से 121 तक के मन्त्र पर अनुसंधान किया।

विदुषी प्रातिथेयी महर्षि दधीचि की धर्मपत्नी थी। ये विदर्भ देश के राजा की कन्या और लोपामुद्रा की बहिन थीं। इनका पुत्र पिप्पलपाद बहुत बडा विद्वान हुआ है।

ममता दीर्घतमा ऋषि की माता थी। ये बहुत बडी विदुषी एवं ब्रहमज्ञानसम्पन्ना थीं।

विदुषी भामती वाचस्पति मिश्र की पत्नी थी। ये वेदों की प्रकाण्ड विद्वान थी।

विदुषी विद्योत्तमा से परास्त होकर पण्डितों ने एक मूर्ख को मौनी गुरु बताकर संकेत से शास्त्रार्थ की चुनौती दी थी। पण्डितों ने दो अंगुली और मुक्का आदि के अलग अर्थ बताकर विद्योत्तमा को परास्त घोषित करके मूर्ख से विवाह करने को विवश कर दिया। विद्योत्तमा ने पति से रुष्ट होकर रात में ही उन्हे घर से भगाकर दरवाजा बंद कर दिया। "अनावृतकपाटं द्वारं देहि।"-कुछ वर्ष बाद एक घनघोर रात्रि में पति ने पुकारा। विद्योत्तमा ने द्वार खोलकर कहा, "अस्ति कश्चित वाक् विशेषः।" पत्नी के उपरोक्त तीन शब्दों पर अस्ति से कुमार सम्भव महाकाव्य, कश्चित् से मेघदूत खण्डकाव्य और वाक्विशेषः से रघुवंश महाकाव्य की रचना पति महोदय ने कर डाली। इन तीनों कालजयी ग्रंथ के रचनाकार थे वही अतीत के मूर्ख, विश्व के सर्वश्रेष्ठ संस्कृत साहित्यकार अमर महाकवि कालिदास।

3

मिस्र की रानी क्लियोपेट्रा

"एक नारी किसी भी समय, कही भी, कोई भी स्थिति का सामना बहादुरी से कर सकती है |"

क्लियोपेट्रा इतिहास में एक ऐसी रहस्यमय शख्सियत के रूप में दर्ज हैं जिनके रहस्य पर से परदा हटाने का सिलसिला अभी थमा नहीं है। उनके बारे में कहा जाता है कि वे जितनी सुंदर और सेक्सी थीं उससे कहीं ज्यादा वे चतुर, षड्यंत्रकारी और क्रूर भी थीं। उनके कई पुरुषों से सेक्स संबंध थे। वे राजाओं और सैन्य अधिकारियों को अपनी सुंदरता के मोहपाश में बांधकर उनको ठिकाने लगा देती थी। इतिहासकार मानते हैं कि उन्होंने एक सर्प से खुद को अपने वक्ष स्थल पर कटवाकर आत्महत्या कर ली थी और कुछ मानते हैं कि उनकी मौत मादक पदार्थ के सेवन से हुई थी।

रोम की तीन ताकतें : क्लियोपेट्रा को दुनिया की सबसे अमीर और सुंदर औरत माना जाता था। वे तीन ताकतवर पुरुषों की प्रतिद्वंद्वी थीं –जूलियस सीजर्स , मार्क एंथोनी और ऑक्टेवियन। जूलियस सीजर ने उन्हें मिस्र की रानी बनने में मदद की थी।

अनेक कलाकारों ने क्लियोपेट्रा के रूपरंग और उसकी मादकता पर कई चित्रकारी और मूर्तियां गढ़ीं। साहित्य में वे इतनी लोकप्रिय हुईं

कि अनेक भाषाओं के साहित्यकारों ने उन्हें अपनी कृतियों में नायिका बनाया। अंग्रेजी साहित्य में 3 नाटककार शेक्सपियर, ड्राइडन और बर्नाड शा ने उनके व्यक्तित्व के कई पहलुओं का विस्तार किया। उनके जीवन पर फिल्में भी बन चुकी हैं। क्लियोपेट्रा का संबंध भारत से भी था। वे भारत के गरम मसाले, मलमल और मोती भरे जहाज सिकंदरिया के बंदरगाह में खरीद लिया करती थीं।

पांच भाषाओं की ज्ञाता :कहते हैं कि क्लियोपेट्रो को 5 भाषाओं का ज्ञान था और वह एक चतुर नेता थीं। यही कारण था कि वे बहुत जल्दी से किसी से भी जुड़कर उसके सारे राज जान लेती थीं और इसी के चलते उनका सैकड़ों पुरुषों से संबंध था। अपने शासन और अपने अस्तित्व को बचाने के लिए क्लियोपेट्रो को क्या कुछ नहीं करना पड़ा यह बहुत ही रोचक है।

फराओ वंश की अंतिम शासक : कहते हैं कि क्लियोपेट्रा ने 51 ईसा पूर्व से 30 ईसा पूर्व तक मिस्र पर शासन किया था। वह मिस्र पर शासन करने वाली अंतिम फराओ थीं। वह अफ्रीकी, कॉकेशियस या युनानी थीं, इस पर आज तक शोध जारी है।

कहते हैं कि जब क्लियोपट्रा 17 वर्ष की थीं तभी उनके पिता की मृत्यु हो गई। पिता की वसीयत के अनुसार उन्हें तथा उनके छोटे भाई तोलेमी दियोनिसस को संयुक्त रूप से राज्य प्राप्त हुआ और वह मिस्री प्रथा के अनुसार अपने इस भाई की पत्नी होने वाली थीं, लेकिन राज्याधिकार के लिए संघर्ष के परिणामस्वरूप उन्हें राज्य से हाथ धोकर सीरिया भागना पड़ा।

जूलियस सीजर का साथ : क्लियोपेट्रा ने साहस नहीं खोया। उसी समय रोम का शासक जूलियस सीजर अपने दुश्मन पोंपे का पीछा करता हुआ मिस्र आया। वहां उसने क्लियोपेट्रा को देखा और वह उसकी सुंदरता और मादक आंखों पर आसक्त हो गया। क्लियोपेट्रा की सुंदरता के जाल में फंसने के बाद वह उसकी ओर से युद्ध कर उसको मिस्र की रानी बनाने के लिए तैयार हो गया।

जूलियस सीजर ने क्लियोपेट्रा के भाई तोलेमी से युद्ध किया और तोलेमी मारा गया। क्लियोपेट्रा मिस्र के राजसिंहासन पर बैठीं। मिस्र की

प्राचीन प्रथा के अनुसार वह अपने एक अन्य छोटे भाई के साथ मिलकर राज करने लगीं, किंतु शीघ्र ही उसने अपने इस छोटे भाई को विष दे दिया। क्लियोपेट्रा के आदेश पर उसकी छोटी बहन अरसीनोई की भी हत्या कर दी गई।

जूलियस सीजर से क्लियोपेट्रा के संबंध :माना जाता है कि क्लियोपेट्रा रोमन सम्राट जूलियस सीजर की रखैल थी। उससे एक पुत्र भी हुआ किंतु रोमनों को यह संबंध किसी प्रकार न भाया। रोमन जनता इस संबंध का विरोध करती रही। जूलियस सीजर की उसके विरोधियों ने हत्या कर दी थी |

जूलियस सीजर की मृत्यु के पश्चात उसके जनरल मार्क एंथोनी का क्लियोपेट्रा पर दिल आ गया । वह उसकी सुंदरता से मदहोश हो चला था। क्लियोपेट्रा को जब यह पता चला तो दोनों ने शीत ऋतु एक साथ अलेक्जेंडरिया में व्यतीत किया । एंथोनी से उनके 3 बच्चे हुए। दस्तावेजों से पता चलता है कि उन दोनों ने बाद में शादी भी की, हालांकि वे दोनों पहले से ही विवाहित थे। एंथोनी के साथ मिलकर उसने मिस्र में अपने संयुक्त रूप से सिक्के भी ढलवाए थे।

44 ईसा पूर्व में जूलियस सीजर की हत्या के बाद उसके वारिस गाएस ऑक्टेवियन सीजर का मार्क एंथोनी ने जब विरोध किया तो उसके साथ क्लियोपेट्रा भी थीं। दोनों ने मिलकर रोमन साम्राज्य से टक्कर लेने की योजना बनाई, लेकिन दोनों को ऑक्टेवियन की फौजों से पराजित होना पड़ा।

क्लियोपेट्राका पलायन : क्लियोपेट्रा अपने 60 जहाजों के साथ युद्धस्थल से सिकंदरिया भाग आईं। मार्क एंथोनी भी उसके पीछे पीछे आ मिला |ऑक्टेवियन के कहने पर वह एंथोनी की हत्या के लिए भी तैयार हो गईं | एंथोनी को उसने बहला-फुसला कर साथ मरने के लिए तैयार कर लिया और उसे उस भवन में बुलवाया जो उसने बनवाया था। वहां एंथोनी ने इस भ्रम में कि क्लियोपेट्रा आत्महत्या कर चुकी है, अपने जीवन का अंत कर लिया।

क्लियोपेट्रा की मौत एक रहस्य :क्लियोपेट्रा ऑक्टेवियन को भी अपने रूप-जाल में फांसकर खुद की जान बचाकर फिर से मिस्र की सत्ता

प्राप्त करने की योजना पर कार्य कर रही थीं। किंतु जनश्रुति के अनुसार ऑक्टेवियन क्लियोपेट्रा के रूप जाल में नहीं फंसा और क्लियोपेट्रा की हत्या करवा दी | पर क्लियोपेट्रा की मौत इतिहासकारों के लिए अब भी एक पहेली है | बाद में मिस्र रोमन साम्राज्य का हिस्सा बन गया |

हालांकि कुछ लोग मानते हैं कि उसने एंथोनी को धोखा नहीं दिया। उसने एंथोनी के सामने ही सर्प से डंक लगवाकर आत्महत्या कर ली थी और जब एंथोनी ने देखा कि क्लियोपेट्रा मर गई है तब उसने भी आत्महत्या कर ली, क्योंकि वो जानता था कि उसे कभी भी ऑक्टेवियन या उसके सैनिक मार देंगे।

मादक पदार्थ के सेवन से हुई मौत :जर्मनी के एक शोधकर्ता ने दावा किया है कि प्राचीन मिस्र की विख्यात महारानी क्लियोपेट्रा की मौत सर्पदंश से नहीं, बल्कि अधिक मात्रा में मादक पदार्थों के सेवन से हुई थी।

समाचार-पत्र 'टेलीग्राफ' ने क्रिस्टॉफ के हवाले से कहा, 'महारानी क्लियोपेट्रा अपनी खूबसूरती के लिए मशहूर थीं और इस बात की संभावना कम ही है कि उसने मौत के इंतजार में खुद को बदसूरत बनने दिया होगा।' मिस्र के अलेक्जेंडरिया शहर का दौरा करने वाले क्रिस्टॉफ ने वहां कई प्राचीन चिकित्सा ग्रंथों का अध्ययन किया और सर्प विशेषज्ञों की राय ली। उनका कहना है, 'क्लियोपेट्रा अपने मिथक को बनाए रखने के लिए मौत के समय भी खूबसूरत बनी रहना चाहती थी।

उन्होंने बताया, 'क्लियोपेट्रा ने संभवत: अफीम हेम्लॉक और अन्य पदार्थों के मिश्रण का सेवन किया होगा। उस काल में इस घोल को चंद घंटों के भीतर पीड़ारहित मृत्यु के लिए पिया जाता था जबकि सर्पदंश की स्थिति में कई बार प्राण निकलने में कई-कई दिन लग जाते थे।

क्लियोपेट्रा कॉकेशियन या अफ्रीकी :लंबे समय से यह माना जाता रहा है कि मिस्र की पूर्व रानी की यूनानी मूल की थीं लेकिन विशेषज्ञों ने उनकी बहन के अवशेषों के आधार पर यह पता लगाया है कि वो अफ्रीकी-यूनानी,कॉकेशियन नस्ल की नहीं, बल्कि आधी अफ्रीकी थीं।

पूर्व में बीबीसी ने इस पर एक वृत्तचित्र क्लियोपाट्रा 'पोर्ट्रेट ऑफ ए किलर' को प्रदर्शित किया था। इसमें तुर्की के इफेसस स्थित एक मकबरे में मानव अवशेषों की खोजों का विश्लेषण किया गया है। मकबरे का

फोरेंसिक तकनीक के साथ मानव विज्ञान और वास्तुशास्त्रीय अध्ययन करने के बाद विशेषज्ञ इस बात पर सहमत हुए कि इसमें पाया गया कि नरकंकाल क्लियोपेट्रा की बहन राजकुमारी अरसीनोई का अवशेष है।

इस अध्ययन दल का नेतृत्व करने वाले ऑस्ट्रियाई विज्ञान अकादमी के पुरातत्वविज्ञानी हाइक थुयेर ने बताया कि जांच से यह पता चला है कि अरसीनोई की मां एक अफ्रीकी थी। यह खुलासा सचमुच में एक सनसनीखेज बात है, जो क्लियोपेट्रा के परिवार तथा क्लियोपेट्रा और अरसीनोई के बीच रिश्तों पर एक नई रोशनी डालता है।

सुंदरता के लिए गधी का दूध :इतिहास में क्लियोपेट्रा का जिक्र बेहद खूबसूरत यौवना के तौर पर किया जाता है और इसके लिए वे गधी के दूध का इस्तेमाल करती थीं। वे नहाने के लिए हर रोज करीब 700 गधही का दूध मंगाती थीं जिससे उसकी त्वचा खूबसूरत बनी रहती थी। हालिया हुई खोज में यह बात साबित हुई है।

तुर्की में हुए एक अध्ययन के अनुसार, एक शोध के दौरान जब चूहों को गाय और गधी का दूध पिलाया गया तो गाय का दूध पीने वाले चूहे ज्यादा मोटे नजर आए। इससे यह स्पष्ट होता है कि गधी के दूध में गाय के दूध की तुलना में कम वसा होता है, जो हर लिहाज से बेहतर होता है। तो फिर कहीं की भी महारानी हो, वह तो ये पसंद करेगी ही।

क्लियोपैट्रा मिस्र की आखिरी रानी थ जिसने लगभग 40 सालों तक मिस्र पर राज किया| दुनिया भर में अगर किसी रानी के बारे में सबसे ज्यादा लिखा गया है, तो वो क्लियोपैट्रा है अगर किसी पर ज्यादा नाटक लिखे गए , या फिल्में बनाई गईं तो वो क्लियोपैट्रा है |

क्लियोपैट्रा वो औरत थी, जिसकी मां के बारे में कोई नहीं जानता था | अंदाजा लगाने वाले कहते हैं कि क्लियोपैट्रा की मां शायद उसके पिता की कोई पटरानी रही होगी | यानी एक ऐसी औरत, जिसका कोई नाम भी याद न रखना चाहे |

कहते हैं क्लियोपैट्रा की खूबसूरती की तुलना नहीं की जा सकती थी | वो जब बात करती तो लोग सम्मोहित हो जाते | वो देख भर लेती तो पुरुष वासना से भर उठते | लेकिन इन सब से ऊपर, बहुत ऊपर क्लियोपैट्रा एक फैरो थी, एक रानी | एक चालाक कूटनीतिज्ञ जिसे 5

भाषाएं आती थीं और गणित में अच्छे-अच्छों को मात दे सकती थी।

4

इंदिरा गांधी

"अगर देश की खातिर मेरी जान भी चली जाए तो मुझे गर्व होगा, मुझे चिंता नहीं कि मैं जीवित रहूं या न रहूं, जब तक सांस है तब तक मैं देश की सेवा करती रहूंगी। जब भी मेरी जान जाएगी, मेरे खून का एक एक कतरा भारत को मजबूती देगा और अखंड भारत को जीवित रखेगा।"

इंदिरा गांधी का जन्म 19 नवंबर सन् 1917 को उत्तर प्रदेश के इलाहाबाद मे हुआ था। जहां इंदिरा गांधी के पिता पंडित जवाहर लाल नेहरू और माता कमला नेहरू इस बालिका को पाकर झूम उठे थे, वही नेहरू परिवार का आनंद भवन इंदिरा को पाकर धन्य हो गया था। सौभाग्य से आगे चलकर वही बालिका स्वतंत्र भारत की प्रथम महिला प्रधानमंत्री श्रीमती इंदिरा गांधी के रूप में आसीन हुई, तथा गुट-निरपेक्ष आंदोलन के अध्यक्ष के पद पर भी आसीन होकर विश्व मे भारत का गौरव एवं मान बढ़ाया। वो किसी कुशल सारथी की तरह भारत देश की बागडोर को अपने धैर्य, साहस और मानसिक संतुलन का सही परिचय देते हुए, राष्ट्र को क्रमशः उन्नति की ओर अग्रसर किया।

इंदिरा गांधी का बचपन

बचपन मे इंदिरा का नाम प्रियदर्शिनी रखा गया, अर्थात जो देखने सुनने मे सुंदर और भला लगे। नाम के अनुरूप लगने वाली प्रियदर्शिनी को पिता प्यारा से इंदु कहा करते थे। नेहरू परिवार ने भरपूर धन, वैभव और यश कमाया था। उनका आनंद भवन आवास गृह ही नहीं,

बल्कि स्वाधीनता सेनानियों का प्रमुख स्थान था, जहां प्रतिदिन राष्ट्रीय नेताओं की भीड़ लगी रहती थी, और राष्ट्रीय हित के संबंध में विचार विमर्श होता रहता था। आनंद भवन में ही रहकर प्रियदर्शिनी धीरे धीरे बड़ी होने लगी। घर पर माता पिता की राजनीतिक सरगर्मियों और गिरफ्तारियों को देखते हुए, बालिका इंदिरा बचपन से ही राजनीति का पाठ पढ़ने लगी। सार्वजनिक स्थलों में हिन्दुस्तान और हिन्दुस्तानियों के अपमान को देखकर इंदिरा का हृदय विचलित हो उठता था। उनका मन हिन्दुस्तानियों द्वारा किए गए प्रतिकार की बात सुनकर प्रसन्न हो उठता था।

जब इंदिरा गाँधी 12 वर्ष की थीं, तो उन्होंने कुछ बच्चों के साथ वानर सेना बनाई और उसका नेतृत्व किया। बच्चों के बालसुलभ क्रियाकलापों को देखते हुए माता कमला देवी ने सेना को "वानर सेना" नाम दे दिया। इंदिरा की यह वानर सेना कांग्रेस की छुपे तौर से सहायता करती थी। अंग्रेजों ने इस बीच उन्हे गिरफ्तार भी किया, तब नन्ही इंदु को लगा कि वह एकदम बड़ी हो गई हैं। खेल खेल मे किया गया उसका प्रयास दर्शाता था कि बचपन से ही उसमें नेतृत्व का गुण था।

वानर सेना का नाम बंदर ब्रिगेड रखा गया था जो कि बंदर सेना से प्रेरित था, जिसने महाकाव्य रामायण में भगवान राम की सहायता की थी। उन्होंने बच्चों के साथ मिलकर भारत की स्वतंत्रता के संघर्ष में महत्वपूर्ण भूमिका निभाई थी। बाद में इस समूह में 60,000 युवा क्रांतिकारियों को भी शामिल किया गया, जिन्होंने बहुत से आम-लोगों को संबोधित किया, झंडे बनाए, संदेश दिए और प्रदर्शनों के बारे में जानकारी आम-जनता तक पहुंचाई। ब्रिटिश शासन के होते हुए ये सब करना एक जोखिम भरा कार्य था, लेकिन इंदिरा स्वतंत्रता आंदोलन में भाग लेने के लिए उत्साह में यह सब करती थी।

इंदिरा गांधी को अपनी माता से बेहद लगाव था। कमला देवी विदुषी महिला थी और भारतीय संस्कृति के प्रति उनकी गहरी निष्ठा थी। भारत की धरती और भारतीय संस्कृति के प्रति इंदिरा मे जो प्यार था, वह मां के ही कारण था। वह कहा करती थी– पिताजी मुझसे आकाश मे उडने की बात करते है, और माताजी मुझे धरती पर ढंग से रहना सिखाती

है।पंडित जवाहर लाल नेहरू की एक मात्र संतान होने के कारण इंदिरा का लालनपालन बडे लाड़ प्यार से हुआ। उनकी शिक्षा पूना, स्विट्जरलैंड, और ऑक्सफोर्ड मे हुई। शांतिनिकेतन मे कुछ दिन गुरूदेव रविन्द्रनाथ जी के साथ भी रहने का अवसर उन्हें प्राप्त हुआ, किंतु इसी बीच मां कमला नेहरू का निधन हो गया। दृढ़ निश्चयी इंदिरा ने इस आघात को बड़े धैर्य से सहन किया।

ऑक्सफोर्ड शिक्षा के दौरान ही इंदिरा ने ब्रिटिश मजदूर दल मे शामिल होकर राजनीति का दूसरा पाठ पढा । मात्र 21 वर्ष की आयु मे वे कांग्रेस दल की नियमित सदस्य बन गई। सन् 1942 के "भारत छोडो" आंदोलन मे भाग लेने पर उन्हें 13 महिने के लिए जेल भी जाना पडा।

भारत के स्वतंत्र होने पर जब पंडित नेहरू भारत के प्रथम प्रधानमंत्री बने तो इंदिरा जी का अधिकांश समय नेहरूजी के साथ ही बीतता था। कई बार वे उनके साथ विदेश यात्रा पर गई, जहाँ उनका संपर्क अनेक राजनेताओं और विश्व के नेताओं के साथ हुआ। फरवरी 1959 मे वे अखिल भारतीय राष्ट्रीय कांग्रेस के नागपुर अधिवेशन में सत्तारूढ़ दल की अध्यक्ष चुनी गईं।

इंदिरा का वैवाहिक जीवन

इंदिरा जब इंडियन नेशनल कांग्रेस की सदस्य बनी, तो उनकी मुलाक़ात फिरोज गांधी से हुई | फिरोज गाँधी मोती लाल नेहरू के घर आते थे |वो एक पत्रकार और यूथ कांग्रेस के महत्वपूर्ण सदस्य थे | 1941 में अपने पिता की असहमति के बावजूद भी इंदिरा ने फिरोज गांधी से विवाह कर लिया था ।

इंदिरा का विवाह फिरोज गान्धी से जरुर हुआ था, लेकिन फिरोज और महात्मा गांधी में कोई रिश्ता नहीं था । फिरोज उनके साथ स्वतंत्रता के संघर्ष में साथ थे, लेकिन वो पारसी थे, जबकि इंदिरा हिन्दू । और उस समय अंतरजातीय विवाह इतना आम नहीं था । दरअसल, इस जोड़ी को सार्वजनिक रूप से पसंद नहीं किया जा रहा था, ऐसे समय में महात्मा गांधी ने इस जोड़ी को समर्थन दिया और ये सार्वजनिक बयान दिया, जिसमें उनका मीडिया से अनुरोध भी शामिल था "मैं अपमानजनक पत्रों के लेखकों को अपने गुस्से को कम करने के लिए और इस शादी में आकर

नवयुगल को आशीर्वाद देने के लिए आमंत्रित करता हूं" और कहा जाता हैं कि महात्मा गांधी ने ही राजनीतिक छवि बनाये रखने के लिए फिरोज और इंदिरा को 'गाँधी' उपनाम लगाने का सुझाव दिया था ।

स्वतंत्रता के बाद इंदिरा गांधी के पिता जवाहर लाल नेहरू देश के पहले प्रधानमंत्री बने थे, तब इंदिरा अपने पिता के साथ दिल्ली शिफ्ट हो गयी थी । उनके दोनों बेटे राजीव और संजय उनके साथ थे |लेकिन फिरोज ने तब इलाहबाद रुकने का ही निर्णय किया था, क्योंकि फिरोज तब दी नेशनल हेरल्ड में एडिटर का काम कर रहे थे, इस न्यूज़ पेपर को मोतीलाल नेहरु ने शुरू किया था।

इंदिरा का राजनीतिक जीवन

नेहरु परिवार वैसे भी भारत के केंद्र सरकार में मुख्य परिवार थे, इसलिए इंदिरा का राजनीति में आना ज्यादा मुश्किल और आश्चर्यजनक नहीं था। उन्होंने बचपन से ही महात्मा गांधी को अपने इलाहाबाद वाले घर में आते-जाते देखा था, इसलिए उनकी देश और यहाँ की राजनीति में रूचि थी ।

1951-52 के लोकसभा चुनावों में इंदिरा गांधी ने अपने पति फिरोज गांधी के लिए बहुत सी चुनावी सभाएं आयोजित की और उनके समर्थन में चलने वाले चुनावी अभियान का नेतृत्व किया। उस समय फिरोज रायबरेली से चुनाव लड़ रहे थे। जल्द ही फिरोज सरकार के भ्रष्टाचार के विरुद्ध बड़ा चेहरा बन गए। उन्होंने बहुत से भ्रष्टाचार और भ्रष्टाचारियों का पर्दाफाश किया,जिसमे बीमा कम्पनी और वित्त मंत्री टीटी कृष्णामचारी का नाम शामिल था । वित्त मंत्री को तब जवाहर लाल नेहरु का करीबी माना जाता था । इस तरह फिरोज राष्ट्रीय स्तर की राजनीति की मुख्य धारा में सामने आये, और अपने थोड़े से समर्थकों के साथ उन्होंने केंद्र सरकार के साथ अपना संघर्ष ज़ारी रखा ।

इंदिरा गांधी की बायोग्राफी में हमें लिखा हुआ मिलता है की इंदिरा और फिरोज का रिश्ता काफी अच्छा नहीं था । उनके मतभेद इतने बढ़ गये थे की इंदिरा और फिरोज अलग रहने लग गये थे । यहाँ तक की

फिरोज एक मुस्लिम महिला के प्यार में भी पड़ गये थे । उस समय इंदिरा दूसरी बार गर्भवती थी । लेकिन फिरोज के अंतिम समय में इंदिरा उनके काफी नजदीक थी और दोनों का रिश्ता लड़ते-झगड़ते गुजरा । उनके राजनैतिक मतभेद के बारें में अनेक किताबों में लिखा हुआ मिलता है लेकिन 8 सितम्बर 1960 को फिरोज की हृदयघात से मृत्यु हो गई ।

नेहरूजी ने इंदिरा को इस दुखद घडी में संभाला, लेकिन मात्र चार साल पश्चात ही 1964 में नेहरूजी की मृत्यु हो गई और इस तरह इंदिरा के सिर से पिता का साया भी उठ गया। नेहरू जी की मृत्यु के पश्चात ही बने प्रधानमंत्री श्री लाल बहादुर शास्त्री ने इंदिरा जी को सूचना एवं प्रसारण मंत्री बनाकर अपने मंत्रिमंडल में शामिल कर लिया। इस पद पर रहते हुए उन्होंने महत्वपूर्ण भूमिका निभाई।

अकस्मात ही श्री लाल बहादुर शास्त्री के निधन पर देश के सामने एक बार फिर यह समस्या आई की देश की बागडोर किसे सौंपी जाए। किसी एक नाम पर एकमत न होने पर श्रीमती इंदिरा गांधी और श्री मोरारजी देसाई के मध्य चुनाव की नौबत आ गई। इस चुनाव में श्रीमती गांधी को 355 तथा श्री देसाई को 169 मत प्राप्त हुए। भारत की पहली महिला प्रधानमंत्री के रूप में पहचान रखने वाली इंदिरा गाँधी का जीवन परिचय काफी रोचक हैं। उनका इंदु से लेकर इंदिरा और फिर प्रधानमंत्री बनने तक का सफर ना केवल प्रेरणादायी हैं, बल्कि भारत में महिला सशक्तिकरण के इतिहास का महत्वपूर्ण अध्याय भी है । उन्होंने 1966 से लेकर 1977 तक और 1980 से लेकर मृत्यू तक देश के प्रधानमंत्री का पदभार सम्भाला था । प्रधानमंत्री पद सभांलते ही उनके सामने परेशनियों का दौर आरंभ हो गया।

इंदिरा गांधी के जीवन की राजनैतिक चुनौतियाँ

इंदिरा गांधी के राजनैतिक जीवन ने बदल दी देश की दशा और दिशा |प्रधानमंत्री बनने के बाद इंदिरा के सामने कई चुनौतियां व संकट थे | देश में उसी साल ऐसा भयानक अकाल पड़ा कि कई राज्यों में आहार के लिए दंगे होने लगे |

मिजो जनजातियों ने विद्रोह कर दिया तथा पंजाब में भाषाई आंदोलन सिर उठाने लगा |

7 नवंबर 1966 की बात है | हज़ारों की तादाद में गौरक्षक, साधु व अन्य धार्मिक नेता गौरक्षा की मांग करते हुए संसद की ओर मार्च कर रहे थे | करनाल (पंजाब) से भारतीय जनसंघ के सांसद स्वामी रामेश्वरानंद के नेतृत्व में यह मार्च संसद भवन की ओर बढ़ने लगा | उस समय सुरक्षा बल की कमी थी, सो ख़तरा देख संसद भवन का मुख्य प्रवेश द्वार बंद कर दिया गया | इससे भीड़ हिंसक हो गई और पार्लियामेंट स्ट्रीट पर मौजूद सरकारी भवनों में तोड़-फोड़ मचाने लगी | स्थिति बिगड़ती देख पुलिस ने फ़ायरिंग कर दी, जिसमें आठ साधुओं की मौत हो गई | इस फ़ायरिंग की देशभर में व्यापक निंदा होने लगी | तब तत्कालीन प्रधानमंत्री इंदिरा गांधी ने वरिष्ठ राजनीतिज्ञ व देश के गृहमंत्री गुलजारीलाल नंदा को पद से हटा दिया |

बतौर प्रधानमंत्री इंदिरा गांधी का यह पहला साल था और उनके सामने कई चुनौतियां थीं | मेरी सेटॉन के मुताबिक 1962 में चीन से युद्ध हारने के दुख में तत्कालीन प्रधानमंत्री व इंदिरा के पिता जवाहरलाल नेहरू का देहांत हो चुका था | वर्तमान में जैसा माना जाता है कि इंदिरा को प्रधानमंत्री बनाने के लिए उन्होंने बाक़ायदा प्रशिक्षित किया था, उसके विपरीत तब देश के नए प्रधानमंत्री की खोज जारी थी | इंदिरा तो इंग्लैंड में शिक्षा ग्रहण कर रहे अपने बेटे राजीव व संजय गांधी के पास रहने के लिए जाने की योजना बना रहीं थीं | नेहरू की असामयिक मौत से मात्र 19 दिन पहले उन्होंने अपनी मित्र डोरोथी नॉर्मन को पत्र लिख कर अपनी योजना बताई थी कि "वे कम-से-कम एक साल के लिए भारत से बाहर रहना चाहती हैं, और वहां किसी काम की तलाश में हैं |"

नेहरू ने ख़ुद उनकी परवरिश अपने राजनीतिक वारिस के रूप में नहीं की थी | इंदिरा ने जब संसदीय सीटों के लिए चुनाव लड़ने से इंकार किया तो नेहरू ने उनका समर्थन किया तथा उनके भविष्य के लिए कोई ख़ास योजना नहीं बनाई | फरवरी 1959 में इंदिरा गांधी को अखिल भारतीय

कांग्रेस कमेटी का अध्यक्ष बनाया गया तो नेहरू विरोधियों ने इसे बेटी के लिए प्रधानमंत्री पद की राह आसान करना ठहराया | हालांकि, कांग्रेस के ही एक बड़े वर्ग का मानना था कि इंदिरा ने अपने गुणों के आधार पर यह पोस्ट पाई थी |

पार्टी अध्यक्ष का पद पाने वाली इंदिरा गांधी चौथी महिला थीं और अध्यक्ष बनते ही उन्होंने अपनी दृढ़ इच्छा शक्ति का प्रदर्शन कर दिया | केरल में मार्क्सवादी ईएमएस नंबूदरीपाद की सरकार ने भूमि सुधार लागू किए थे | राज्य सरकार ने एजुकेशनल बिल पारित करा लिया था, जिससे प्राइवेट स्कूलों को नियंत्रित किया जा सके | इससे समाज का प्रभावशाली वर्ग भड़क गया और उसने नंबूदरीपाद सरकार को उखाड़ फेंकने का अभियान चला दिया | इंदिरा ने मौक़े का फ़ायदा उठाया और नंबूदरीपाद सरकार को बदल दिया | भाषाई तनाव बढ़ते देख उन्होंने महाराष्ट्र व गुजरात को अलग करने की सिफारिश भी की |

फरवरी 1960 में उनका अध्यक्षीय कार्यकाल पूरा हो गया | कांग्रेस कार्य समिति ने उनसे दोबारा इस पद पर बने रहने का आग्रह किया, लेकिन इंदिरा ने विनम्रतापूर्वक उसे अस्वीकार करते हुए वरिष्ठ नेता के कामराज को आगे कर दिया | अलबत्ता ख़ुद को पीछे रखते हुए वे अपने पिता व देश के प्रधानमंत्री जवाहरलाल नेहरू की छाया बनी रहीं तथा द्वेष रखने वालों से उनका बचाव करती रहीं | साथ ही उन्होंने इसका भी ध्यान रखा कि यह राजनीतिक गतिविधियां उनके सामाजिक कार्यों तथा अपनी संतानों की परवरिश में रुकावट न बनें |

मगर नियती कुछ और खेल खेल रही थी | 27 मई 1964 को नेहरू की मौत हो गई, जिसके कुछ घंटों बाद ही सिंडिकेट कहलाने वाले कांग्रेस के वरिष्ठ नेताओं ने लाल बहादुर शास्त्री को देश का नया प्रधानमंत्री चुन लिया | राजनीतिज़्ञों के राजनीतिज़ के.कामराज ने कट्टरपंथी मोरारजी देसाई की जगह शास्त्री को प्राथमिकता दी |

इंदिरा गांधी की निकटतम मित्र व सलाहकार पुपुल जयकर के अनुसार प्रधानमंत्री पद की शपथ लेने से पहले शास्त्री ने इंदिरा को बुला कर प्रधानमंत्री पद ऑफर किया था | जयकर ने लिखा है कि "इंदिरा गांधी ने इसे अस्वीकार कर दिया |" क्योंकि "वे महसूस करती थीं कि

अगर अभी प्रधानमंत्री बन गई तो बर्बाद हो कर रह जाऊंगी |" फिर शास्त्री ने इस आग्रह के साथ कि उनके बिना वे एक मज़बूत सरकार नहीं बना पाएंगे, उन्हें मंत्री पद का ऑफर दिया | तब इंदिरा ने सूचना व प्रसारण मंत्रालय की ज़िम्मेदारी स्वीकार कर ली |

सितंबर 1965 में पाकिस्तान ने जम्मू-कश्मीर स्थित अख़नूर के चंब सेक्टर पर चढ़ाई कर दी | भारतीय सेना ने पश्चिमी पाकिस्तान पर धावा बोला और लाहौर की ओर बढ़ चली | 22 सितंबर को संयुक्त राष्ट्र संघ ने हस्तक्षेप कर दोनों देशों के बीच युद्धबंदी कराई | जनवरी 1966 में सोवियत रूस के प्रधानमंत्री अलेक्जेयी कोसिगिन ने शास्त्री व पाकिस्तान के राष्ट्रपति जनरल अयूब खान को उजबेकिस्तान स्थित ताशकंद में संधि के लिए निमंत्रित किया | जिस रात इन दोनों प्रधानों ने संधि पर हस्ताक्षर किए, उसी रात लाल बहादुर शास्त्री को दिल का घातक दौरा पड़ा और उन्होंने वहीं दम तोड़ दिया |

इंदिरा और प्रधानमंत्री का पद

कामराज फौरन इंदिरा को प्रधानमंत्री पद के लिए आगे करने लगे | मोरारजी देसाई के नेतृत्व में वरिष्ठ कांग्रेसियों का एक गुट इसके ख़िलाफ़ था लेकिन कामराज को लगता था कि इंदिरा गांधी में 1967 का चुनाव जिताने की क्षमता है | इसके ख़िलाफ देसाई ने कांग्रेस संसदीय दल के चुनाव करवा कर नेतृत्वकर्ता चुनने का दबाव डाला | शास्त्री की मौत के 9 दिन बाद यह चुनाव हुए | चुनाव अधिकारी ने संसद के सेंट्रल हॉल में अपरान्ह 3 बजे के कामराज को चुनाव परिणाम सौंप दिए | कामराज ने अपने विशुद्ध तमिल लहजे में चुनाव परिणाम घोषित किए, जिसे कांग्रेस के कुछ ही सांसद व पदाधिकारी समझ सके | तुरंत ही कांग्रेस के एक उत्साही नेता ने घोषणा की कि इंदिरा गांधी चुनाव जीत गई हैं | उन्हें 355 जबकि देसाई को केवल 169 वोट मिले हैं |

24 जनवरी 1966 को इंदिरा गांधी ने पद व गोपनीयता की शपथ राष्ट्रपति भवन में स्थित भगवान बुद्ध की प्रतिमा के सामने ग्रहण की, जहां लिखा हुआ था — 'निर्भीक रहो.' प्रधानमंत्री बनने के बाद इंदिरा

गांधी ने दृढ़ता के साथ काम शुरू किया | यही नहीं इंदिरा का राजनीतिक करियर बनाने वाले के.कामराज को भी बाद में अहसास हुआ कि इंदिरा अपने ढंग से काम करने वाली महिला हैं | इसीलिए एक मौक़े पर उन्होंने इंदिरा के व्यक्तित्व को यूं प्रस्तुत किया, "एक बड़े *आदमी की बेटी, एक छोटे आदमी की गलती* |"

प्रधानमंत्रीबननेकेबादकीचुनौतियां?

प्रधानमंत्री बनने के बाद इंदिरा के सामने कई चुनौतियां व संकट थे | देश में उसी साल ऐसा भयानक अकाल पड़ा कि कई राज्यों में आहार के लिए दंगे होने लगे | मिजो जनजातियों ने विद्रोह कर दिया तथा पंजाब में भाषाई आंदोलन सर उठाने लगा | साथ ही उनके ख़िलाफ दुष्प्रचार ने ज़ोर पकड़ लिया | दिल्ली व देश के कुछ भागों में उन्हें देश के लिए अशुभ बताने वाले पोस्टर लग गए |

इन सबसे विचलित हुए बिना इंदिरा ने अपना सफर शुरू कर दिया | गौरक्षा मामले में उन्होंने सुप्रीम कोर्ट के सेवानिवृत्त मुख्य न्यायाधीश एके सरकार की अध्यक्षता में एक समिति गठित कर दी, जिसे यह रिपोर्ट देनी थी कि देश भर में गौवध पर रोक लगाना उचित होगा | इसमें उन्होंने निर्भीकता के साथ राष्ट्रीय स्वयंसेवक संघ के मुखिया एमएस गोलवलकर को भी रखा | उनके अलावा पुरी के शंकराचार्य, राष्ट्रीय डेयरी विकास निगम अध्यक्ष वी कुरियन, अर्थशास्त्री अशोक मित्रा सहित अन्य लोग शामिल थे | कुरियन ने बाद में लिखा कि गोलवलकर ने स्वीकार किया था कि नवंबर 1966 में उनके द्वारा चलाए गए गौरक्षा अभियान का मूल उद्देश्य सरकार को परेशान करना था तथा उनके मस्तिष्क में कई राजनीतिक उद्देश्य भी थे | सामीति समय पर रिपोर्ट प्रस्तुत नहीं कर सकी तथा मोरारजी देसाई सरकार ने इसे बाद में भंग कर दिया |

1967 में इंदिरा गांधी पचास साल की हो गईं और इसी साल होने वाले लोकसभा चुनाव में उन्होंने पहली बार जनता से सीधा सामना करने यानी चुनाव लड़ने का मन बनाया | इसके लिए उन्होंने अपने दिवंगत

फिरोज गांधी की सीट रायबरेली चुनी | यही नहीं उनकी क्षमता को लेकर के.कामराज ने जो अनुमान लगाए थे, उन्हें सिद्ध करते हुए इंदिरा ने प्रचार के लिए 45 दिन के चुनाव अभियान में 25 हजार किलोमीटर से ज्यादा की यात्रा की |

विपक्ष के निशाने पर

इस चुनाव से पहले देश में समाजवादी आंदोलन आकार लेने लगा था | इसमें यादव, जाट, रेड्डी, पटेल व मराठा जैसी पिछड़ी जातियां शामिल थीं, जिनका कांग्रेस से मोहभंग हो चुका था| कांग्रेस में रह चुके राम मनोहर लोहिया के विचार में सन् 1952, 1957 व 1962 के चुनाव कांग्रेस द्वारा सतत् जीतने पर मतदाता को लगने लगा था कि कांग्रेस को कोई नहीं हरा सकता| इस सोच को बदलने के लिए उन्होंने विपक्ष को सलाह दी कि चुनाव में अपने अलग-अलग उम्मीदवार खड़े करने के बजाय सभी पार्टियों को मिलकर कांग्रेस के सामने एक साझा उम्मीदवार खड़ा करना चाहिए| लोहिया का यह फार्मूला काम कर गया और कांग्रेस को कई जगह हार का मुंह देखना पड़ा| देश के नौ राज्यों में गैर-कांग्रेसी सरकार भी बनी|

स्वतंत्र पार्टी के टिकट पर महारानी गायत्री देवी ने चुनाव लड़ा और ख़ुद को इंदिरा गांधी की प्रतिद्वंद्वी के रूप में पेश किया| जयपुर में एक आमसभा को संबोधित करते हुए इंदिरा ने पूर्व राजे-महाराजों पर यह कह कर हमला किया कि *"जाओ और महाराजाओं व महारानियों से पूछो कि अपने राज में उन्होंने जनता के लिए क्या किया तथा जनता के धन से ऐश करने वाले इन लोगों ने अंग्रेजों के ख़िलाफ़ कितनी जंगें लड़ीं |"* बहरहाल 1967 के चुनाव कांग्रेस जीत तो गई, लेकिन उसे सीटों का नुक़सान उठाना पड़ा |वी.कृष्णा अनंत के मुताबिक 1967 के चुनाव ने भारत की सामाजिक व राजनीतिक संरचना को ख़ासी ठेस पहुंचाई, जिसके बाद में दुष्परिणाम दिखते रहे | इस चुनाव में "गठबंधन, समझौतों के साथ धर्म, जाति आदि के नाम पर भी वोट मांगे गए," नतीजतन सन् 1947 से एक साझा परिवार की तरह रहते आए

भारत को इससे अपूरणीय क्षति पहुंची | वरिष्ठ राजनेताओं द्वारा इस तरह के हथकंडे अपनाए जाने का जवाब इंदिरा ने ख़ामोशी से दिया |

बैंकोंकाराष्ट्रीयकरण

एक तो यह कि देश के राजे-महाराजों की संपत्तियां उन्होंने भारत सरकार में शामिल कर लीं तथा दूसरा देश के बड़े बैंकों को राष्ट्रीयकृत कर दिया | एक झटके में 14 बड़े बैंकों का राष्ट्रीयकरण अपनेआप में बड़ी घटना थी, जिसने आम नागरिकों का दिल जीत लिया | इंदिरा के इस कदम से आमजन कितने उत्साहित थे, इसका अंदाज़ा *'शू शाइन बॉयज यूनियन'* द्वारा दिए गए एक ऑफर से लगाया जा सकता है | यूनियन की ओर से घोषणा की गई थी कि कांग्रेस अधिवेशन में शामिल होने वाले ऑल इंडिया कांग्रेस कमेटी के तमाम प्रतिभागियों के जूतों पर मुफ़्त में पॉलिश की जाएगी | राष्ट्रीयकृत की जाने वाली बैंकों में सबसे बड़ी सेंट्रल बैंक थी | टाटा द्वारा नियंत्रित इस बैंक में 4 अरब से अधिक रुपए जमा थे | सबसे छोटी महाराष्ट्र बैंक में भी 70 करोड़ रूपए जमा थे | ये उस दौर के मान से बहुत बड़ी-बड़ी रकमें थीं|

'*गरीबी हटाओ*' वाले नारे के साथ सन् 1971 में इंदिरा गांधी सत्ता में वापस लौटीं | एक शक्तिशाली प्रधानमंत्री के रूप में वे स्थापित थीं | इसी दौरान उन्होंने पाकिस्तान के दो टुकड़े कर के दिखाए | इससे इंदिरा को पूरे देश ने सिर आंखों पर बिठा लिया | पाकिस्तान पर भारत की भारी-भरकम जीत राष्ट्र के लिए गौरव का विषय थी | इसे 1962 में चीन से मिले घाव की भरपाई भी माना गया | सन् 1974 में भारत द्वारा पोखरण में किए गए परमाणु परीक्षण ने इंदिरा का रुतबा देश व संसार में और बढ़ा दिया | इसके बाद 1975 में सिक्किम के भारत में विलय से उनकी छवि एक महान नेता की हो गई |

कांग्रेस के वरिष्ठ नेताओं से मिले कड़वे अनुभवों के कारण उन्होंने कांग्रेस को पूरी तरह नियंत्रण में लेने के प्रयास शुरू कर दिए | कई राज्यों के मुख्यमंत्रियों को हटा कर वहां उन्होंने अपनी पसंद के मुख्यमंत्री बिठाए | जैसे राजस्थान में मोहनलाल सुखाड़िया की जगह बरकतुल्लाह

ख़ान तो मध्यप्रदेश में श्यामाचरण शुक्ला के स्थान पर प्रकाशचंद सेठी को गद्दी सौंप दी गई | पार्टी फंड को भी उन्होंने अपने कब्ज़े में कर लिया |

बेटे संजय ने बढ़ाई मुश्किलें

क्रेवी स्थित विश्वविख्यात कार निर्माता कंपनी रोल्स रॉयस से प्रशिक्षित होकर सन् 1969 में इंदिरा का छोटा बेटा संजय गांधी इंग्लैंड से लौटा | यहां आकर उसने छोटी व सस्ती कार बनाने का लाइसेंस लेने के लिए आवेदन दिया | साथ ही तब 23 साल के संजय ने अपने इस प्रोजेक्ट के लिए लोन लेने का आवेदन भी दे दिया, ताकि उसे लाइसेंस जारी किया जा सके | इससे स्वाभाविक ही प्रधानमंत्री पर अपनी संतान को लाभ पहुंचाने के आरोप लगने लगे | मामला संसद में उठाया गया और सदन ने देखा कि इंदिरा मुंह बनाए बहस सुनती रहीं और कंधे झटक कर उन्होंने सारी आलोचनाओं को दरकिनार कर दिया | परंतु बात इतने पर ही नहीं रुकी | हरियाणा में बंसीलाल के अधीन चल रही कांग्रेस सरकार ने संजय के इस कारख़ाने के लिए 300 एकड़ से ज्यादा ज़मीन आवंटित कर दी | इसके लिए लगभग 15 हजार किसानों से उनकी ज़मीन छीन ली गई | 1973 तक इंदिरा गांधी के मुख्य सचिव रहे पी.एन.हक्सर ने इस भूमि अधिग्रहण का विरोध किया, तो उन्हें हटा दिया गया |

उधर देश के राजनीतिक परिदृश्य पर स्वतंत्रता संग्राम सेनानी जयप्रकाश नारायण का उदय होने लगा | जेपी के नाम से मशहूर जयप्रकाश नारायण तब बिहार में सार्वजनिक जीवन से दूर अपनी दीनचर्या में व्यस्त थे | 1973 में उन्होंने निज अधिकारों तथा जनतांत्रिक मूल्यों की रक्षा का आह्वान करते हुए कई सांसदों को पत्र लिखे | उन्होंने '*गणतंत्र के लिए आमजन*' नाम से एक समूह भी बना लिया, जिसमें दिन-प्रतिदिन सरकार के कामकाज से असंतुष्ट लोग शामिल होने लगे | सरकार से नाराज़ इन लोगों की संख्या बढ़ती जा रही थी | संजय गांधी के मनमाने कामकाज इस समूह का मुख्य निशाना हुआ करते थे |

संजय गांधी की बढ़ती सक्रियता के साथ ही कांग्रेस के भीतर एक गुट पनपने लगा, जो प्रधानमंत्री कार्यालय के समानांतर काम कर रहा था | संजय के कमरे में अलग से एक टेलीफ़ोन लाइन डाल ली गई थी इस फोन द्वारा प्रधानमंत्री पुत्र की ओर से महत्वपूर्ण लोगों, पदाधिकारियों को सीधे दिशा निर्देश जारी किए जाते थे | इसमें कई बार तो इंदिरा गांधी को अपने पुत्र व उसके गिरोह की ऐसी असंवैधानिक करतूतों का पता तक नहीं होता था |

आपातकाल

12 जून 1975 को इलाहाबाद हाईकोर्ट ने अपने एक महत्वपूर्ण फैसले में रायबरेली से इंदिरा गांधी के निर्वाचन को (1971 के चुनाव) चुनावी धांधली के कारण शून्य घोषित कर दिया | यही नहीं न्यायालय ने इंदिरा को आगामी छह साल तक किसी भी संवैधानिक पद के लिए भी अयोग्य घोषित कर दिया | ऐसे कठिन समय में इंदिरा के एक निकटस्थ सलाहकार सिद्धार्थ शंकर रे ने संविधान के अनुच्छेद 352 के तहत देश में आंतरिक आपातकाल लगाने की सलाह दी | उधर 25 जून 1975 को जेपी, मोरारजी देसाई व अन्य दिग्गज नेताओं ने इंदिरा गांधी को पद से हटाने के लिए दिल्ली के रामलीला मैदान में एक बड़ी जनसभा का आयोजन किया | इसमें जेपी ने एक ज़िद्दी व मनमानी पर उतारू सरकार को पदच्युत करने के लिए लोगों से असहयोग आंदोलन चलाने का आह्वान किया | इसकी अगली सुबह ही इंदिरा ने '*राष्ट्रीय सुरक्षा को खतरा*' बताते हुए आपातकाल की घोषणा कर दी |

भारत जैसे विकासशील देश में आपातकाल कोई असामान्य बात नहीं थी | ब्रिटेन में तो एडवर्ड हीथ सरकार ने अपने कार्यकाल में पांच बार इमर्जेंसी लगाई थी | 1962 व 1971 में हुए युद्ध के समय भारत में भी 'बाह्य' आपातकाल की घोषणा की गई थी, लेकिन 1975 की गर्मियों में लगाए गए आपातकाल को उचित नहीं ठहराया जा सकता | बहरहाल, आपातकाल की समीक्षा के लिए बनाए गए *शाह आयोग* ने 1978 में अपनी रिपोर्ट प्रस्तुत कर दी | इसमें उल्लेख किया गया था कि उस समय

देश में संविधान को ऐसा कोई बड़ा ख़तरा नहीं था, न ही कानून व्यवस्था कि स्थिति ऐसी चिंतनीय थी कि आपातकाल लागू कर दिया जाए |

जनवरी 1977 में इंदिरा को महसूस हुआ कि इमर्जेंसी हटा देनी चाहिए | उन्होंने पहले से पंगु हो चुकी लोकसभा को भंग किया और नए चुनाव की घोषणा कर दी | तमाम राजनीतिक कैदियों को भी रिहा कर दिया गया और देश चुनाव की तैयारियां करने लगा | इमर्जेंसी लगाना गलत था, फिर भी वह देश को भरपाई न हो सकने जैसा नुकसान न पहुंचा सकी | आपातकाल में भी वैयक्तिक व राजनीतिक स्वतंत्रता बरकरार थी तथा राजनीतिक प्रतिद्वंदि्वयों को गोलियों से नहीं उड़ाया गया | यहां तक कि सबसे डरावने 42वें संशोधन द्वारा भी सुप्रीम कोर्ट के अधिकार कम नहीं किए जा सके, न ही चुनाव ख़त्म किए जा सके | बाद में जनता पार्टी सरकार के कार्यकाल में इस संशोधन को ख़त्म कर दिया गया | संक्षेप में यह कि इंदिरा व संजय द्वारा तानाशाही का जो खेल खेलने की कोशिश की गई, उसने भारतीय आमजन को आगाह कर दिया कि उनके जनतंत्र को कैसे ख़तरा उत्पन्न हो सकता है |

1977 के चुनाव में कांग्रेस को शर्मनाक हार का सामना करना पड़ा | इंदिरा गांधी व संजय दोनों चुनाव हार गए | उत्तर प्रदेश में तब लोकसभा की 84 सीटें थीं, वहां से कांग्रेस को एक सीट भी नहीं मिल पाई | पूरे उत्तर भारत में कांग्रेस की यही हालत थी | इंदिरा को इस पराजय का आभास हो गया था | रायबरेली की अपनी सीट के लिए चुनाव प्रचार के दौरान उन्होंने लंदनवासी उद्योगपति स्वराज पॉल से मालूम करने को कहा कि इस सीट की बाबत बीबीसी के प्रख्यात संवाददाता मार्क टुली की क्या राय है | टुली ने स्पष्ट कह दिया कि वे हार रही हैं | डिनर टेबल पर इंदिरा ने पॉल से टुली के आकलन पूछा तो पॉल ने दबे शब्दों में हिचकिचाते हुए स्थिति बताई | मगर उन्हें आश्चर्य हुआ जब इंदिरा ने

बिना विचलित हुए, शांत भाव से स्वीकार किया कि 'उनका आकलन सही है।'

माना जाता हैं कि आपात स्थिति के दौरान, उनके छोटे बेटे संजय गांधी ने देश को पूर्ण अधिकार के साथ चलाने की कोशिश की और दिल्ली के झोपड़पट्टी इलाके के घरों पर बुलडोजर चलवा दिया और पूरे देश में एक बेहद अलोकप्रिय जबरन नसबंदी कार्यक्रम लागू कर दिया। इन सब कारणों से इंदिरा गांधी और उनकी पार्टी को आम चुनावों में हार का सामना करना पड़ा। लेकिन फिर भी 1977 में, इंदिरा ने आत्मविश्वास से कहा, कि उन्होंने विपक्ष को तोड़ दिया है। मोरारजी देसाई और जय प्रकाश नारायण के नेतृत्व में उभरते जनता दल गठबंधन ने उन्हें हराया था। पिछली लोकसभा में 350 सीटों की तुलना में कांग्रेस केवल 153 लोकसभा सीटें जीतने में कामयाब रही और उसे विपक्ष की भूमिका निभानी पड़ी।

इस लोकसभा चुनाव में कांग्रेस महज 153 सीटों पर ठहर गई, जबकि जनता पार्टी को 298 सीटें मिलीं। इस जनता पार्टी में कांग्रेस (ओ), भारतीय जनसंघ, संयुक्त सोशलिस्ट पार्टी व भारतीय लोकदल शामिल थे। चुनाव से बमुश्किल एक महीने पहले जल्दबाज़ी में जनता पार्टी बनाई गई थी। इसमें समाजवादी व दक्षिणपंथी विचारधारा का मिश्रण साफ़ नज़र आ रहा था। राष्ट्रीय स्वयंसेवक संघ के समर्थन प्राप्त दल जनसंघ का जनता पार्टी में ख़ासा महत्व था। इसीलिए जब जनता पार्टी की सरकार बनी तो जनसंघ के नेता अटल बिहारी वाजपेयी व लालकृष्ण आडवाणी को महत्वपूर्ण मंत्रालयों का प्रभार सौंपा गया।

दिलचस्प बात यह है कि जनता पार्टी की सरकार के अवसान में भी आरएसएस का बड़ा योगदान रहा। जनता पार्टी में शामिल चरण सिंह व अन्य समाजवादी नेताओं ने सरकार में शामिल लोगों के अन्य संगठनों से संबद्ध होने का मुद्दा उठाया। जनता पार्टी बनाते समय तय किया गया था कि इसके सदस्य किसी ऐसे संगठन से संबंध नहीं रखेंगे, जिसके उद्देश्य जनता पार्टी से भिन्न हों। सो बागी धड़े ने प्रधानमंत्री मोरारजी देसाई से जनसंघ के नेताओं को हटाने की मांग की, जिनका सीधा संबंध

आरएसएस से था | जनता पार्टी में निहित इन्हीं विरोधाभासों, वैचारिक मतभेद, उसके नेताओं की आपसी रस्साकशी का फायदा उठा कर 1980 में इंदिरा गांधी ने वापस सता हासिल कर ली |

भारत-पाकिस्तान युद्ध 1971 में इंदिरा गाँधी की भूमिका

वास्तव में 1971 में इंदिरा को बहुत बडे संकट का सामना करना पड़ा । युद्ध की शुरुआत तब हुयी थी,जब पश्चिम पाकिस्तान की सेनाएं अपनी स्वतंत्रता आंदोलन को कुचलने के लिए बंगाली पूर्वी पाकिस्तान में घुसीं परिणामस्वरूप लाखों शरणार्थियों ने पड़ोसी देश भारत में प्रवेश करना शुरू कर दिया ।

इन शरणार्थियों की देखभाल में भारत में संसाधनों का संकट होने लगा, इस कारण देश के भीतर भी तनाव काफी बढ गया । हालांकि भारत ने वहाँ के लिए संघर्षरत स्वतंत्रता सेनानियों का समर्थन किया । स्थिति तब और भी जटिल हो गई, जब अमेरिका के राष्ट्रपति रिचर्ड निक्सन ने चाहा, कि संयुक्त राज्य अमेरिका पाकिस्तान के पक्ष में खड़ा हो, जबकि इधर चीन पहले से ही पाकिस्तान को हथियार दे रहा था | ऐसे समय में भारत ने सोवियत संघ के साथ "शांति, दोस्ती और सहयोग की संधि" पर हस्ताक्षर किए ।

पश्चिमी पाकिस्तान की सेना ने पूर्वी पाकिस्तान में आम-जन पर अत्यचार करने शुरू कर दिए, जिनमें हिन्दुओं को मुख्य रूप से लक्षित किया गया, नतीजतन, लगभग 10 मिलियन पूर्वी पाकिस्तानी नागरिक देश से भाग कर भारत में शरण मांगी । भारत में भारी संख्या में शरणार्थी आने की वजह से इंदिरा गांधी ने आवामी लीग को पाकिस्तान के खिलाफ स्वतंत्रता संघर्ष में समर्थन देने का फैसला किया । यह आवामी लीग पूर्वी पाकिस्तान में स्वतंत्र राष्ट्र बांग्लादेश की मांग कर रही थी |

भारत ने सैन्य सहायता प्रदान की और पाकिस्तान के खिलाफ लड़ने के लिए सैनिकों को भी भेजा। 3 दिसम्बर को पाकिस्तान ने जब भारत के बेस पर बमबारी की तब युद्ध शुरू हुआ, तब इंदिरा ने बांग्लादेश

की स्वतंत्रता के महत्व को समझा,और वहाँ के स्वतंत्रता सेनानियों को शरण देने एवं बांग्लादेश के निर्माण को समर्थन देने की घोषणा की। 9 दिसम्बर को निक्सन ने यूएस के जलपोतों को भारत की तरफ रवाना करने का आदेश दिया, लेकिन इसके पहले ही रूस अपने जहाजी बेड़े के साथ भारत की मदद के लिए भारत की समुद्री सीमा में आ चुका था | जिसे देख कर अमेरिका का जहाजी बेड़ा वापस लौट गया और 16 दिसम्बर को पाकिस्तान ने आत्म-समर्पण कर दिया।

अंतत:16 दिसंबर 1971 को ढाका में पश्चिमी पाकिस्तान बनाम पूर्वी पाकिस्तान का युद्ध समाप्त हुआ। पश्चिमी पाकिस्तानी सशस्त्र बल ने भारत के सामने आत्मसमर्पण के कागजों पर हस्ताक्षर किए, जिससे एक नए देश का जन्म हुआ, जिसका नाम बांग्लादेश रखा गया।

पाकिस्तान के खिलाफ 1971 के युद्ध में भारत की जीत ने इंदिरा गांधी की लोकप्रियता को एक चतुर राजनीतिक नेता के रूप में पहचान दिलाई। इस युद्ध में पाकिस्तान का घुटने टेकना ना केवल बांग्लादेश और भारत के लिए, बल्कि इंदिरा के लिए भी एक जीत थी। इस कारण ही युद्ध की समाप्ति के बाद इंदिरा ने घोषणा की कि मैं ऐसी इंसान नहीं हूँ, जो किसी भी दबाव में काम करे, फिर चाहे कोई व्यक्ति हो या कोई देश।

प्रधानमंत्री के रूप में दूसरा कार्यकाल

जनता पार्टी के सहयोगियों के मध्य के आंतरिक संघर्ष का इंदिरा ने फायदा उठाया था। उस दौरान इंदिरा गांधी को संसद से निष्कासित करने के प्रयास में, जनता पार्टी की सरकार ने उन्हें गिरफ्तार करने का आदेश दे दिया था। हालांकि, उनकी ये रणनीति उन लोगों के लिए विनाशकारी सिद्ध हुई और इससे इंदिरा गांधी को सहानुभूति मिली। और आखिर में 1980 के चुनावों में, कांग्रेस एक विशाल बहुमत के साथ सत्ता में लौट आई और इंदिरा गांधी एक बार फिर भारत की प्रधान मंत्री बन गयीं । वास्तव में जनता पार्टी उस समय स्थिर अवस्था में भी नहीं थी,जिसका पूरा फायदा कांग्रेस और इंदिरा को मिला था।

पंजाब में अकाली दल पर लगाम लगाने के लिए एक ऐसे नेता की जरूरत थी जो कांग्रेस का साथ दे | उसी दौरान भिंडरावाला एक उभरता हुआ नौजवान था | उसे कांग्रेस के शीर्ष नेता ने अपना समर्थन दिया | कालांतर में भिंडरावाला की महत्वाकांक्षाएं बढ़ गईं और वो पाकिस्तान की मदद से पंजाब के लिए एक स्वतंत्र राष्ट्र खालिस्तान की मांग करने लगा |

भिंडरावाला का यह आतंकवादी समूह अमृतसर के स्वर्ण मंदिर गुरुद्वारा परिसर प्रवेश कर गया | आतंकवादियों ने भारी संख्या में मोर्चे लगा कर सेना से मुकाबला करने के लिए तैनात हो गए | उनके समर्थन में सेना के एक रिटायर्ड जनरल ने भी भिंडरावाला का साथ दिया | आतंकवादी समूह "खालिस्तान" की मांग कर रहा था |

जब स्थिति बेकाबू हो गई तो अंततः इंदिरा गांधी को गुरुद्वारा परिसर में सेना को "ऑपरेशन ब्लू स्टार" करने का आदेश देना पड़ा | सेना को मंदिर परिसर में प्रवेश करने के लिए बख्तरबंद गाड़ियों का सहारा लेना पड़ा | छाताधारी सैनिकों ने हवाई मार्ग से भी मंदिर परिसर में प्रवेश किया |इस ऑपरेशन में आतंकवादी मारे गए और साथ ही कई निर्दोष नागरिक व सेना के जवान शहीद हो गए। अंततः मंदिर परिसर को आतंकवादियों के कब्जे से पूरी तरह मुक्त करा लिया गया |

इस ऑपरेशन को भारतीय राजनीतिक इतिहास में एक अद्वितीय त्रासदी के रूप में देखा गया था। हमले के प्रभाव ने देश में सांप्रदायिक तनाव में वृद्धि की। कई सिखों ने विरोध में सशस्त्र और नागरिक प्रशासनिक कार्यालय से इस्तीफा दे दिया और कुछ ने अपने सरकारी पुरस्कार भी वापस लौटा दिए। इस पूरे घटनाक्रम से तात्कालिक परिस्थितयों में इंदिरा गांधी की राजनीतिक छवि भी खराब हो गई थी। यह कुछ ऐसा ही था जैसे भस्मासुर को शिव ने वरदान दिया था कि जिसे भी छू लेगा वह भस्म हो जाएगा |भस्मासुर शिव को ही छूने के लिए दौड़ पड़ा और अंत में शिव को उसे भस्म करने के लिए तांडव नृत्य करना पड़ा |

इंदिरा गाँधी की हत्या

दुर्भाग्य से देश में अराजकता फैलाने वाले तत्व कभी धर्म के नाम पर तो कभी क्षेत्रीयता की भावना भड़काकर अशांति पैदा करने की कोशिश करते रहे है। असम और पंजाब समस्या उन्हीं की देन है। इंदिरा जी असम समस्या को शांत कर थोड़ा दम भी न ले पाई थी कि पंजाब मे उग्रवादियों के माध्यम से इन तत्वों ने अशांति पैदा करने का प्रयत्न किया। पंजाब में दिन प्रतिदिन हत्याओं का सिलसिला जारी होने लगा।

3 जून सन् 1984 को पंजाब मे "आपरेशन ब्लू स्टार" के माध्यम से सैनिक कार्यवाही करके विदेशी ताकतों के अरमानों को उन्होंने खंडित कर दिया। इसके बाद पंजाब में पुनः शांति सद्भावना का वातावरण बन गया।

30 अक्टूबर सन् 1984 को उडीसा की दो दिन की यात्रा मे श्रीमती इंदिरा गांधी जी ने सार्वजनिक सभा मैं कहा था कि "अगर देश की खातिर मेरी जान भी चली जाए तो मुझे गर्व होगा, मुझे चिंता नहीं कि मैं जीवित रहूं या न रहूं, जब तक सांस है तब तक मैं देश की सेवा करती रहूंगी। जब भी मेरी जान जाएगी, मेरे खून का एक एक कतरा भारत को मजबूती देगा और अखंड भारत को जीवित रखेगा"।उन्हें इसका आभास भी न था कि आतंकवाद उनके इस कथन के अगले ही दिन अर्थात 31अक्टूबर सन् 1984 को उनकी जीवन लीला समाप्त कर देगा ।

प्रातः लगभग सवा नौ बजे श्रीमती गांधी सफदरजंग वाले अपने बंगले की ओर जा रही थी, जहां वीडियो फिल्म बनाने वाली एक आयरिश टीम के साथ उनका इंटरव्यू होना था। बंगले के बीच दरवाजा पार करके जब वे संकरी पगडण्डी पर चल रही थी कि तभी पगडण्डी के दोनो तरफ पेड और झाड़ियों से सटे दो सिख सुरक्षा कर्मियो ने दनादन गोलियां दागकर उन्हें छलनी कर दिया।

एकाएक घटनाक्रम इतनी तीव्र गति से हुआ कि इंदिरा गांधी का दर्दनाक अंत हो गया। इंदिरा जी ने कभी कल्पना भी नहीं की होगी कि जिन्हे वो अपने परिवार के सदस्य के समान मानती थीं और जिनकी वफादारी की प्रशंसा किया करती थीं वही विश्वास पात्र सुरक्षा गार्ड उनकी

हत्या कर देंगे |

उनकी हत्या की खबर सुनकर सारे देश मे शोक व्याप्त हो गया, हर चेहरा उदास हो गया और प्रत्येक आंख नम हो गई, क्योंकि देश की राजनीति पर लगभग दो दशक तक छाया रहने वाला व्यक्तित्व देश से छिन गया था।स्व. प्रधानमंत्री श्रीमती इंदिरा गांधी के जयेष्ठ पुत्र श्री राजीव गांधी उस समय पश्चिम बंगाल की यात्रा पर थे, यह दुखद समाचार मिलते ही वे अपनी यात्रा अधूरी छोड़ कर नई दिल्ली पहुंच गए।प्रधानमंत्री की निर्मम हत्या का समाचार सुनकर देश मे रोष की लहर फैल गई, देश की जनता गुस्से से भडक उठी। लोग नारे लगा रहे थे– गद्दारो को मार दो, खून का बदला खून से लो,।

नए प्रधानमंत्री श्री राजीव गांधी ने प्रधानमंत्री पद की शपथ लेने के फौरन बाद देशवासियों के नाम विशेष संदेश प्रसारित करते हुए देशवासियों से शांति कायम रखने तथा अधिकतम संयम से काम लेने की अपील की। परंतु उनका यह कथन कि " जब कोई बड़ा पेड़ गिरता है तो आसपास की धरती हिलती है” तत्कालीन परिस्थितियों में देश में भूचाल ले आया | और फिर आंसूओ मे डूबी आम जनता की आखों से खून टपकने लगा और दिल्ली ही नही वरन् सारा देश जलने लगा। देश के सभी हिस्सों में सांप्रदायिक दंगे भडक उठे। सिखों के प्रति जन आक्रोश जाग उठा जनता बेकाबू हो गई और हजारों निर्दोष सिख स्त्री, पुरुष और बच्चे मारे गए | देश के इतिहास में यह बहुत ही दर्दनाक घटना थी जिसे तत्कालीन सरकार के कुछ सिरफिरे नेताओं ने रोकने की बजाय भडकाने का काम किया |

शनिवार 3 नवंबर सन् 1984 को सायं तीन बजकर पचास मिनट पर शांति वन मे पंडित जवाहर लाल नेहरू की समाधि के पास वैदिक मंत्रों उच्चारण के साथ श्री राजीव गांधी ने अपनी मां की चिता मे अग्नि प्रज्वलित कर उन्हें अंतिम विदाई दी।

वह ज्योतिपुंज जो इलाहाबाद के आनंद भवन मे उदित हुआ था, भारत की एक महान विभूति के रूप मे उभरकर पुनः ज्योति मे समा गया। श्रीमती इंदिरा गांधी स्वंय को पहाडो की बेटी कहा करती थी। उनकी इच्छा के अनुकूल उनकी अस्थियां और भस्मी हिमालय की ऊंची

श्रृंखलाओं पर विसर्जित कर दी गई, शेष अस्थिकलश देश के सभी भागो मे ले जाकर पवित्र स्थानों मे विसर्जित किए गए, इस प्रकार उनकी अंतिम भौतिक यात्रा पूरी हुई।

इंदिरा गाँधी से जुड़ी रोचक बातें

- ये माना जाता हैं कि इंदिरा गांधी अपनी इमेज बनाए रखने पर काफी ध्यान देती थी। 1965 के दौरान भारत-पाकिस्तान के युध्द के समय वो श्रीनगर में छुट्टियाँ मना रही थी | सुरक्षा अधिकारी के ये बताने पर कि पाकिस्तान उनके होटल के काफी करीब आ गये हैं, वो ये जानने के बावजूद भी वो वही रुकी रही | गांधी ने वहाँ से हटने से मना कर दिया, इस बात ने राष्ट्रीय और अंतरराष्ट्रीय मीडिया का ध्यान खीचा, जिससे विश्व पटल पर उनकी पहचान वो भारत की सशक्त महिला के रूप में बनी।

- केथरीन फ्रैंक ने अपनी किताब "दी लाइफ ऑफ़ इंदिरा नेहरु गाँधी" में लिखा हैं कि इंदिरा का पहला प्यार शान्ति निकेतन में उनके जर्मन टीचर थे, उसके बाद जवाहर लाल नेहरु के सेक्रेटरी एम.ओ.मथाई से उनके निकट-संबंध रहे | उसके बाद उनका नाम योग के अध्यापक धीरेन्द्र ब्रह्मचारी और आखिर में कांग्रेस नेता दिनेश सिंह के साथ भी जोड़ा गया | लेकिन इन सबसे भी इंदिरा के विरोधी उनकी राजनीतिक छवि को नुक्सान नही पहुंचा सके,और उनके आगे बढने का मार्ग नही रोक सके |

- 1980 में संजय की प्लेन क्रैश में मृत्यु के बाद गांधी परिवार में तनाव बढ़ गया था और 1982 तक आते आते इंदिरा और उनकी बहू मेनका गांधी के मध्य कडवाहट काफी बढ़ गयी थी | इस कारण इंदिरा ने मेनका को घर छोड़ने का कह दिया, लेकिन मेनका ने भी घर छोड़कर जाते समय की फोटो मीडिया में दे दी और जनता के समाने ये घोषणा भी की, उन्हें नहीं पता कि उन्हें घर से क्यों निकाला जा रहा हैं | वो अपनी माँ से भी ज्यादा अपनी सास इंदिरा को मानती

रही हैं | मेनका अपने साथ अपना पुत्र वरुण भी लेकर गयी थी और इंदिरा के लिए अपने पोते से दूर होना काफी मुश्किल भरा समय था |

- 20 वी शताब्दी में महिला नेताओं की संख्या कम थी, जिनमें इंदिरा का नाम शामिल था | लेकिन फिर भी इंदिरा की एक मित्र थी मार्गरेट थैचर | ये दोनों 1976 में मिली थी और ये जानते हुए भी की इंदिरा पर आपतकाल के दौरान तानाशाही का इल्जाम हैं और वो अगला चुनाव हार गयी हैं, मार्गरेट ने इंदिरा का साथ नही छोड़ा | ब्रिटेन की प्रधानमंत्री मार्गरेट थैचर इंदिरा की समस्याओं को अच्छे से समझती थी | थैचर भी इंदिरा की तरह ही बहादुर एवं सशक्त प्रधानमंत्री थी, जिसका अंदाजा इस बात से लगाया जा सकता हैं कि आतंकी हमले की आशंका होते हुए भी वो इंदिरा के अंतिम-संस्कार में आई थी |

- इंदिरा के प्रधानमंत्री बनने पर कांग्रेस में ही एक वर्ग था, जो किसी महिला के हाथ में शक्ति को बर्दाश्त नहीं कर सकता था, फिर भी इंदिरा ने ऐसे सभी व्यक्तियों और पारम्परिक सोच के कारण राजनीति में आने वाली समस्त बाधाओं का डटकर सामना किया |

- इंदिरा ने देश में कृषि के क्षेत्र में काफी सराहनीय काम किये थे, इसके लिए उन्होंने बहुत सी नई योजनाएं बनाई और कृषि सम्बंधित कार्यक्रम आयोजित किए | इसमें विविध फसलें उगाना और खाध्य सामग्री को निर्यात करना जैसे मुख्य उद्देश्य शामिल थे | उनका लक्ष्य देश में रोजगार सम्बंधित समस्या को कम करना और अनाज उत्पादन में आत्म-निर्भर बनना था | इन सबसे ही हरित-क्रान्ति की शुरुआत हुई थी |

- इंदिरा गांधी ने भारत को आर्थिक और औद्योगिक सक्षम राष्ट्र बनाया था, इसके अलावा उनके कार्यकाल में ही विज्ञान और रिसर्च में भी भारत ने बहुत प्रगति की थी | उस दौरान ही पहली बार एक भारतीय ने चाँद पर कदम रखा था,जो कि देश के लिए काफी गर्व का विषय था|

इंदिरा गांधी के नाम पर धरोहर

नई दिल्ली में उनके घर को म्यूजियम बनाया गया हैं, जिसे इंदिरा गांधी मेमोरियल म्यूजियम के नाम से जाना जाता हैं | इसके अलावा उनके नाम पर मेडिकल कॉलेज और हॉस्पिटल भी हैं |बहुत सी यूनिवर्सिटी जैसे इंदिरा गांधी नेशनल ओपन यूनिवर्सिटी (इग्नू), इंदिरा गांधी नेशनल ट्राइबल यूनिवर्सिटी (अमरकंटक), इंदिरा गांधी टेक्निकल यूनिवर्सिटी फॉर वीमेन, इंदिरा गांधी कृषि विश्वविद्यालय (रायपुर) हैं. इंदिरा गांधी इंस्टिट्यूट ऑफ़ डेवलपमेंट रिसर्च(मुम्बई), इंदिरा गांधी इंस्टिट्यूट ऑफ़ टेक्नोलॉजी, इंदिरा गाँधी ट्रेनिंग कॉलेज, इंदिरा गांधी इंस्टिट्यूट ऑफ़ मेडिकल साइंस, इंदिरा गांधी इंस्टिट्यूट ऑफ़ डेंटल साइंस इत्यादि कई शैक्षिक संस्थाएं हैं |

देश की राजधानी दिल्ली के इंटरनेशनल एअरपोर्ट का नाम भी इंदिरा गाँधी इंटरनेशनल एअरपोर्ट हैं | देश का सबसे मशहूर समुद्री ब्रिज पंबन ब्रिज का नाम भी इंदिरा गाँधी रोड ब्रिज हैं | इसके अलावा देश भर के कई शहरों में बहुत सी सडकों और चौराहों का नाम भी उनके नाम पर हैं |

इंदिरा गाँधी के अवार्ड्स

इंदिरा गांधी को 1971 में भारत रत्न से सम्मानित किया गया था |1972 में उन्हें बांग्लादेश को आज़ाद करवाने के लिए मेक्सिकन अवार्ड से नवाजा गया | फिर 1973 में सेकंड एनुअल मेडल एफएओ (2nd Annual Medal, FAO) और 1976 में नागरी प्रचारिणी सभा द्वारा हिंदी में साहित्य वाचस्पति का अवार्ड दिया गया |

इंदिरा को 1953 में यूएसए में मदर्स अवार्ड भी दिया गया, इसके अलावा डिप्लोमेसी के साथ बेहतर कार्य करने के लिए इसल्बेला डी'एस्टे अवार्ड ऑफ़ इटली (Islbella d'Este Award of Italy) मिला | उन्हें येल यूनिवर्सिटी के होलैंड मेमोरियल प्राइज से भी सम्मानित गया |

1967 और 1968 में फ्रेंच इंस्टीट्यूट ऑफ पब्लिक ओपिनियन के पोल (Poll) के अनुसार वो फ्रेंच लोगों द्वारा सबसे ज्यादा पसंद की जाने

वाली महिला राजनेता थी |

1971 में यूएसए के विशेष गेलप पोल सर्वे (Gallup Poll Survey) के अनुसार वो दुनिया की सबसे ज्यादा सम्मानीय महिला थी | इसी वर्ष जानवरों की रक्षा के लिए अर्जेंटाइन सोसाइटी ने उन्हें डिप्लोमा ऑफ़ ऑनर से भी सम्मानित किया |

इंदिरा गाँधी का जीवन विश्व में भारत की महिला को एक सशक्त महिला के रूप में पहचान दिलाने वाला रहा हैं | हालांकि उनके व्यक्तित्व को दो पक्षों से समझा जाता रहा हैं और उनके समर्थकों के साथ ही विरोधियों की भी संख्या काफी हैं | उनके द्वारा लिए गये कई राजनीतिक और सामाजिक फैसले भी अक्सर चर्चा का विषय बने रहते हैं | इंदिरा गांधी के कार्यकाल में भारत ने विकास के कई आयाम स्थापित किये थे, और उन्होंने विश्व पटल पर भारत की छवि को बदलकर रख दिया था |

5

जयललिता

“जो स्त्री का अपमान करता है, वो माँ का अपमान करता है, जो माँ का अपमान करता है, वो भगवान का अपमान करता है, और जो भगवान का अपमान करता है, उसका पतन निश्चित है।”

जयललिता जयराम [24 फ़रवरी 1948 – 5 दिसम्बर 2016] भारतीय राजनीतिज्ञ तथा तमिलनाडु की मुख्यमंत्री थीं। वो दक्षिण भारतीय राजनैतिक दल अन्ना द्रमुक की महासचिव थीं। इससे पूर्व वो 1991 से 1996 , 2001 में, 2002 से 2006 तक और 2011 से 2014,2015 से 2016 तक तमिलनाडु की मुख्यमंत्री रहीं। राजनीति में आने से पहले वो अभिनेत्री थीं और उन्होंने तमिल के अलावा तेलुगु कन्नड और एक हिन्दी तथा एक अंग्रेजी फिल्म में भी काम किया है। जब वे स्कूल में पढ़ रही थीं तभी उन्होंने ‘एपिसल’ नाम की अंग्रेजी फिल्म में काम किया। वे 15 वर्ष की आयु में कन्नड फिल्मों में मुख्य अभिनेत्री की भूमिकाएं करने लगी थीं। इसके बाद वे तमिल फिल्मों में काम करने लगीं। 1965 से 1972 के दौर में उन्होंने अधिकतर फिल्में एम जी रामचंद्रन के साथ की थीं।

फिल्मी करियर के बाद उन्होने एम॰जी॰ रामचंद्रन के साथ 1982 में राजनीतिक करियर की शुरुआत की। उन्होंने 1984 से 1989 के दौरान तमिलनाडु से राज्यसभा के लिए राज्य का प्रतिनिधित्व भी किया। वर्ष 1987 में रामचंद्रन का निधन के बाद उन्होने खुद को रामचंद्रन की

विरासत का उत्तराधिकारी घोषित कर दिया। वे 24 जून 1991 से 12 मई 1996 तक राज्य की पहली निर्वाचित मुख्यमंत्री और राज्य की सबसे कम उम्र की मुख्यमंत्री रहीं। राजनीति में उनके समर्थक उन्हें अम्मा (मां) और कभी कभी पुरातची तलाईवी ('क्रांतिकारी नेता') कहकर बुलाते थे।

प्रारंभिक जीवन

जयललिता का जन्म 24 फ़रवरी 1948 को एक 'अय्यर ब्राम्हण' परिवार में, मैसूर राज्य (जो कि अब कर्नाटक का हिस्सा है) के मांड्या जिले के पांडवपुरा तालुक के मेलुरकोट गांव में हुआ था। उनके दादा तत्कालीन मैसूर राज्य में एक सर्जन थे। महज 2 साल की उम्र में ही उनके पिता जयराम, उन्हें माँ संध्या के साथ अकेला छोड़ कर चल बसे थे। पिता की मृत्यु के पश्चात उनकी मां उन्हें लेकर बंगलौर चली आयीं, जहां उनके माता-पिता रहते थे। बाद में उनकी मां ने तमिल सिनेमा में काम करना शुरू कर दिया और अपना फिल्मी नाम 'संध्या' रख लिया।

उनकी प्रारंभिक शिक्षा पहले बंगलौर और बाद में चेन्नई में हुई। चेन्नई के स्टेला मारिस कॉलेज में पढ़ने की बजाय उन्होंने सरकारी वजीफे से आगे पढ़ाई की।

फिल्मी जीवन जब वे स्कूल में ही पढ़ रही थीं तभी उनकी मां ने उन्हें फिल्मों में काम करने के लिए राजी कर लिया। विद्यालयीन शिक्षा के दौरान ही उन्होंने 1961 में 'एपिसल' नाम की एक अंग्रेजी फिल्म में काम किया। मात्र 15 वर्ष की आयु में वे कन्नड़ फिल्मों में मुख्य अभिनेत्री की भूमिकाएं करने लगी। कन्नड़ भाषा में उनकी पहली फिल्म 'चिन्नाडा गोम्बे' है जो 1964 में प्रदर्शित हुई। उसके बाद उन्होंने तमिल फिल्मों की ओर रुख किया। वे पहली ऐसी अभिनेत्री थीं जिन्होंने स्कर्ट पहनकर भूमिका निभाई थी।

तमिल सिनेमा में उन्होंने जाने माने निर्देशक श्रीधर की फिल्म 'वेन्नीरादई' से अपना करियर शुरू किया और लगभग 300 फिल्मों में काम किया। उन्होंने तमिल के अलावा तेलुगु, कन्नड़, अँग्रेजी और हिन्दी फिल्मों में भी काम किया है। उन्होंने धर्मेन्द्र सहित कई अभिनेताओं के साथ काम किया, किन्तु उनकी ज्यादातर फिल्में शिवाजी गणेशन और एम जी रामचंद्रन के साथ ही आईं।

राजनीतिक जीवन

अम्मा ने 1982 में ऑल इंडिया अन्ना द्रविड़ मुनेत्र कड़गम (अन्ना द्रमुक) की सदस्यता ग्रहण करते हुए एम॰जी॰ रामचंद्रन के साथ अपने राजनीतिक जीवन की शुरुआत की। 1983 में उन्हें पार्टी का प्रोपेगेंडा सचिव नियुक्त किया गया। बाद में अंग्रेजी में उनकी वाक क्षमता को देखते हुए पार्टी प्रमुख रामचंद्रन ने उन्हें राज्यसभा में भिजवाया और राज्य विधानसभा के उपचुनाव में जितवाकर उन्हें विधानसभा सदस्य बनवाया। 1984 से 1989 तक वे तमिलनाडु से राज्यसभा की सदस्य रहीं। बाद में, पार्टी के कुछ नेताओं ने उनके और रामचंद्रन के बीच दरार पैदा कर दी। उस समय वे एक तमिल पत्रिका में अपने निजी जीवन के बारे में कॉलम लिखती थीं पर रामचंद्रन ने दूसरे नेताओं के कहने पर उन्हें ऐसा करने से रोका। 1984 में जब मस्तिष्क के स्ट्रोक के चलते रामचंद्रन अक्षम हो गए तब जया ने मुख्यमंत्री की गद्दी संभालनी चाही, लेकिन तब रामचंद्रन ने उन्हें पार्टी के उप नेता पद से भी हटा दिया।

वर्ष 1987 में रामचंद्रन का निधन हो गया और इसके बाद अन्ना द्रमुक दो धड़ों में बंट गई। एक धड़े की नेता एमजीआर की विधवा जानकी रामचंद्रन थीं और दूसरे की जयललिता, लेकिन जयललिता ने खुद को रामचंद्रन की विरासत का उत्तराधिकारी घोषित कर दिया।

वर्ष 1989 में उनकी पार्टी ने राज्य विधानसभा में 27 सीटें जीतीं और वे तामिलनाडु की पहली निर्वाचित नेता प्रतिपक्ष बनीं।

25 मार्च 1989 को, जैसा कि पार्टी और विधानसभा में मौजूद सदस्यों के एक वर्ग का कहना था कि तत्कालीन मुख्यमंत्री करुणानिधि

के कहने पर सत्तारूढ़ द्रमुक पार्टी के सदस्यों और विपक्ष के बीच सदन के भीतर भारी हिंसा हुई , जयललिता पर सत्तारूढ़ पार्टी के सदस्यों द्वारा क्रूरतापूर्वक हमला किया गया । जयललिता फटी हुई साड़ी में मीडिया के सामने आईं और खुद साथ हुई वारदात की तुलना महाभारत काल की द्रौपदी के चीरहरण से की। स्थिति के चरम पर, जयललिता विधानसभा छोड़ते हुए कहा था कि वो जब तक राज्य की मुख्यमंत्री नहीं बन जाती तब तक विधान सभा में प्रवेश नहीं करेंगी । जनता इस बात से बहुत प्रभावित हुई और उन्हे मीडिया कवरेज और सहानुभूति भी खूब मिली । 1989 के आम चुनावों के दौरान, अन्नाद्रमुक ने कांग्रेस पार्टी के साथ गठबंधन किया और उसे एक महत्वपूर्ण विजय मिली । उनके नेतृत्व में अन्नाद्रमुक ने भी मारुंगपुरी, मदुरै पूर्व और पेरनामल्लूर विधानसभा क्षेत्रों में उप-चुनाव जीते।

वर्ष 1991 में राजीव गांधी की हत्या के बाद राज्य में हुए चुनावों में उनकी पार्टी ने कांग्रेस के साथ चुनाव लड़ा और सरकार बनाई। वे 24 जून 1991 से 12 मई 1996 तक राज्य की पहली निर्वाचित मुख्यमंत्री और राज्य की सबसे कम उम्र की मुख्यमंत्री रहीं।

वर्ष 1992 में उनकी सरकार ने बालिकाओं की रक्षा के लिए 'क्रैडल बेबी स्कीम' शुरू की ताकि अनाथ और बेसहारा बच्चियों को खुशहाल जीवन मिल सके। इसी वर्ष राज्य में ऐसे पुलिस थाने खोले गए जहां केवल महिलाएं ही तैनात होती थीं।

1996 में उनकी पार्टी चुनावों में हार गई और वे खुद भी चुनाव हार गईं। इस हार के बाद सरकार विरोधी जनभावना और उनके मंत्रियों के खिलाफ भ्रष्टाचार के कई मामले उजागर हुये। पहली बार मुख्यमंत्री रहते हुए उनपर कई गंभीर आरोप लगे। उन्होंने कभी शादी नहीं की लेकिन अपने दत्तक पुत्र 'वीएन सुधाकरण' की शादी पर पानी की तरह पैसे बहाए। यह विषय भी इन मामलों का एक हिस्सा रहा। भ्रष्टाचार के मामलों और कोर्ट से सजा होने के बावजूद वे अपनी पार्टी को चुनावों में जिताने में सफल रहीं। हालांकि गंभीर आरोपों के कारण उन्हें इस दौरान काफी कठिन दौर से गुजरना पड़ा।

2001 में वे फिर एक बार तमिलनाडू की मुख्यमंत्री बनने में सफल हुईं। उन्होंने गैर चुने हुए मुख्यमंत्री के तौर पर कुर्सी संभाल ली। दोबारा सत्ता में आने के बाद उन्होंने लॉटरी टिकट पर पाबंदी लगा दी। हड़ताल पर जाने की वजह से दो लाख कर्मचारियों को एक साथ नौकरी से निकाल दिया, किसानों की मुफ्त बिजली पर रोक लगा दी, राशन की दुकानों में चावल की कीमत बढ़ा दी, 5000 रुपये से ज्यादा कमाने वालों के राशन कार्ड खारिज कर दिए, बस किराया बढ़ा दिया और मंदिरों में जानवरों की बलि पर रोक लगा दी। इसी बीच भ्रष्टाचार के मामले में सुप्रीम कोर्ट ने उनकी नियुक्ति को अवैध घोषित कर दिया और उन्हें अपनी कुर्सी अपने विश्वस्त मंत्री ओ पन्नीरसेलवम को सौंपनी पड़ी।

उनकी पार्टी ने 2006 में राज्य के चुनावों में कुल 234 सीटों में से सिर्फ 61 सीटें जीतीं। वह अंदीपट्टी में जीतीं। वह तमिलनाडु विधानसभा की विपक्ष की नेता बनीं। जयललिता ने चौथी बार मुख्यमंत्री के रूप में शपथ ली थी जब अन्नाद्रमुक ने 2011 के विधानसभा चुनाव में भारी जीत हासिल की और सत्ता में वापसी की। उन्होंने श्रीरंगम में जीत हासिल की। उनकी सरकार ने अपने व्यापक सामाजिक-कल्याण एजेंडे के लिए ध्यान आकर्षित किया, जिसमें कई सब्सिडी वाले "अम्मा" -ब्रांडेड सामान जैसे अम्मा कैंटीन, अम्मा बोतलबंद पानी, अम्मा नमक, अम्मा मेडिकल शॉप, अम्मा सीमेंट और अम्मा बेबी केयर किट इत्यादि शामिल थे।

उनके कार्यकाल में तीन साल, उन्हें आय से अधिक संपत्ति के मामले में दोषी ठहराया गया था, जिससे उन्हें पद धारण करने के लिए अयोग्य घोषित कर दिया गया था। 27 सितंबर 2014 को, जयललिता को बेंगलूरु की विशेष अदालत ने चार साल जेल की सजा सुनाई और ₹100 करोड़ (2020 में ₹136 करोड़ या 18 मिलियन अमेरिकी डॉलर के बराबर) का जुर्माना लगाया। 11 मई 2015 को, कर्नाटक उच्च न्यायालय की एक विशेष पीठ ने अपील पर उनकी सजा को रद्द कर दिया। उस अदालत ने उन्हें और उनके कथित सहयोगियों-शशिकला, उनकी भतीजी इलावरसी, उनके भतीजे और जयललिता के अस्वीकृत दत्तक पुत्र सुधाकरन को बरी कर दिया। बरी होने से उन्हें एक बार फिर

से पद संभालने की अनुमति मिली । 23 मई 2015 को, जयललिता ने पांचवीं बार तमिलनाडु के मुख्यमंत्री के रूप मे शपथ ली |

सम्मान

जयललिता को पहली बार मद्रास विश्वविद्यालय से 1991 में डॉक्टरेट की मानद उपाधि मिली और उसके बाद उन्हें कई बार मानद डॉक्टरेट से सम्मानित किया जा चुका है। वर्ष 1997 में उनके जीवन पर बनी एक तमिल फिल्म 'इरूवर' आई थी जिसमें जयललिता की भूमिका ऐश्वर्या राय ने निभाई थी।

निधन

5 दिसम्बर 2016 को चेन्नई अपोलो अस्पताल ने प्रेस नोट जारी कर बताया कि रात 11:30 बजे उनका निधन हो गया। जयललिता 22 सितंबर से अपोलो अस्पताल में भर्ती थीं, उन्हें दिल का दौरा पड़ने के बाद आई सी यू में भर्ती कराया गया था। द्रविड़ आंदोलन जो हिंदू धर्म के किसी परंपरा और रस्म में यक़ीन नहीं रखता उससे जुड़े होने के कारण इन्हें दफनाया गया। द्रविड़ पार्टी की नींव ब्राह्मणवाद के विरोध के लिए पड़ी थी। सामान्य हिंदू परंपरा के ख़िलाफ़ द्रविड़ मूवमेंट से जुड़े नेता अपने नाम के साथ जातिसूचक उपाधि का भी इस्तेमाल नहीं करते। फिर भी जयललिता जी के जीवन और आस्था को देखते हुए एक ब्राह्मण पंडित ने अंतिम विधि के बाद उनको दफनाया । उनके राजनीतिक गुरु एमजीआर को भी उनकी मौत के बाद दफ़नाया गया था। उनकी क़ब्र के पास ही द्रविड़ आंदोलन के बड़े नेता और डीएमके के संस्थापक अन्नादुरै की भी क़ब्र है, दफ़नाये जाने की वजह को राजनीतिक भी बताया गया। जयललिता की पार्टी एआईएडीएमके उनकी राजनीतिक विरासत को सहेजना चाहती है, जिस तरह से एम जी आर की है। कथित तौर पर यह भी कहा गया कि इस मामले में जो रस्म अपनाई गई वो श्री वैष्णव परंपरा से ताल्लुक रखती है।

तमिलनाडु की दिवंगत मुख्यमंत्री जयललिता की मशहूर अदाकारा , चतुर राजनीतिज्ञ और प्रखर वक्ता वाली पहचान से तो सभी वाकिफ ही होंगे। लेकिन उनके करीबी लोगों के अलावा शायद ही किसी को पता हो कि जयललिता के जीवन में दो ऐसी चीजें थीं, जो कि उनको बहुत पसंद थीं। इनके बगैर रहना उनके लिए लगभग नामुमकिन सा था।

जयललिता के करीबी सूत्रों की मानें तो उन्हें शॉपिंग का बहुत शौक था। बतौर ऐक्टर, उन्होंने साड़ियों की खूब खरीदारी की। वरिष्ठ पत्रकार सुधंगन ने बताया कि जब वह साड़ी खरीदने किसी दुकान पर जाती थीं तो 3 से 4 लाख रुपये तक की साड़ियां खरीद ही लेती थीं।

खबरों के मुताबिक, 1996 में राज्य पुलिस की एंटी करप्शन विंग को छापेमारी के दौरान उनके कलेक्शन से 10,500 साड़ियां, 750 से अधिक फुटवियर की जोड़ी, घड़ियां और जूलरी आदि मिली थी। यह सारा सामान उन्होंने अपने फिल्मी करियर के दौरान इकट्ठा किया था। उन्होंने अपने फिल्मी करियर के दौरान 300 फिल्मों में काम किया।

2001 आते आते जयललिता ने अपनी लाइफस्टाइल को बदल लिया था। 1996 के बाद से उन्होंने सादगी को अपनी पहचान बनाया और एक अलग शख्सियत के तौर पर उभरीं। सुगंधन के मुताबिक, जयललिता ने खुद को विवादों से दूर रखना शुरू कर दिया।

इस सब के बीच जिन दो चीजों का मोह उनसे कभी नहीं छूटा, वह थीं चॉकलेट और आइसक्रीम। सुगंधन के मुताबिक, जयललिता डायबटिक होने के बावजूद इन दोनों मीठी चीजों को नहीं छोड़ सकीं। यहां तक कि कई बार तो वह विधानसभा सत्र के दौरान भी अपने मुंह में चॉकलेट रख लेती थीं।

सुगंधन ने बताया कि जयललिता हर रोज अपने आलीशान पोस गार्डन में सवेरे नहाने के बाद पूजा करके 8 बजकर 30 मिनट तक अपनी कुर्सी संभाल लेती थीं। उन्हें तमिल म्यूजिक डायरेक्टर विश्वनाथन रामामूर्ति

और तेलुगू म्यूजिक चेलापती राव का संगीत बहुत प्रिय था ।

जयललिता का जीवन संघर्षों से भरा था । बचपन में ही पिता का साया सर से उठ जाने के बाद उनकी माँ ने ही उनका पालन पोषण घोर आर्थिक संकट के बीच किया था ।उनकी माँ ने फिल्मों में छोटी भूमिकाएं करके किसी तरह अपनी बेटी जयललिता का पालन-पोषण किया और शिक्षा दिलाई | कितनी विडंबना है कि मृत्युपर्यंत वो अपने पीछे 113.72 करोड़ रुपयों की संपत्ति छोड़ गईं पर इतनी बड़ी संपत्ति का कोई वारिस नहीं था | जीवन की सभी बाधाओं को पार करते हुए वो तमिलनाडु की एक जनप्रिय नेता बनीं जिन्हे लोग अम्मा कहते थे । यह एक नारी के उत्थान और महिमा की कहानी है जो अनुकरणीय है ।

6

मार्लिन मुनरो

-चाणक्य

मार्लिन मुनरो एक मॉडल, अभिनेत्री और गायिका भी थीं। वे 20वीं सदी की सबसे प्रसिद्ध महिलाओं में से एक थीं जो अपनी सुंदरता और सफलता के अलावा अपने बिंदासपन के लिए भी जानी जाती थीं। उनके कई चर्चित कैमरा पोज़ आज भी दीवारों पर सजे दिखते हैं। उन्हें अमरीकी संस्कृति में व्यापक रूप से सबसे प्रभावशाली लोगों में से एक माना जाता है। अनाथ आश्रम में पली-बढ़ी मर्लिन कभी बेहद शर्मीली इंसान थीं जो बाद में एक बिंदास गर्ल के नाम से फेमस हुईं। आइए जानते हैं उनके जीवन की कहानी उन्ही के शब्दों में |

मैं अपनी शादी की वजह से दुःखी नहीं थी लेकिन इससे मैं खुश भी नहीं थी। मैं और मेरे पति मुश्किल से ही एक-दूसरे से बोल पाते थे, और यह सब इस वजह से नहीं था कि हम एक-दूसरे से नाराज थे। हमारे पास कहने को कुछ नहीं था। मैं इस ऊबाऊपन से मर रही थी। मेरी पैसों में कतई दिलचस्पी नहीं थी, मैं तो बस वंडरफुल होना चाहती थी। करियर वंडरफुल था लेकिन एक ठंडी रात में उसे आप लपेट नहीं सकते थे। मैं कैलेंडर पर जिंदा रहूँगी, समय में कभी नहीं।

मैं जब बच्ची थी तब मुझे किसी ने कभी यह नहीं कहा कि मैं सुंदर हूं।

तमाम बच्चियों को कहा जाना चाहिए कि वे सुंदर हैं, वे सुंदर न हों तब भी। हॉलीवुड में किसी भी लड़की की प्रतिभा उसके हेयर स्टाइल से कम आँकी जाती है। आपका मूल्यांकन इस आधार पर होता है कि आप कैसी दिख रही हैं, इस पर नहीं कि आप असल में हैं क्या। हॉलीवुड ऐसी जगह है जहाँ आपको चुंबन के लिए हजार डॉलर्स मिल जाएँगे लेकिन आत्मा के लिए पचास सेंट्स भी नहीं। मैं यह जानती हूँ और मैं महँगा ऑफर ठुकरा देती हूँ और पचास सेंट्स मंजूर कर लेती हूँ।

मैं बिना फेस लिफ्ट कराए बूढ़ी होना चाहती हूँ। मैं चाहती हूँ कि मुझमें अपने उस चेहरे के प्रति भरोसेमंद रहने का साहस हो जिसे मैंने बनाया है। कभी-कभी मुझे लगता है उम्रदराज होना टाला जा सकता है और जवान रहते मर जाएँ तो बेहतर। लेकिन तब आप अपनी जिंदगी पूरी नहीं करते। तब आप कभी भी अपने को पूरी तरह से नहीं जान पाएँगे।

सेक्स प्रकृति का हिस्सा है और मैं प्रकृति के साथ जाना पसंद करूँगी। मैं पिक्चर में नेचरल लुक को पसंद करती हूँ। मैं उन लोगों को पसंद करती हूँ जो एक या दूसरी तरह से महसूस करते हैं। या उनकी भीतरी दुनिया को बताते हैं। वहाँ भीतर जो कुछ भी घट रहा है उसे देखना मुझे पसंद है। मेरी दिक्कत यह है कि मैं अपने आप से ही संचालित होती हूँ। मैं एक कलाकार बनने की भरसक कोशिश करती हूँ और सच्ची भी। कभी-कभार मैं महसूस करती हूँ कि मुझमे एक पागलपन सवार है। मैं कोशिश करती हूँ कि अपने भीतर का सबसे खरा हिस्सा बाहर आ सके और यह कितना मुश्किल है। ऐसा होता है कई बार जब मैं सोचती हूँ कि मेरा जो कुछ भी है वह सब सच्चा है लेकिन कई बार यह सब आसानी से बाहर नहीं आता। मैं हमेशा यह सोचती हूँ कि मैं नकली हूँ।

मैं जानती हूँ कि मेरा संबंध लोगों से है और दुनिया से है इसलिए नहीं कि मैं प्रतिभाशाली हूँ या कि खूबसूरत बल्कि इसलिए कि इसके अलावा मेरा किसी से कोई संबंध नहीं।

यह लोगों की आदत है कि वे मुझे ऐसे देखते हैं कि मैं एक व्यक्ति नहीं एक आईना हूँ। वे मुझे देख ही नहीं पाते। सेक्स सिम्बल बनना एक वस्तु बन जाना है। मैं वस्तु होने से नफरत करती हूँ लेकिन मैं सेक्स सिम्बल के बजाय किसी और चीज का सिम्बल बनना चाहती हूँ।

सचाई यह है कि मैंने कभी किसी को बेवकूफ नहीं बनाया है, मैंने लोगों को स्वयं बेवकूफ बनने के लिए छोड़ दिया। उन्होंने कभी यह जानने की कोशिश ही नहीं की कि मैं कौन हूँ और क्या हूँ? बावजूद इसके उन्होंने मेरे लिए एक चरित्र खोज लिया। मैं उनसे कभी बहस नहीं की। वे निश्चित ही किसी और को प्यार करते हैं जो मैं नहीं थी। जब उन्हें यह पता लगा तो उन्होंने मुझे दोष देना शुरू कर दिया कि हमें भ्रम में रखा गया है या हमें बेवकूफ बनाया गया। कुत्ते मुझे कभी नहीं काटते, सिर्फ मनुष्य काटते हैं।

जिंदगी में ऐसे पल आते हैं जब आपको लगता है कि आप किसी के साथ हैं और यही काफी है। मैं उन्हें छूना नहीं चाहती, यहाँ तक कि बात तक करना भी। दोनों के बीच एक अहसास बहता रहता है। और तब आप कतई अकेले नहीं होते।

मैं एक औरत के रूप में नाकामयाब हूँ। मेरा आदमी मुझसे बहुत ज्यादा अपेक्षाएँ रखता है। यह इस वजह से है क्योंकि उन्होंने अपने लिए मेरी एक छवि बना ली है और मैंने खुद को एक सेक्स सिम्बल बना लिया है। आदमी बहुत अपेक्षा रखता है, मैं इस पर अपने को जिंदा नहीं रख सकती। कुछ लोग हमेशा आपके प्रति कठोर होंगे। यदि मैं कहूँ कि मैं बतौर एक्ट्रैस विकसित होना चाहती हूँ तो वे मेरे फिगर को देखते हैं। यदि मैं कहूँ कि मैं अपने क्राफ्ट को विकसित करना चाहता हूँ तो वे हँसने लगते हैं। मुझे लगता है वे यह अपेक्षा नहीं रखते हैं कि मैं अपने काम के प्रति संजीदा रहूँ। यदि आप चाहते हैं कि कोई लड़की खुश रहे तो उसे वह सब करने दें जो वह चाहती है।

एक बेहतरीन अदाकारा होने का मुझे कोई वहम नहीं है। मैं जानती हूँ कि

मैं कितनी तीसरे दर्जे की अदाकारा हूँ। मैं सचमुच महसूस करती हूँ कि मुझमें टैलेंट नहीं है। यह वैसा ही है जैसे मैं अंदर के सस्ते कपड़े पहनती हूँ, लेकिन मेरे ईश्वर बता मैं कैसे सीखना, बदलना और परिष्कृत होना सीखूँ। एक एक्टर को बहुत संवेदनशील वाद्य होना चाहिए। इसाक स्टर्न अपनी वॉयलिन का बहुत ध्यान रखते थे।

यह बहुत डरावना है कि मैं जिन तमाम लोगों को नहीं जानती वे मुझे लेकर कितने भावुक होते हैं। मेरा मतलब है कि यदि वे आपको जाने बगैर बहुत प्यार करते हैं तो यह भी तो हो सकता है कि वे ठीक इसी तरह आपसे नफरत भी कर सकते हैं।

गोएथ ने कहा था कि टैलेंट निजी कोनों में फलता-फूलता है। आप जानते हैं? यह सचमुच में सच है। एक एक्टर के लिए हमेशा अकेलेपन की जरूरत है और अकसर लोग यह नहीं सोचते। यह आपके लिए एक निश्चित रहस्य होता है कि जब आप एक्टिंग कर रहे होते हैं तब उन पलों में पूरी दुनिया आप में होती है। मैं जब अकेली होती हूँ, मैं अपने को जमा करती हूँ। करियर लोगों के बीच पैदा होता है, प्रतिभा अकेले में।

कृपाकर मेरी हँसी न उड़ाएँ। मैं यकीन करती हूँ कि मैं एक अभिनेत्री बनना चाहती हूँ, अपनी इंटीग्रिटी के साथ एक अभिनेत्री। मैं सचमुच एक अदाकारा बनना चाहती हूँ, एक कामोत्तेजक जीव नहीं। मैंने अपना नाम मर्लिन कभी पसंद नहीं किया। मैं हमेशा चाहती रही कि मुझे जीन मुनरो के नाम से पुकारा जाए, लेकिन मुझे अंदाजा है कि इसके लिए अब कितनी देर हो चुकी है।

मैं यह कभी समझ नहीं पाती कि लोग एक-दूसरे के प्रति क्यों ज्यादा दयालु नहीं हो पाते। मैं उन लोगों की कद्र करती हूँ जो टाइम्स स्क्वेयर पर थे। जो सड़कों से लेकर थिएटर तक जमा थे। वे मेरे करीब नहीं आ पा रहे थे जब मैं आई। यदि मैं लाइट मेकअप में होती तो वे मुझे कभी नहीं देख पाते। यह मेकअप सिर्फ उनके लिए...

जो लोग सोचते हैं कि एक औरत के पिछले प्रेम प्रसंग उनके साथ प्रेम को कम कर देगा तो वे मूर्ख और कमजोर हैं। हर आदमी के लिए एक औरत नया प्यार लेकर आती है जिससे वह प्यार करती है और उसके जीवन में यह बार-बार नहीं होता। शोहरत यानी आप अपने को दूसरों की नजरों से देख रहे होते हैं लेकिन इससे भी ज्यादा जरूरी यह है कि आप खुद अपने बारे में क्या सोचते हैं, रोज-ब-रोज की जिंदगी जीते हुए, जिंदा रहते हुए कि अब आगे क्या होगा...

****

मर्लिन मुनरो हॉलीवुड की सदाबहार ख़ूबसूरत अभिनेत्री मानी जाती हैं | उनकी ख़ूबसूरती, उनका ग्लैमर, उनके इश्क़ के क़िस्से और फिर अचानक हुई मौत, सारी बातें लीजेंड बन गई हैं |

इसकी वजह शायद ये है कि उनकी ज़िंदगी के जितने राज़ सामने आए, उनसे ज़्यादा पर्दे के पीछे छुपे रहे | उनकी ख़ूबसूरती सदाबहार इसलिए भी हो गई कि वो कैमरे के सामने हमेशा जवान ही रहीं | उनकी मौत भी बहुत जल्दी हो गई थी |

मुनरो के दौर की बाक़ी अभिनेत्रियों, एलिज़ाबेथ टेलर, डेबी रेनॉल्ड्स और जेन रसेल की तरह वो कभी बुजुर्ग नहीं हुईं| इसीलिए उनकी ख़ूबसूरती एक पैमाना बन गई | उनके भूरे बाल, अलसाई आंखें और दिलकश मुस्कान उनके किरदार को बाक़ी सबसे अलग करती थी | वो बेफ़िक्र दिखकर भी लुभावनी लगती थीं | हालांकि वो असल में कितनी बेफ़िक्र थीं, इस पर आज भी उनकी फ़िल्मों से ज़्यादा बहस होती है | मर्लिन मुनरो की चकाचौंध भरी ज़िंदगी का काला धब्बा उनकी रहस्यमयी मौत है | किसी चीज़ की ज़्यादती और लत से इंसान का क्या हाल होता है, मुनरो की ज़िंदगी और मौत इसकी मिसाल है|

उन लोगों के लिए ये चेतावनी भी है जो चकाचौंध भरी ज़िंदगी जीना चाहते हैं | हमेशा शैम्पेन की बोतलें खोलते हुए अपनी सेक्सी इमेज बनाना चाहते हैं |जो लोग ये चाहते हैं कि बड़े और मशहूर लोगों से इश्क़ के उनके क़िस्से मशहूर हों, उन्हें मुनरो की ज़िंदगी से सबक़ लेना चाहिए.

मुनरो का नाम अमरीकी राष्ट्रपति जॉन कैनेडी से लेकर गायक फ्रैंक सिनात्रा और बेसबाल खिलाड़ी जो डिमैगियो तक से जुड़ा | मुनरो ने कई शादियां भी कीं जो नाकाम रहीं |

उनकी जीवनी लिखने वालों ने मर्लिन की तमाम लतों और दिमाग़ी बीमारी के बारे में काफ़ी लिखा है| उनके अभाव वाले बचपन के क़िस्से, अनाथालय में पलने की बात, सब कुछ क़िताबों में दर्ज है |फिर जवानी में तमाम मर्दों से उनके रिश्ते, शोषण के क़िस्से और प्यार के लिए तरसती मुनरो की संदिग्ध मौत की बातें भी जगज़ाहिर हैं |

लेकिन, मौत के इतने वर्ष बाद मर्लिन मुनरो की ज़िंदगी के कुछ नए पहलू सामने आए हैं | असल में वर्ष 2010 में उनके निजी काग़ज़ात छपे थे जिन्होंने उनके किरदार को और ऊंचे पायदान पर पहुंचा दिया | इन दस्तावेज़ों में मुनरो के अपने हाथ से लिखे ख़त, कविताएं और रोज़ाना के क़िस्से शामिल हैं |मुनरो के लिखे इन दस्तावेज़ों को, 'फ्रैगमेंट्स: पोएम्स, इंटिमेट नोट्स, लैटर्स बाय मर्लिन मुनरो' के नाम से छापा गया था | इसका संपादन स्टैनले बुचथाल और बर्नार्ड कॉमेंट ने किया|

मुनरो की लेखनी से निकले इन शब्दों को पढ़ने से उनके बारे में आपके ख्याल बदलने तय हैं | ग्लैमर की चकाचौंध भरी ज़िंदगी से अलग, मर्लिन मुनरो, बेहद समझदार, ज़हीन इंसान थीं |

उन्होंने एक कवि की तरह अपने दिल का हाल बयां किया है| जैसे कि वो और भी बहुत कुछ लिखना चाहती थीं | अपने मूड को बयां करने के लिए उन्होंने बहुत अच्छे शब्दों का चयन किया है | ये उनके किरदार पर भी नई रोशनी डालने वाला है |मुनरो के दस्तावेज़ का संपादन करने वाले कहते हैं कि ये एक बहुत बड़ा ख़ज़ाना है | इन काग़ज़ात में कोई घटिया बात नहीं , इनमें कोई अफ़वाह नहीं, कोई गप्प नहीं | मर्लिन मुनरो ऐसे तरीक़ों में यक़ीन नहीं करती थीं |

उनकी क़लम से निकले ये लफ़्ज़, लोगों से उनकी नज़दीकी, उनकी आत्मा की गहराई में छुपे एहसास बयां करते हैं| इन दस्तावेज़ों से मुनरो के रहस्य ख़त्म नहीं होते| बल्कि उनका दायरा बढ़ जाता है | वो हॉलीवुड की ऐसी सुपरस्टार थीं, जिन तक लोग खिंचे चले जाते थे | मगर क़रीब पहुंचना बहुत कम लोगों के लिए मुमकिन था |

मर्लिन मुनरो ने 40 के दशक में जेम्स डोहर्टी से अपनी शादी के बारे में काफ़ी कुछ लिखा है | उन्होंने लिखा है, ''ये सारे ख्याल बयां करते हुए, ये लफ़्ज़ लिखते-लिखते मेरे हाथ कांप रहे हैं | मगर मैं रुकूंगी नहीं, तब तक लिखती रहूंगी जब तक मेरे दिल के सारे एहसास बयां नहीं हो जाते |''.

इससे साफ़ है कि किस तरह मुनरो लिखकर अपने दिल को तसल्ली देती थीं | ख़ुद को ख़ुश रखती थीं |मुनरो ने अपने लेखन में काफ़ी ईमानदारी बरती है क्योंकि हॉलीवुड के ग्लैमर की दुनिया में वो खुलकर अपनी बात नहीं कह सकती थीं | इसके लिए उन्होंने क़लम और काग़ज़ का सहारा लिया |

अपनी नोटबुक में एक जगह मुनरो ने लिखा है, ''मैं कभी-कभी इंसानों का साथ बर्दाश्त नहीं कर पाती | मुझे पता है कि उनकी अपनी दिक्क़तें हैं, ठीक उसी तरह जैसे कि मेरी अपनी परेशानियां | फिर भी मैं उनकी बातें सुन-सुनकर थक गई हूं | उनकी परेशानियां समझने, उन्हें हौसला और मदद दे-देकर मैं थक गई हूं |''

साल 1955 की अपनी मशहूर रिकॉर्ड बुक में मर्लिन मुनरो लिखती हैं, ''मेरी पहली ख़्वाहिश हीरोइन बनना थी, बिना इस बारे में शर्मिंदा हुए मैं ये काम करना चाहती थी | मैं इसके लिए तकलीफ़ बर्दाश्त करने को भी तैयार हूं |''

वो एक जगह ये भी लिखती हैं कि उन्हें पता है कि वो कहां से आती हैं| उन्हें हवा में उड़ने की कल्पना करते हुए ये पता है कि ज़मीन पर उनके पांव कहां पर थे |ILLINGER GETTY ARCHIVE

अमरीका के मशहूर वाल्डॉर्फ़ एस्टोरिया होटल के एक काग़ज़ पर भी मर्लिन मुनरो ने अपने दिल का हाल लिखा | उन्होंने कहा कि उन्हें बार-बार वादा करके ख़ुद को बांधना नहीं चाहिए | वो ख़ुद को समझाती हैं कि उनके पास किसी चीज़ की कमी नहीं | उन्होंने ये भी कहा कि एक्टिंग के लिए ज़रूरी अनुशासन और तकनीक की कमी है, जो उन्हें सीखने की ज़रूरत है |वो डर से मुक़ाबला करना, उस पर जीत हासिल करना चाहती थीं | मगर डर उनकी ज़िंदगी के हर पहलू का हिस्सा बन गया | ऐसा उनकी आर्थर मिलर से शादी में भी हुआ | जब वो इंग्लैंड में 'द प्रिंस ऐंड द

शो गर्ल' नाम की फ़िल्म की शूटिंग कर रही थीं तो उन्हें मिलर का लिखा एक नोट मिला|

मिलर ने उन्हें बताया था कि ये उनकी फ़िल्म के एक किरदार के बारे में है | मिलर ने इस नोट में लिखा था कि वो शादी से निराश हैं | उन्हें अपनी जीवनसाथी की वजह से कई बार शर्मिंदा होना पड़ता है |

मुनरो ने जब ये जाना कि ये तो मिलर ने उनके बारे में लिखा है तो उनका दिल टूट गया | फिर इस बारे में उन्होंने जो ख़ुद लिखा वो उनके एहसास को बख़ूबी बयां करता है |मुनरो ने लिखा, ''मैं हमेशा किसी की बीवी होने से डरती रही हूं | क्योंकि मुझे पता है कि कोई किसी और को प्यार नहीं कर सकता | तो कल से मैं अपना ख्याल ख़ुद रखना शुरू करूंगी क्योंकि यही मेरी पूंजी है | पहले भी ऐसा था और आज भी ऐसा ही है |''.

मुनरो के दस्तावेज़ों से साफ़ है कि वो हमेशा ख़ुद को हक़ीक़त की याद दिलाती रहती थीं | अपनी मददगार ख़ुद बनना चाहती थीं और अपने दिल के भीतर छुपे डर पर जीत हासिल करना चाहती थी |ये उनके मज़बूत इरादों की झलक दिखाता है | पार्टी की तैयारी हो या फिल्म में एक्टिंग की तैयारी, मुनरो की कोशिश हमेशा बेहतर से बेहतर करने की रही |

पिंटरेस्ट, इंस्टाग्राम और फ़ेसबुक पेज पर उनके क़िस्से लिखे जा रहे हैं | इन्हें पढ़ते वक़्त ये ध्यान रखना चाहिए के मुनरो के लिखे ख़त या नोट्स, छपने के लिए नहीं लिखे गए थे | वो एक औरत के दिल के एहसास हैं, जिसे वो बयां करना चाहती थीं | ये लिख कर करके वो अपने आपको तसल्ली देती थीं | उन्होंने अपनी बातें लिखने में पूरी ईमानदारी बरती है |वो क्या महसूस करती थीं और क्या चाहती थीं, ये बताने में उन्होंने कोई गुरेज नहीं किया है | इन काग़ज़ात से साफ है कि वो सोचने-विचारने वाली महिला थीं | वो पढ़ती-लिखती भी ख़ूब थीं |

सबसे अहम बात ये है कि ये दस्तावेज़ मर्लिन मुनरो को आवाज़ देते हैं | जिसमें किसी का दखल नहीं | जहां वो खुलकर अपने एहसास बयां करती हैं |ये उनकी ग्लैमरस हीरोइन की इमेज के ठीक उलट है | इन्हें पढ़कर पता चलता है कि वो ख़ूबसूरत लड़की जब कैमरे के सामने

नहीं होती थी, तो दुनिया से दूर अपने घर पर वो क्या कर रही होती थी, क्या सोच रही होती थी |कुल मिलाकर, ये ख़त, ये नोट, मर्लिन मुनरो के लीजेंड होने में एक और पहलू जोड़ते हैं |

फर्श से अर्श तक पहुंचने वाली मुनरो का सफरनामा

1. अपनों से दूरी के दर्द ने बना दिया शर्मीला और अंतरमुखी :1 जून 1926 को मर्लिन का जन्म नॉरमा जीन मॉर्टेन्सन में हुआ था। उनकी मां का नाम ग्लैडिस पर्ल बेकर था। उनका नाम नॉरमा बेकर रखा गया। मां की मानसिक स्थिति ठीक नहीं थी इसलिए पहले 6 वर्षों के लिए मर्लिन को कैलिफोर्निया के हॉथोर्न शहर में एल्बर्ट और ईडा बुलेंडर द्वारा पाला गया। बाद में मां ने मर्लिन को वापस लेने की कोशिश भी की, लेकिन उनका मानसिक संतुलन खराब होने की वजह से मर्लिन को उन्हें नहीं सौंपा गया। यही वजह थी कि बचपन में मर्लिन को कई अनाथ आश्रमों में रहना पड़ा था। दर्दनाक बचपन ने उन्हें बेहद शर्मीला और अंतरमुखी बना दिया था।

2. पड़ोसी से की शादी, कारखाने में नौकरी के दौरान मिला ब्रेक :अपने 16वें जन्मदिन के ठीक बाद 1942 में मर्लिन ने अपने पड़ोसी जेम्स डोगर्टी से शादी कर ली और एक ग्रहिणी बन गईं। लेकिन वे अपनी जिंदगी से संतुष्ट नहीं थीं। 1943 में उनके पति मर्चेंट नेवी में चले गए और जल्द ही दोनों अलग हो गए। पैसे कमाने के लिए मर्लिन कैलिफोर्निया के बरबैंक में एक स्थानीय कारखाने में नौकरी करने लगीं। यहीं मर्लिन को अपना पहला बड़ा ब्रेक मिला। उस वक्त एक प्रेस फोटोग्राफर, डेविड कॉनोवर महिलाओं का काम दिखाने के लिए कारखाने को कवर कर रहे थे। वे मर्लिन की सुंदरता और फोटोजेनिक व्यक्तित्व से बहुत प्रभावित हुए और उन्होंने अपनी कई तस्वीरों में उनका चेहरा इस्तेमाल किया।

3. ग्लोबल सेलेब्रिटी और फैशन आइकन बनीं :मर्लिन मॉडल के रूप में अपना करियर शुरू करने में बहुत जल्द सफल हो गईं। वे कई पत्रिकाओं के कवर पर भी दिखाई देने लगीं। 1946 मर्लिन के लिए महत्वपूर्ण वर्ष साबित हुआ। इस साल उन्होंने अपने पति को तलाक दिया और अपना नाम नॉरमा बेकर से मर्लिन मुनरो कर लिया। उन्होंने

अभिनय सीखना शुरू किया और कुछ ही समय में ट्वेंटिअथ सेंचुरी फॉक्स की तरफ से उन्हें उनकी पहली फिल्म का प्रस्ताव मिल गया। उनकी शुरुआती फिल्में कुछ खास नहीं रहीं लेकिन इन्हीं शुरुआती फिल्मों की वजह से उन्हें आगे प्रमुख भूमिकाएं मिलीं। मर्लिन विश्वस्तर पर मशहूर हो गईं। अब वे हॉलीवुड, ग्लैमर और फैशन आइकन बन चुकी थीं।

4. 1954 में दोबारा शादी की, प्रोडक्शन हाउस से विवाद हुए :1954 में उन्होंने एक बेसबॉल स्टार खिलाड़ी जॉ डिमैगियो से शादी कर ली। मर्लिन अब हॉलीवुड के सबसे बड़े सितारों में से एक थीं लेकिन उनका कॉन्ट्रैक्ट अभी भी पुराना था। इस पुराने कॉन्ट्रैक्ट की वजह से उन्हें अन्य सितारों से कम भुगतान दिया जा रहा था। वे कॉमेडी और संगीत में सरल भूमिकाएं निभाकर टाइपकास्ट नहीं होना चाहती थीं। वेतन और अभिनय की पसंद पर विवाद की वजह से उन्हें अस्थायी रूप से ट्वेंटिअथ सेंचुरी फॉक्स द्वारा निलंबित कर दिया गया। हालांकि कुछ समय बाद उनकी कुछ मांगों को स्वीकार करके उच्च वेतन भी दिया गया। उन्होंने सितंबर 1954 में 'द सेवन इयर इच' में अभिनय किया। इस फिल्म ने मीडिया का ध्यान आकर्षित किया था।

5. राष्ट्रपति ने किया था आमंत्रित, 60 के दशक में सेहत बिगड़ने लगी :1955 में उन्होंने फॉक्स से अधिक आजादी की मांग करते हुए खुद का फिल्म प्रोडक्शन शुरू किया। 1956 में 'बस स्टॉप' के लिए गोल्डन ग्लोब सर्वश्रेष्ठ अभिनेत्री पुरस्कार के लिए नामांकित हुईं और 1959 में 'सम लाइक इट हॉट' के लिए गोल्डन ग्लोब भी जीता। इसी बीच डिमैगियो के साथ उनका रिश्ता बिगड़ गया। मर्लिन ने उनसे तलाक ले लिया और ऑर्थर मिलर के साथ शादी करके यहूदी धर्म अपना लिया। 1960 के दशक की शुरुआत में उनका स्वास्थ्य बिगड़ना शुरू हो गया। माना जाता है कि उन्हें ड्रग्स की लत लग गई थी। मिलर के साथ उनकी शादी टूट गई थी। 1962 में उन्हें व्हाइट हाउस में राष्ट्रपति जेएफ कैनेडी के जन्मदिन पर गाने के लिए आमंत्रित किया गया था। इसी साल केवल 36 वर्ष की उम्र में ड्रग्स की अधिक मात्रा लेने से उनका निधन हो गया।

मर्लिन मुनरो अमेरिका की महान अदाकारा थी | अनाथालय से निकल कर वो प्रसिद्धि की जिस ऊंचाई तक पहुंची वह हर एक को नसीब नहीं होता | पर इसकी कीमत भी उन्हे चुकानी पड़ी |उन्हे प्रसिद्धि ,धन दौलत सब कुछ मिला पर उन्हे किसी का प्यार नसीब नहीं हुआ | पिता बचपन में छोड़ गए , माँ मानसिक रोगी हो गई , पतियों से तलाक होते रहे और अंत में वो अवसाद का शिकार हो गईं और 36 वर्ष की उम्र में इस दुनिया को अलविदा कह दिया |

7

मेरी क्यूरी

"जीवन में कुछ भी नहीं जिससे डरा जाए, आपको बस यही समझने की ज़रुरत है।"

-मेरी क्यूरी

भारत में एवं विश्व के अनेक देशो में अनगिनत महिलाओं ने अपनी उपलब्धियों से अपने देश का नाम रौशन किया है। कुछ महिलाएं अपने कार्य तथा अपनी सोच के कारण हर किसी के लिए प्रेरणा स्रोत हैं। जनहित और राष्ट्र कल्याण के लिए अपने प्राणों की भी परवाह न करने वाली मैडम क्युरी समस्त विश्व के लिए एक आर्दश उदाहरण हैं। लिंग और सिमाओं से परे हर किसी के लिए मैरी क्युरी प्रेरणा स्रोत हैं।

मैरी सलोमिया स्कलाडोवका क्यूरी बाद में मैरी क्यूरी के नाम से जानी जाने वाली एक पोलिश मूल की फ्रांसीसी भौतिक विज्ञानी थी जो रेडियोधर्मिता पर अपने काम के लिए प्रसिद्ध और दो बार नोबेल पुरस्कार विजेता के लिए जानी जाती है। वह नोबेल पुरस्कार जीतने वाली पहली महिला थीं और वह दो अलग अलग क्षेत्रों में पुरस्कार जीतने वाली एकमात्र महिला हैं। वो 1906 में पेरिस विश्वविद्यालय में प्रोफेसर बनने वाली पहली महिला थीं।

मैडम क्यूरी का जन्म

इस विश्वविख्यात प्रतिभा का जन्म उन दिनों हुआ जब पश्चिमी देशों में भी स्त्रियों को उच्च शिक्षा ग्रहण करने का अधिकार न था। इस

महिला ने भगीरथ प्रयास करके पुरुषों के समान उच्च शिक्षा ग्रहण की। इन्होंने रेडियम का आविष्कार करके इतनी ख्याति प्राप्त की जितनी शायद ही किसी और ने की हो मैडम क्यूरी का जन्म पोलैंड की राजधानी वारसा में 7 नवम्बर, 1867 को रूसी साम्राज्य में कांग्रेस पोलैंड में वारसॉ में हुआ था हुआ था। इनके बचपन का नाम मैरी स्कलोदोवस्का (Marie Sklodowska) था। परंतु बाद में पियरे क्यूरी नामक वैज्ञानिक से विवाह कर लेने के पश्चात ये मैडम क्यूरी के नाम से प्रसिद्ध हो गईं। ज़ोसिया, जोज़ेफ़, ब्रोन्या और हेला के बाद क्यूरी पाँच बच्चों में सबसे छोटी थी |

मैडम क्यूरीके माता-पिता अध्यापक थे। इसलिए इनका बचपन शिक्षा के वातावरण में बीता। इन्होंने 16 वर्ष की आयु में हाईस्कूल की परीक्षा पास की, जिसमें असाधारण योग्यता प्रदर्शन करने के लिए इन्हें स्वर्ण पदक प्रदान किया गया। अब उनकी इच्छा थी कि वह विज्ञान का विषय लेकर विश्वविद्यालय में अध्ययन करें लेकिन महिला होने के कारण उन्हें दाखिला नहीं मिला। उन दिनों वारसा विश्वविद्यालय में उच्च शिक्षा के लिए महिलाओं के लिए दरवाजे बंद थे।

उनके पिता ने उच्च शिक्षा प्राप्त करने के लिए उन्हें पेरिस भेजा। साखान विश्वविद्यालय से इन्होंने विज्ञान में स्नातकोत्तर परीक्षा में प्रथम स्थान प्राप्त किया।

परीक्षा पास करने के बाद इनके एक मित्र ने इनकी भेंट प्रसिद्ध वैज्ञानिक पियरेक्यूरी से कराई। पहली मुलाकात में ही वे दोनों एक-दूसरे से बहुत प्रभावित हुए। दोनों में गहरी मित्रता हो गई और बाद में दोनों विवाह के बंधन में बंध गए। इस विश्वविद्यालय में मैरी ने रेडियोधर्मिता के आविष्कारक प्रोफेसर बैकरैल की सहायिका के रूप में कार्य आरम्भ किया।

रेडियम की खोज : बैकरैल ने कई वर्षों से कुछ यूरेनियम के टुकड़ों को एक मेज की दराज में रख छोड़ा था। एक दिन मैरी ने उनमें से कुछ टुकड़े निकाले और उनका उपयोग फोटो प्लेटों को तोलने के लिए किया। जब इन प्लेटों को विकसित किया तो इन पर विचित्र

सा जाल फैला दिखाई दिया | मैरी को संदेह हुआ कि निश्चय ही यूरेनियम से किरने निकली हैं जिन्होंने इन प्लेटों पर जाल फैलाया है | रहस्यमय स्रोत को खोज निकालने को दृढ़ निश्चय करके मैरी ने प्रोफेसर बैकरैल की सहायिका के रूप में अपने पद से त्यागपत्र दे दिया | एक रात उन्होंने संदर्भ ग्रंथों से पता लगाया कि यूरोप में मानचित्र में बोहईमीया के एक छोटे से नगर में यूरेनियम का एक खनिज पिचबलैन्ड मिलता है |क्यूरी दम्पत्ति ने वहां की सरकार को एक पत्र लिखा, जिसमें उन्होंने 10 हजार किलोग्राम पिचब्लैंड बिना मूल्य प्राप्त करने के लिए प्रार्थना की थी। वहां की सरकार ने यह अनुरोध स्वीकार कर लिया और उन्हें पिचब्लैंड प्राप्त हो गया।अपनी प्रयोगशाला में महीनों तक वे दोनों पति-पत्नीबड़ी बाल्टियों में पिचब्लैंड डालकर और उसमें पानी मिलाकर बड़े बड़े बाँसों से चलाते रहने का घोर परिश्रम करते रहे। उनकी प्रयोगशाला पर पक्की छत न थी केवल एक टूटा हुआ छप्पर था,जिसमें से बरसात का पानी टपकता रहता था। इन दोनों ने इन सब कठिनाइयों के बावजूद भी अपना अनुसंधान कार्यजारी रखा। नवम्बर, 1898 की एक रात को पिचब्लैंड से प्राप्त पदार्थ को उन्होंने एक परखनली में रख छोड़ा था।कुछ देर सोने के बाद जब उन्होंने अपनी प्रयोगशाला का दरवाजा खोला तो देखा कि अंधेरे कमरे में एक कोने से उनकी उस परखनली से हलका नीला-सा रहस्यमय प्रकाश निकल रहा है। मैरी ने खुशी से पियरे का हाथ दबाया। जैसे ही उन्होंने मोमबत्ती जलायी प्रकाश की वह चमक लुप्त हो गई। उन्होंने इस तत्त्व का नाम रेडियम रखा। इस कार्य के लिए इन दोनों पति-पत्नी को और बैकरैल को सन्

1903 का नोबेल पुरस्कार प्रदान किया गया।

सन् 1911 में मैरी क्यूरी को रेडियम और पोलोनियम प्राप्त करने तथा तत्त्वों के अध्ययन के लिए रसायन विज्ञान का दूसरा **नोबेल पुरस्कारप्रदान** किया गया।

शादी के दो वर्ष पश्चात इस दम्पती के एक कन्या हुई, जिसका नाम इन्होंने आइरेन क्यूरी रखा। यह कन्या भी अपनी मां की भांति ही विज्ञान में असाधारण प्रतिभा वाली थी।इसका विवाह जूलियट क्यूरी से हुआ। इन्होंने सर्वप्रथम कृत्रिम रेडियोधर्मी तत्व बनाने का आविष्कार किया। इसके लिए इन पति-पत्नी को संयुक्त रूप से सन् 1935 का रसायन विज्ञान का **नोबेल पुरस्कारदिया** गया।

आधुनिक भौतिक विज्ञान के विकास में फ्रांस के क्यूरी परिवार की दो पीढ़ियों का अत्यंत महत्त्वपूर्ण योगदान रहा है। विश्व में अभी तक कोई ऐसा परिवार नहीं हुआ, जिसकी दो पीढ़ियों में से पांच ने नोबेल पुरस्कार प्राप्त किए हों।

क्यूरी परिवार में दो बार मैडम क्यूरी को, एक बार इनके पति पियरे क्यूरी को और एक बार इनकी पुत्री आइरेन क्यूरीऔर उसके पति फ्रैंकरिक जूलियट को नोबेल पुरस्कार से सम्मानित किया गया।

इस तथ्य से यह स्पष्ट हो जाता है कि इस परिवार के लोग कितने विद्वान थे और विज्ञान में उनकी कितनी रुचि थी। सन् 1906 में मेरी क्यूरी के पति **पियरे क्यूरी** की सड़क दुर्घटना में मृत्यु हो गई। इससे मैडम क्यूरी को बहुत बड़ा आघात पहुंचा।

एक्स-रे का विकास

सन 1914 में जब प्रथम विश्व युद्ध छिड़ गया तो क्यूरी ने अपना समय और संसाधन चिकित्सा के लिए काम आने वाले एक्स रे मसीन बनाने के लिए समर्पित किया।उन्होंने क्षेत्र में वहनीय एक्स-रे मशीनों के उपयोग की हिमायत की और इन चिकित्सा वाहनों ने "लिटिलक्यूरीज़" उपनाम अर्जित किया।

युद्ध के बाद, क्यूरी ने अपने शोध को आगे बढ़ाने के लिए अपनी हस्ती का इस्तेमाल किया। उन्होंने दो बार संयुक्त राज्य अमेरिका की

यात्रा की (1921 में और 1929) में रेडियम खरीदने के लिए धन जुटाने और वारसॉ में एक रेडियम अनुसंधान संस्थान स्थापित करने के लिए |

मैडम क्यूरी ने पेरिस में 'क्यूरी इंस्टीट्यूट ऑफ रेडियम' की स्थापना की। इन्हीं के नाम पर रेडियोधर्मिता की इकाई का नाम क्यूरी रखा गया। क्यूरी को सम्मान प्रदान करने के लिए तत्व का नाम क्यूरियम रखा गया। मैरी क्युरी के द्वारा पेरिस में क्यूरी फाउंडेशन का सफल निर्माण किया गया, जहां उनकी बहन ब्रोनिया को निदेशक बनाया गया। अपने पति पियरे क्युरी के सपनो को पुरा करने के उद्देश्य से मैरी क्युरी अमेरीका गई, जहाँ उन्हे बहुत सम्मान प्राप्त हुआ और उन्हे प्रयोगशाला हेतु लगभग एक लाख डॉलर का चंदा मिला एवं वहाँ के प्रेसीडेंट ने उन्हे रेडियम की वह अनमोल धातु, जो संसार में कम और मूल्यवान वस्तु है, एक अधिकार के रूप में प्रदान की, जिसके अंतर्गत ये अधिकार दिया गया कि इस सम्पत्ती पर मैडम क्युरी के बाद उनकी संतानो का परंपरागत अधिकार होगा। परंतु त्याग एवं उदारता की प्रतीमूर्ति मैडम क्युरी ने इस अधिकार पत्र की शर्त में परिवर्तन करा के इसे फ्रांस की प्रयोगशाला में जमा करा दिया। शर्त में ये लिखवा दिया कि इसका उपयोग सार्वजनिक लाभ के लिए संसार भर में किया जायेगा।

फ्रेंच नागरिको के अनुसार मैरी क्यूरी ने कभी भी अपनी पहचान को नकारा नहीं वे हमेशा से ही फ्रेंच नागरिको के लिए प्रेरणास्रोत बनी रहीं | क्यूरी ने अपनी बेटी को भी पोलिश भाषा का ज्ञान दिया और कई बार उन्हें पोलैंड भी लेकर गयी जो कि उनका जन्मस्थान था उनके द्वारा खोजे गये पहले केमिकल एलिमेंट को भी उन्होंने पॉलोनियम ही नाम दिया था |

मैडम क्यूरी की मृत्यु

मैरी हृदय की बड़ी दयालु थीं। इन्होंने प्रथम विश्वयुद्ध में घायलों की बड़ी सेवा की। इस उपलक्ष्य में अमरीका की सरकार ने मैरी को कई सम्मान प्रदान किए। मैरी जीवन भर रेडियोधर्मी पदार्थों के सम्पर्क में रहीं। इससे इनकी आंखें खराब हो चली थीं। इन्हीं विकिरणों से उन्हें रक्त का कैंसर हो गया था।

इस महिला ने रेडियम की खोज करके मानवता का जो उपकार किया है, उसे निश्चय ही कभी भी भुलाया नहीं जा सकता। मैरी क्युरी का सफर इतना आसान नही था, शुरुवात से उन्होने संघर्ष किया था | घर की आर्थिक स्थिति सुधारने हेतु अध्ययन काल में ही कुछ बच्चों को ट्युशन पढाती थीं | वैवाहिक जीवन में भी पति की असमय मृत्यु ने उनकी जिम्मेदारियों कोऔर बढा दिया | दो बेटीयों का भविष्य और पति द्वारा देखे सपनो को सफल बनाना, मैरी क्युरी का उद्देशय था | शोध कार्य के दौरान एकबार उनका हाँथ बहुत ज्यादा जल गया था | फिर भी मैरी क्युरी का हौसला नही टूटा | उनका कहना था कि,"जीवन में कुछ भी नहीं जिससे डरा जाए, आपको बस यही समझने की ज़रुरत है |"वि ज्ञान की यह साधिका 4 जुलाई, 1934 को 66 वर्ष की आयु में फ्रांस के सेंसेलेमोज सेनेटोरियम में अप्लास्टिक एनीमिया से अपने वैज्ञानिक अनुसंधान के दौरान विकिरण के संपर्क में आने से संसार से सदा के लिए विदा हो गई।

मैडम क्युरी आज भले ही इस संसार में नही हैं किन्तु उनके द्वारा किये गए कार्य तथा समर्पण को विश्व कभी नही भूल सकता | आज भी समस्त विश्व में मैरी क्युरी श्रद्धा की पात्र हैं तथा उनको सम्मान से याद करना हम सबके लिए गौरव की बात है |

8

जोन ऑफ आर्क

"एक जीवन हम सब के पास है और हम इसे जीते हैं क्योंकि हम इसे जीने में विश्वास करते हैं। लेकिन जो आप कर रहे हैं उसे विश्वास के साथ जीने के लिए बलिदान करें | यदि ऐसा नहीं कर रहे तो वह मरने से भी ज्यादा भयानक है।"

दुनिया की वीरांगनाओं में फ्रांस की वीरांगना जोन ऑफ आर्क का नाम बड़ी श्रद्धा और सम्मान से लिया जाता है | उसे फ्रांस में देवी की तरह पूजा जाता है | इनकी कहानी ऐसी है कि रोएं खड़े हो जाएं | एक छोटी सी आम लड़की से साध्वी और फिर फौजी लीडर बनने का सफर इन्होंने तय किया, वो भी सिर्फ 19 साल की उम्र में | 14 वीं सदी में इंग्लैंड और फ्रांस के बीच युद्ध चल रहा था | 1412 में जोन ऑफ आर्क का जन्म हुआ था | उनके पिता इसाबेल रोमी एक आम किसान थे | उनकी माता का नाम जेक्स आर्क था | उनकी पढ़ाई लिखाई हो नहीं पाई| लेकिन उनकी माँ ने उन्हे धार्मिक शिक्षा और संस्कार दिए थे | उधर फ्रांस और इंग्लैंड के बीच लड़ाई जारी थी जिसे इतिहास में "100 वर्षों का युद्ध कहा जाता है|" क्योंकि यह लड़ाई 100 वर्षों तक चली थी | इंग्लैंड ने उतरी फ्रांस पर कब्जा कर रखा था | इन्हीं में जोन का गांव भी था | ये इलाका जीतने के बाद वहां दबाव डाला जा रहा था कि वहाँ रहने वाले लोग वो जगह छोड़ दें |

12 साल की उम्र में जोन को अपनी अंतरात्मा से आवाज आई | वो बताने लगी कि ईश्वर ने उन्हे लड़ाई में हिस्सा लेने के लिए भेजा है ताकि वह अपने देश फ्रांस को दुश्मन के चंगुल से छुड़ा सकें | उस समय फ्रांस के राजा थे चार्ल्स सप्तम | जोन की उस समय 16 साल की उम्र थी |उसके पिता ने शादी के लिए दबाव डाला | वो पिता के फैसले के खिलाफ कोर्ट गई और शादी के लिए मना कर दिया|

मई 1428 में वह राजा चार्ल्स का भरोसा जीतने के लिए निकल पड़ी | वहां लोकल मजिस्ट्रेट रॉबर्ट डी बॉड्रीकोर्ट ने उन्हे राजा चार्ल्स से मिलाने के लिए मना कर दिया | उन्होंने अपने साथ कुछ अनुयाइयों को लिया जो उसकी बात पर भरोसा करते थे | वो ये मानते थे कि कुंवारी लड़की फ्रांस को जीत दिला सकती है | इस की बदौलत फ्रांस युद्ध में विजय प्राप्त कर सकता है | तब जोन ने अपने बाल काटे, मर्दों वाले कपड़े पहने और दुश्मन के इलाके में 11 दिन घूमती हुई चार्ल्स के पास पहुंची |

उसने चार्ल्स से उसका छीना हुआ राज दिलाने का वादा किया | और फ्रांस को इंग्लैंड के कब्जे से मुक्त कराने का भी वादा किया |उसने मांग की कि फौज उसके हवाले की जाए क्योंकि उसके नेतृत्व में होगी ये लड़ाई | चार्ल्स के सलाहकारों ने बहुत हीलाहवाली की लेकिन चार्ल्स ने जोन के प्रस्ताव को स्वीकार कर लिया और जोन को सेना सौंप दी |सन 1429 मार्च का महीना था | जोन सज गई एक फौजी ड्रेस में | सफेद कपड़े, हथियार और घोड़ा भी दूध सा सफेद था | जोन ने लड़ने जीतने का सिलसिला शुरू कर दिया | जहां जहां फ्रांस की सेना हार रही थी , फौजी जवानों के हौसले पस्त थे वो वहाँ पहुंचती और नया जोश भर कर लड़ने को तैयार करती | जोन ने योद्धा का लिवास पहन के घोड़े पर स्वार होकर हाथ में झंडा और तलवार लेकर फ्रेन्च सेना का नेतृत्व किया | 29 अप्रैल 1429 को उसके सैनिको ने ऑर्लियन्स में प्रवेश किया | 4 मई से 8 मई इस समय में अंग्रेजो के खिलाफ हुये युद्ध में अंग्रेजो को पीछे हटना पड़ा और उनको भाग जाना पड़ा | इस युद्ध में जोन को तीर लगने के वजह से वो जख्मी हुयी | उसके सैनिकों का धैर्य कम होने लगा लेकिन जोन ने खुद अपने हाथों से तीर निकाला और वापिस युद्ध के मैदान में अपने सैनिको का मनोबल बढ़ाया | उसके बाद जून 1429 में जोन और

उसके सैनिकों ने सफलता पूर्वक इंग्लैंड की सेना पर चढ़ाई करके बहुत से शहर वापिस अपने काबू में कर लिये |

17 जुलाई 1429 को चार्ल्स का राज्याभिषेक संपन्न हुआ | उस समय जोन योद्धा के लिवास में घुटने टेक कर बैठी थी | आगे पेरिस शहर पर चढ़ाई करके उसे काबु में लेना जोन का ध्येय था | जोन ने चढ़ाई कर दिया पर कायर सैनिकों के पीछे हटने के कारण पेरिस की लड़ाई में उसकी हार हुई | उसकी हार के बाद चार्ल्स के चाटुकारों ने चार्ल्स के कान भरने शुरू कर दिए कि ये लड़की बड़ी होशियार है | बड़ी जल्दी पूरी जंग जीत लेगी फिर खुद बन जाएगी तानाशाह और आपको सत्ता से बाहर कर देगी | राजा चार्ल्स कान के कच्चे थे , उन्हे भी चाटुकारों की बातों पर भरोसा हो गया और उन्होंने जोन के हथियार और घोड़े सब छीन लिए | और उसे अपने राज्य की सीमा से बाहर कर दिया | आखीर 23 मई 1430 को कौम्प्येन्य कि लड़ाई में बर्गेन्डी के ड्युक के सैनिको ने जोन को पकड़ा | बर्गेन्डी के ड्युक ने दस हजार सुवर्ण फ्रॅन्क्स के बदले में जोन को अंग्रेजो के हवाले कर दिया | दुश्मन सेना के फौजी उसे बंदी बना कर ले गए|

जनवरी 1431 में रुआन के धार्मिक न्यायालय में जोन के खिलाफ मामला शुरू हुआ | उस पर चुड़ैल होने का इल्जाम लगाया गया | जोन के बचाव के लिये, उनका पक्ष रखने के लिये किसी को भी नियुक्त नहीं किया गया | उसकी तरफ से कोई गवाह नहीं बुलाया गया | बहुत होशियारी से जजों को चुना गया | लेकिन उसने कहा कि उसको मिलने वाले संदेश ईश्वरीय है यही एक सत्य है | आखीर आग से जलाए जाने का डर दिखा कर जोन से जुर्म कबूल करवा लिया गया और सहमति पत्र पर दस्तखत हासिल कर लिए गए | उसका योध्दा का लिवास उतारकर स्त्रीयों का लिवास दिया गया | 28 मई 1431 को जोन ने अपना कबूल किया हुआ बयान वापस लिया और कहा " मैंने कोई भी पाप नहीं किया|" उसके बाद धार्मिक न्यायालय ने उसे जिंदा जलाने की सजा सुनाई | 30 मई 1431 को उसे सजा के अनुसार जिंदा जला दिया गया | एक खास बात ये है की जिस चार्ल्स सप्तम को को जोन ने गद्दी पर बिठाया उसने जोन को छुड़ाने के लिये कुछ भी नहीं किया !

जोन के इस आत्मबलिदान से उसकी प्रखर राज्यनिष्ठा का दर्शन होता है | उसके आत्मबलिदान से पूरा फ्रान्स जल उठा | राष्ट्रीयता की भावना जागृत हुयी | उसकी मौत के बाद अंग्रेजो को अपनी गलती पर पछतावा हुआ और वो अपने आप को दोषी मानने लगे | आगे 25 साल के समय में अंग्रेजो की पूरी तरह से हार हुई | 100 साल का युद्ध समाप्त हुआ जोन पर हुये अन्याय के कलंक को धो डालने की फ्रेन्च जनता ने बड़े जोर शोर से मांग की | 1456 में जोन पर हुए अन्याय की चर्च की तरफ से पूरी जांच की गई और उसे निर्दोष पाया गया | जोन की मौत के 500 साल बाद अर्थात 1920 में जोन ऑफ आर्क को संत पद दिया गया|

जोन ने फ्रेन्च लोगों में राष्ट्रीयता की भावना जागृत की थी |उसके अंदर शौर्य, साहस, प्रखर नेतृत्व जैसे असाधारण गुण थे | आगे 14 वें लुई ने इसी राष्ट्रीयता कि भावना को साथ में लेकर फ्रान्स के वैभव को ऊँचाई पर ले गये | फ्रेन्च राज्यक्रांती के समय में भी जोन ऑफ आर्क का प्रखर राष्ट्रवाद प्रेरणादायी रहा |

जोन ऑफ आर्क को फ्रांस की वीरांगना और साध्वी के तौर पर सम्मान दिया जाता है | वह फ्रांस के इतिहास की सबसे सम्मानित स्त्री मानी जाती है|

9

ओपरा विनफ्रे

“स्त्री का शारीरिक सामर्थ्य भले ही कम हो, उसकी वाणी में असीम सामर्थ्य है।”

– लक्ष्मीबाई केलकर

क्वीन ऑफ आल मीडिया के नाम से मशहूर ओपरा विनफ्रे एक अमरीकी टाक शो,ऐक्ट्रेस,प्रोड्यूसर और समाजसेवी हैं। वे मुख्यत: अपने टॉप रेटेड अवार्ड विनिंग दि ओपरा विनफ्रे शो के लिए जानी जाती हैं। जीवन के प्रारम्भिक दिनों में शारीरिक शोषण का शिकार रही ओपरा विनफ्रे आज अमरीका की सबसे अमीर अफ्रीकी-अमरीकन महिला हैं और उन्हे अमरीका के सबसे बड़े नागरिक सम्मान “दि प्रेसिडेन्सियल मेडल ऑफ फ्रीडम” से सम्मानित किया गया है।

ओपरा विनफ्रे का जन्म 29 जनवरी 1954 को अमरीका के मिसीसिपी प्रांत के कोस्सीको शहर में हुआ था। उनकी माता वरनीता ली घरों में नौकरानी का काम किया करती थीं। वरणिता जब अविवाहित थी तभी वो बहुत कम उम्र में ही गर्भवती हो गई और ओपरा विनफ्रे को जन्म दिया।

ओपरा विनफ्रे के जन्म का नाम ओरपा था जो बुक ऑफ रूथ से लिया गया था। किन्तु लोगों के द्वारा नाम का उच्चारण सही न कर पाने के कारण वे ‘ओरपा’ के स्थान पर ‘ओपरा’ पुकारी जाने लगीं। बाद में उन्होंने इसी नाम को अपना लिया।

ओपरा विनफ्रे का प्रारम्भिक जीवन

दयनीय आर्थिक स्थिति के कारण ओपरा की माँ उनका उचित रीति से पालन-पोषण करने में असमर्थ थीं | इसीलिए वो उन्हे उसकी नानी 'हाटी मा ली' के पास छोड़कर काम की तलाश में अन्यत्र चली गईं | अपने जीवन के प्रारम्भिक 6 वर्ष ओपरा ने अपनी नानी के सान्निध्य में व्यतीत किये |

ओपरा की नानी एक धार्मिक महिला थीं | वो उन्हे अपने साथ गिरजाघर ले जाया करती थी और बाइबिल के वचन पढ़कर सुनाया करती थी | इस तरह ईश्वरीय वचन सुनते हुए ओपरा बड़ी हुई | घर पर ही उनकी नानी ने उन्हे पढ़ना-लिखना सिखाना प्रारंभ कर दिया | 3 वर्ष की उम्र तक ओपरा पढ़ना सीख चुकी थी |उस उम्र में भी उनके बोलने का तरीका इतना प्रभावकारी व कलात्मक हुआ करता था कि सब उन्हे 'दि प्रीचर' के नाम से बुलाने लगे थे | नानी की ममता, सान्निध्य और पथ प्रदर्शन तथा गिरजाघर के धार्मिक वातावरण में उनके व्यक्तित्व का विकास होता रहा किन्तु साथ साथ गरीबी की मार भी जारी थी | इसलिए जब वो 6 वर्ष की हुई तब उनकी नानी ने उन्हे उनकी माँ के पास मिलवाकी भेज दिया |

शारीरिक शोषण

माँ के साथ ओपरा का जीवन गरीबी और यातना से परिपूर्ण रहा | दूसरों के घरों में नौकरानी का काम करने के कारण उनकी माँ अधिकांस समय घर से बाहर रहा करती थी |इस कारण ओपरा कभी भी अपनी माँ का सान्निध्य महसूस नहीं कर पाईं | यह स्थिति कई वर्षों तक रही | इस दौरान ओपरा का कई रिश्तेदारों और उनकी माँ के विश्वासपात्र मित्रों के द्वारा शारीरिक शोषण किया गया | यह सिलसिला कई वर्षों तक चलता रहा | वह इतनी सहमी और भयभीत रहा करती थी कि इस बारे में अपनी माँ को कुछ बता नहीं पाती थीं | जब उन्होंने परिवार में इस बारे में बताना चाहा तो उन पर ही झूठा इल्जाम लगाने का आरोप मढ दिया गया |

माँ से उनके संबंध ठीक नहीं थे, भावनात्मक और शारीरिक तौर पर वह बुरी तरह से टूट चुकी थीं | वह किसी भी तरीके से इस नारकीय जीवन से निजात पाना चाहती थीं | आखिरकार 13 वर्ष की उम्र में अपनी माँ के

पर्स से पैसे चुराकर वह घर से भाग निकली | उस समय वह गर्भवती थी | बाद में उन्होंने एक कमजोर बच्चे को जन्म दिया, जो जन्म के उपरांत ही चल बसा |

माँ से बिगड़ते संबंध

कुछ समय बाद उनकी माँ उन्हे किसी तरह खोज कर वापस लाई और उनका दाखिला हाईस्कूल में करवा दिया | उनकी माँ चाहती थी कि ओपरा किसी तरह पढ़-लिख कर अपना भविष्य बनाने लायक बन जाए | स्कूल में ओपरा ने स्वयं को अन्य अमीर घरों के बच्चों के मध्य पाया और उन्हे अपनी गरीबी का एहसास होने लगा | वह स्वयं को स्कूल के अन्य बच्चों के समक्ष कमतर महसूस करने लगीं | इसी कारण वो अपने अमीर सहपाठियों की बराबरी करने के लिए घर से पैसे चुराने लगीं | इस संबंध में पूछे जाने पर वह अपनी माँ से झूठ बोलती और उनसे बहस किया करती थी | आखिरकार ओपरा की हरकतों से तंग आकार उनकी माँ ने उन्हे उनके सौतेले पिता वर्मन के पास नैशविले टिनेसी भेज दिया और कभी अपने पास वापस नहीं बुलाया |

जीवन में सकारात्मक बदलाव

वर्मन एक सहृदय और भले व्यक्ति थे | उनके घर ओपरा को न सिर्फ सुरक्षा और पनाह प्राप्त हुई, बल्कि उनमें अनुशासन भी आया | ओपरा की शिक्षा वर्मन की पहली प्राथमिकता थी | एक अच्छे विद्यार्थी के रूप में आगे बढ़ने के लिए वे उन्हे सर्वदा प्रोत्साहित किया करते थे |

ओपरा ने भी अपने जीवन में आए इस सकारात्मक बदलाव को स्वीकार कर लिया और अपने पुराने जीवन को भूलकर नये सिरे से जीवन में आगे बढ़ने लगी | वह समझ चुकी थी कि उनमें वह काबिलियत है कि सही अवसर मिले, तो वे आगे बढ़कर दिखा सकती हैं | उन्होंने 'नैशविले ईस्ट हाई स्कूल' में दाखिला लिया और स्वयं को पढ़ाई और स्कूल की गतिविधियों में झोंक दिया | वह खुद को साबित करके दिखाना चाहती थी | धीरे धीरे स्कूल में वह एक होनहार विद्यार्थी के रूप में जानी जाने लगीं | पढ़ाई के साथ-साथ पब्लिक स्पीकिंग और ड्रामा में उनकी विशेष रुचि थी | वो स्कूल में स्पीच और पब्लिक स्पीकिंग टीम का हिस्सा थीं | शीघ्र ही वह अपने समस्त शिक्षकों के बीच लोकप्रिय हो

गईं |

रेडियो समाचार वाचक बनना

हाई स्कूल के आखिरी दिनों में एक दिन वह अपनी ड्रामा क्लास में रिहर्सल कर रही थी, तब एक लोकल रेडियो स्टेशन की नजरों में आईं और उन्हे रेडियो स्टेशन में समाचार पढ़ने का प्रस्ताव मिला | यह प्रस्ताव ओपरा ने सहर्ष स्वीकार कर लिया और रेडियो के समाचार वाचक के रूप में उनका करियर प्रारंभ हो गया | किन्तु अब भी पढ़ाई उनकी पहली प्राथमिकता थी | जब उन्हे 'टिनेसी स्टेट यूनिवर्सिटी ' द्वारा छात्रवृत्ति के लिए आयोजित वाद-विवाद प्रतियोगिता के बारे में जानकारी प्राप्त हुई, तो अवसर का लाभ उठाने हुए उन्होंने प्रतियोगिता में भाग लिया और विजेता बनकर छात्रवृत्ति के लिए पात्रता हासिल कर ली | वहाँ उन्होंने स्पीच कम्यूनिकेशन और परफॉर्मींग आर्ट की पढ़ाई की | यूनिवर्सिटी के प्रथम दो वर्षों में भी रेडियो में समाचार वाचन का कार्य उन्होंने जारी रखा |

यूनिवर्सिटी में रहते हुए ही 17 वर्ष की उम्र में दो सौन्दर्य प्रतियोगिता जीतकर वे 'मिस ब्लैक नैशविले' और 'मिस टिनेसी' बन गईं | वह सौन्दर्य और बुद्धि का अद्भुत समन्वय थीं ,जिसे देखकर सी बी एस टेलीविजन ने उन्हे समाचार वाचन का प्रस्ताव भेजा, जिसे उन्होंने अस्वीकार कर दिया |

ओपरा नैशविले और टिनेसी के बाहर जॉब करना चाहती थीं | उन्हे यह अवसर बहुत जल्द मिल गया | बाल्टीमोरे, मेरीलैंड के एक टी वी चैनल के द्वारा उन्हे समाचार पढ़ने के लिए बुलाया गया | उस समय उनके ग्रेजुएशन को कुछ महीने शेष रह गए थे | लेकिन प्रस्ताव इतना आकर्षक था कि उन्होंने ग्रेडजुएशन पूर्ण किये बिना ही यह प्रस्ताव सीकार कर लिया | इस कार्य के लिए चुनी जाने वाली वह पहली अफ्रीकी-अमरीकी महिला थी | उसके बाद वो बाल्टीमोर,मेरीलैंड चली गईं |

न्यूज रिपोर्टिंग के जॉब से निकाला जाना

उस समय टी वी पर राज करने वाले गोरे-चिट्टे अमरीकी हुआ करते थे | उनके समक्ष एक अफ्रीकी-अमरीकी महिला के लिए अपनी स्थिति बना पाना कतई आसान नहीं था | उनके समाचार पढ़ने का तरीका अन्य

समाचार वाचकों से भिन्न था | वह संवेदनशील थी और हर समाचार भावनात्मक रूप से जुड़ा हुआ महसूस करती थी, जिसकी झलक उनके प्रस्तुतीकरण के अंदाज में भी दिख जाती थी | उनका समाचारों से भावनात्मक रूप से जुड़ जाना उनके बॉस को नागवार गुजर रहा था | इसलिए उन्होंने ओपरा को यह कहकर उस जॉब से निकाल दिया कि वे न्यूज रिपोर्टिंग के लायक नहीं हैं |

टाक शो के होस्ट के रूप में करियर

समाचार वाचन के जॉब से बाहर निकाल दिए जाने के बाद ग्रेजुएशन छोड़कर आई ओपरा को अपनी उम्मीदें टूटती हुई नजर आने लगीं | किन्तु किस्मत से उन्हे खुद को साबित करने का एक अवसर पुन: प्राप्त हुआ, जब उनके बॉस ने उन्हे एक टाक शो 'People Are Talking' का Co-Host बना दिया | यह टाक शो 1978 में पहली बार प्रदर्शित किया गया | यह शो करते समय ओपरा को यह एहसास हो गया कि उन्हे जीवन की राह मिल चुकी है | उन्हे समझ आ चुका था कि वह किस काम के लिए बनी हैं | 7 वर्षों तक वह इस शो की होस्ट रहीं | उसके बाद उन्होंने कभी पीछे मुड़कर नहीं देखा |

दि ओपरा विनफ्रे शो की शुरुआत

सन 1983 में ओपरा शिकागो चली गईं और WLS TV के एक प्रात:कालीन टाक शो 'AM Chicago' का प्रस्तुतीकरण करना प्रारंभ किया | उस समय डोनाहू नामक टाक शो लोकप्रियता के चार्ट में नंबर वन पर था जिसके समक्ष ओपरा के शो को आखिरी स्थान प्राप्त हुआ | जब ओपरा के समक्ष सबसे बड़ी चुनौती अपने टाक शो को सुधारने की थी | उन्होंने अपना प्रयास जारी रखा और धीरे धीरे उनके टाक शो की लोकप्रियता इतनी बढ़ गई कि इसका समय आधे घंटे से बढ़ा कर एक घंटा करना पड़ा | बाद में इसका नाम बदलकर 'दि ओपरा विनफ्रे शो कर दिया गया |

प्रारंभ में यह कार्यक्रम महिलाओं के मुद्दों पर केंद्रित था, किन्तु बाद में इसमें अन्य विषय जैसे आध्यात्मिकता,मेडिटेशन, राजनीति, चैरिटी, सामाजिक और चिकित्सा क्षेत्र से संबंधित विषय भी शामिल किये जाने लगे ,साथ ही लोकप्रियता में इजाफा करने के उद्येश्य से इसमें बुक

रिलीज,फिल्म रिलीज ,सेलीब्रेटी इंटरव्यू को भी शामिल किया गया तथा दर्शकों को लुभाने के लिए कार और ऑस्ट्रेलिया ट्रिप जैसे पुरस्कार भी दिए जाने लगे | कई विवादित मुद्दों पर भी इस कार्यक्रम में चर्चा हुई, जिससे इस टाक शो की लोकप्रियता चरम पर पहुँच गई | इस शो की सफलता से ओपरा अमरीका में ही नहीं विश्व में एक जाना माना नाम बन गईं | उनका टाक शो दो दशकों से भी अधिक समय तक चला, जिसके 24 सीजन में 5000 ब्रॉडकास्ट हुए |

पुरस्कार और अवार्ड

सन 1987 में उनके टाक शो को तीन 'Day-time Amy Award' Best Host, Best Direction, Best Talk Show के लिए मिले | आगामी वर्ष में भी उनके टाक शो को सर्वश्रेष्ठ टाक शो का डे टाइम एमी अवार्ड प्राप्त हुआ | साथ ही उन्हे अंतर्राष्ट्रीय रेडियो और टेलीविजन सोसाइटी का 'ब्रॉडकास्टर ऑफ दि ईयर अवार्ड' प्राप्त हुआ | इस पुरस्कार को पाने वाली वो सबसे युवा महिला थी|

कुल संपत्ति

जून 2016 में फोर्ब्स के द्वारा ओपरा विनफ्रे की कुल संपत्ति 3.2 बिलियन आँकी गई थी | वह न केवल सबसे अधिक पैसे कमाने वाली टी वी कलाकार हैं ,बल्कि अमरीका की सबसे अमीर सेल्फ़मेड महिला हैं और 20 वीं सदी की सबसे अमीर अफरो-अमरीकन महिला हैं |

फिल्मों में पदार्पण

टीवी के बाद ओपरा ने फिल्मों का रुख कर लिया और स्टीवन स्पीलवर्ग के साथ ऐलिस वाकर के नॉवेल पर बनी फिल्म 'The Colour Purple' में अभिनय किया | इस फिल्म में बेहतरीन अभिनय के लिए उन्हे सर्व श्रेष्ठ सहायक अभिनेत्री के ऑस्कर अवार्ड के लिए नामांकित किया गया | सन 1986 में उन्होंने अपनी प्रॉडक्सन कंपनी 'हारपो प्रॉडक्सन इंक' प्रारंभ की | सन 1988 में उनकी कंपनी ने 'दि ओपरा शो' का पूर्ण स्वामित्व और प्रॉडक्सन अधिकार प्राप्त कर लिया और इस तरह ओपरा अपना टाक शो प्रोड्यूस करने वाली इतिहास की पहली महिला बन गईं | उनकी प्रॉडक्सन कंपनी ने कई फिल्मों का भी निर्माण किया | उन फिल्मों में ओपरा ने अभिनय भी किया | उनकी प्रॉडक्सन

कंपनी द्वारा बनाई गई फिल्मों में The Women of Brewster Place, There Are no Children Here, Before Women Had Wings, Beloved प्रमुख हैं | इसके अलावा ओपरा विनफ्रे लेखन से भी जुड़ी रहीं और 5 बेस्ट सेलर पुस्तकों की Co-Author रहीं | उन्होंने दो मैगजीन 'O' The Oprah Magazine' और 'O at Home' लॉन्च की |

समाज सेवा के कार्य व सम्मान

समाज सेवा के कार्य में भी ओपरा आगे रहीं | उन्होंने जोहानसबर्ग में लड़कियों के लिए 'Oprah Winfrey Leadership Academy' स्थापित की | उनके समाज सेवा के कार्यों के कारण सन 2011 में 'Academy of motion picture arts & science' ने उन्हे विशेष Oscar 'The Jean Hersholt Humanitarian Award' प्रदान किया |

उन्हे टाइम मैगजीन द्वारा 20 वीं शताब्दी की 100 सबसे प्रभावशाली व्यक्तियों में सूचीबद्ध किया गया | सन 2003 में फोर्ब्स पत्रिका ने उन्हे विश्व के अरबपतियों की सूची में सम्मिलित किया | इस सूची में शामिल होने वाली वो पहली एफ्रो-अमेरिकन महिला हैं | सन 2013 में अमरीकी राष्ट्रपति बराक ओबामा से उन्हे देश का सर्वश्रेष्ट नागरिक सम्मान 'The Presidential Medal of Freedom' प्राप्त हुआ |

ओपरा विनफ्रे आज न केवल विश्व की एक प्रभावशाली व्यक्तित्व हैं, बल्कि एक प्रेरणा स्रोत भी हैं | जो जीवन में आए बुरे दौर , बदतर हालात, भटकाव और असफलता के बाद भी अपने जीवन में सकारात्मक परिवर्तन लाकर अपनी मेहनत तथा लगन से सफलता के शिखर तक पहुंची | आज वे सबके लिए एक मिसाल हैं |

10

मदर टेरेसा

"एक नारी ही कभी माँ, कभी पत्नी, कभी बहन तो कभी बेटी बनकर पुरुषो की सेवा करती है |"

ऐसा माना जाता है कि दुनिया में लगभग सभी इंसान सिर्फ अपने लिए जीते हैं पर मानव इतिहास में ऐसे कई इंसानों के उदहारण हैं जिन्होंने अपना तमाम जीवन परोपकार और दूसरों की सेवा में अर्पित कर दिया। मदर टेरेसा भी ऐसे ही महान लोगों में से एक हैं जो सिर्फ दूसरों के लिए जीती रहीं |उनका स्मरण होते ही हमारा हृदय श्रद्धा से भर उठता है |मदर टेरेसा एक ऐसी महान आत्मा थीं जिनका हृदय संसार के तमाम दीन-दरिद्र, बीमार, असहाय और गरीबों के लिए धड़कता था और इसी कारण उन्होंने अपना सम्पूर्ण जीवन उनके सेवा और भलाई में लगा दिया। उनका असली नाम 'अगनेस गोंझा बोयाजिजू' (Agnes Gonxha Bojaxhiu) था। अलबेनियन भाषा में गोंझा का अर्थ फूल की कली होता है। इसमें कोई दो राय नहीं है कि मदर टेरेसा एक ऐसी कली थीं जिन्होंने छोटी सी उम्र में ही गरीबों, दरिद्रों और असहायों की जिन्दगी में प्यार की खुशबू भर दी थी।

प्रारंभिक जीवन

मदर टेरेसा का जन्म 26 अगस्त, 1910 को स्कॉप्जे (अब मसेदोनिया में) में हुआ। उनके पिता निकोला बोयाजू एक साधारण व्यवसायी थे। मदर टेरेसा का वास्तविक नाम 'अगनेस गोंझा

बोयाजिजू' था। जब वह मात्र आठ साल की थीं तभी उनके पिता परलोक सिधार गए, जिसके बाद उनके लालन-पालन की सारी जिम्मेदारी उनकी माता द्राना बोयाजू के ऊपर आ गयी। वह पांच भाई-बहनों में सबसे छोटी थीं। उनके जन्म के समय उनकी बड़ी बहन की उम्र 7 साल और भाई की उम्र 2 साल थी, बाकी दो बच्चे बचपन में ही गुजर गए थे। वह एक सुन्दर, अध्ययनशील एवं परिश्रमी लड़की थीं। पढाई के साथ-साथ, गाना उन्हें बेहद पसंद था। वह और उनकी बहन पास के गिरजाघर में मुख्य गायिका थीं। ऐसा माना जाता है की जब वह मात्र बारह साल की थीं तभी उन्हें ये अनुभव हो गया था कि वो अपना सारा जीवन मानव सेवा में लगायेंगी और 18 साल की उम्र में उन्होंने 'सिस्टर्स ऑफ़ लोरेटो' में शामिल होने का फैसला ले लिया। तत्पश्चात वह आयरलैंड गयीं जहाँ उन्होंने अंग्रेजी भाषा सीखी। अंग्रेजी सीखना इसलिए जरुरी था क्योंकि 'लोरेटो' की सिस्टर्स इसी माध्यम में बच्चों को भारत में पढ़ाती थीं।

भारत आगमन

सिस्टर टेरेसा आयरलैंड से 6 जनवरी, 1929 को कोलकाता में 'लोरेटो कॉन्वेंट' पंहुचीं। वह एक अनुशासित शिक्षिका थीं और विद्यार्थी उनसे बहुत स्नेह करते थे। वर्ष 1944 में वह हेडमिस्ट्रेस बन गईं। उनका मन शिक्षण में पूरी तरह रम गया था पर उनके आस-पास फैली गरीबी, दरिद्रता और लाचारी उनके मन को बहुत अशांत करती थी। 1943 के अकाल में शहर में बड़ी संख्या में मौतें हुईं और लोग गरीबी से बेहाल हो गए। 1946 के हिन्दू-मुस्लिम दंगों ने तो कोलकाता शहर की स्थिति और भयावह बना दी।

मिशनरीज ऑफ़ चैरिटी

वर्ष 1946 में उन्होंने गरीबों, असहायों, बीमारों और लाचारों की जीवनपर्यंत मदद करने का मन बना लिया। इसके बाद मदर टेरेसा ने पटना के होली फॅमिली हॉस्पिटल से आवश्यक नर्सिंग ट्रेनिंग पूरी की और 1948 में वापस कोलकाता आ गईं और वहां से पहली बार तालतला गई, जहां वह गरीब बुजुर्गों की देखभाल करने वाली संस्था के साथ रहीं। उन्होंने मरीजों के घावों को धोया, उनकी मरहमपट्टी की और उनको दवाइयां दीं।

धीरे-धीरे उन्होंने अपने कार्य से लोगों का ध्यान अपनी ओर खींचा। इन लोगों में देश के उच्च अधिकारी और भारत के प्रधानमंत्री भी शामिल थे, जिन्होंने उनके कार्यों की सराहना की।

मदर टेरेसा के अनुसार, इस कार्य में शुरूआती दौर बहुत कठिन था। वह लोरेटो छोड़ चुकी थीं इसलिए उनके पास कोई आमदनी नहीं थी – उनको अपना पेट भरने तक के लिए दूसरों की मदद लेनी पड़ी। जीवन के इस महत्वपूर्ण पड़ाव पर उनके मन में बहुत उथल-पथल हुई, अकेलेपन का एहसास हुआ और लोरेटो की सुख-सुविधायों में वापस लौट जाने का खयाल भी आया लेकिन उन्होंने हार नहीं मानी।

7 अक्टूबर 1950 को उन्हें वैटिकन से 'मिशनरीज ऑफ़ चैरिटी' की स्थापना की अनुमति मिल गयी। इस संस्था का उद्देश्य भूखों, निर्वस्त्र, बेघर, लंगड़े-लूले, अंधों, चर्म रोग से ग्रसित और ऐसे लोगों की सहायता करना था जिनके लिए समाज में कोई जगह नहीं थी।

'मिशनरीज ऑफ़ चैरिटी' का आरम्भ मात्र 13 लोगों के साथ हुआ था पर मदर टेरेसा की मृत्यु के समय (1997) 4 हजार से भी ज्यादा 'सिस्टर्स' दुनियाभर में असहाय, बेसहारा, शरणार्थी, अंधे, बूढ़े, गरीब, बेघर, शराबी, एड्स के मरीज और प्राकृतिक आपदाओं से प्रभावित लोगों की सेवा कर रही हैं |

मदर टेरेसा ने 'निर्मल हृदय' और 'निर्मला शिशु भवन' के नाम से आश्रम खोले । 'निर्मल हृदय' का ध्येय असाध्य बीमारी से पीड़ित रोगियों व गरीबों का सेवा करना था जिन्हें समाज ने बाहर निकाल दिया हो। निर्मला शिशु भवन' की स्थापना अनाथ और बेघर बच्चों की सहायता के लिए हुई।

सच्ची लगन और मेहनत से किया गया काम कभी असफल नहीं होता, यह कहावत मदर टेरेसा के साथ सच साबित हुई। जब वह भारत आईं तो उन्होंने यहाँ बेसहारा और विकलांग बच्चों और सड़क के किनारे पड़े असहाय रोगियों की दयनीय स्थिति को अपनी आँखों से देखा। इन सब बातों ने उनके हृदय को इतना द्रवित किया कि वे उनसे मुँह मोड़ने का साहस नहीं कर सकीं। इसके पश्चात उन्होंने जनसेवा का जो व्रत लिया, जिसका पालन वो अनवरत करती रहीं।

सम्मान और पुरस्कार

मदर टेरेसा को मानवता की सेवा के लिए अनेक अंतर्राष्ट्रीय सम्मान एवं पुरस्कार प्राप्त हुए। भारत सरकार ने उन्हें पहले पद्मश्री (1962) और बाद में देश के सर्वोच्च नागरिक सम्मान 'भारत रत्न' (1980) से अलंकृत किया। संयुक्त राज्य अमेरिका ने उन्हें वर्ष 1985 में मेडल आफ़ फ्रीडम 1985 से नवाजा। मानव कल्याण के लिए किये गए कार्यों की वजह से मदर टेरेसा को 1979 में नोबेल शांति पुरस्कार मिला। उन्हें यह पुरस्कार ग़रीबों और असहायों की सहायता करने के लिए दिया गया था। मदर टेरेसा ने नोबेल पुरस्कार की 192,000 डॉलर की धन-राशि को गरीबों के लिए एक फंड के तौर पर इस्तेमाल करने का निर्णय लिया।

मृत्यु

बढती उम्र के साथ-साथ उनका स्वास्थ्य भी बिगड़ता गया। वर्ष 1983 में 73 वर्ष की आयु में उन्हें पहली बार दिल का दौरा पड़ा। उस समय मदर टेरेसा रोम में पॉप जॉन पॉल द्विवतीय से मिलने के लिए गई थीं। इसके पश्चात वर्ष 1989 में उन्हें दूसरा हृदयाघात आया और उन्हें कृत्रिम पेसमेकर लगाया गया। साल 1991 में मैक्सिको में न्यूमोनिया के बाद उनके हृदय की परेशानी और बढ़ गयी। इसके बाद उनकी सेहत लगातार गिरती रही। 13 मार्च 1997 को उन्होंने 'मिशनरीज ऑफ चैरिटी' के मुखिया का पद छोड़ दिया और 5 सितम्बर, 1997 को उनकी मौत हो गई। उनकी मौत के समय तक 'मिशनरीज ऑफ चैरिटी' में 4000 सिस्टर और 300 अन्य सहयोगी संस्थाएं काम कर रही थीं जो विश्व के 123 देशों में समाज सेवा में कार्यरत थीं। मानव सेवा और ग़रीबों की देखभाल करने वाली मदर टेरेसा को पोप जॉन पाल द्विवतीय ने 19 अक्टूबर, 2003 को रोम में "धन्य" घोषित किया।

मदर टेरेसा के अनमोल विचार

- मैं चाहती हूँ कि आप अपने पड़ोसी के बारे में चिंतित रहें। क्या आप अपने पड़ोसी को जानते हैं?
- यदि हमारे बीच शांति की कमी है तो वह इसलिए क्योंकि हम भूल गए हैं कि हम एक दूसरे से संबंधित हैं।

- यदि आप एक सौ लोगों को भोजन नहीं करा सकते हैं, तो कम से कम एक को ही करवाएं।
- यदि आप प्रेम संदेश सुनना चाहते हैं तो पहले उसे खुद भेजें। जैसे एक चिराग को जलाए रखने के लिए हमें दिए में तेल डालते रहना पड़ता है।
- अकेलापन सबसे भयानक ग़रीबी है।
- अपने क़रीबी लोगों की देखभाल कर आप प्रेम की अनुभूति कर सकते हैं।
- अकेलापन और अवांछित रहने की भावना सबसे भयानक ग़रीबी है।
- प्रेम हर मौसम में होने वाला फल है, और हर व्यक्ति के पहुंच के अन्दर है।
- आज के समाज की सबसे बड़ी बीमारी कुष्ठ रोग या तपेदिक नहीं है, बल्कि अवांछित रहने की भावना है।
- प्रेम की भूख को मिटाना, रोटी की भूख मिटाने से कहीं ज्यादा मुश्किल है।
- अनुशासन लक्ष्यों और उपलब्धि के बीच का पुल है।
- सादगी से जियें ताकि दूसरे भी जी सकें।
- प्रत्येक वस्तु जो नहीं दी गयी है खोने के सामान है।
- हम सभी महान कार्य नहीं कर सकते लेकिन हम कार्यों को प्रेम से कर सकते हैं।
- हम सभी ईश्वर के हाथ में एक कलम के सामान है।
- यह महत्वपूर्ण नहीं है आपने कितना दिया, बल्कि यह है की देते समय आपने कितने प्रेम से दिया।
- खूबसूरत लोग हमेशा अच्छे नहीं होते। लेकिन अच्छे लोग हमेशा खूबसूरत होते हैं।
- दया और प्रेम भरे शब्द छोटे हो सकते हैं लेकिन वास्तव में उनकी गूँज अन्नत होती है।
- कुछ लोग आपकी ज़िन्दगी में आशीर्वाद की तरह होते हैं तो कुछ लोग एक सबक की तरह।

11

जोसेफिन बेकर

"जब एक पुरुष अपनी शक्ति के बल पर विजय हासिल करता है, तो एक नारी अपनी सुंदरता के बल पर जीतती है |"

बेकर मूल रूप से अमेरिकी थीं | दुनिया आज भी उन्हें उनके उत्तेजक और सम्मोहक डांस परफॉर्मेंस की वजह से जानती है | जिसमें वह व्यवहारिक रूप से नग्न दिखती थीं | ऐसे में उनका नाम फ्रांस के सबसे अधिक सम्मानित और श्रेष्ठ नायकों में कैसे शामिल हो गया?

बेकर का पूरा और असली नाम फ्रेडा जोसेफ़िन मैकडोनाल्ड था | आज भी उनका नाम 20 वीं सदी के पूर्वार्ध की सबसे मशहूर कल्चरल आइकन में से एक है |लेकिन बेकर सिर्फ़ एक डांसर नहीं थीं | द्वितीय विश्व युद्ध के दौरान वह एक नायिका के तौर पर सामने आयीं और उसके बाद उनकी शख़्सियत का एक और रूप सिविल राइट एक्टिविस्ट (नागरिक अधिकार कार्यकर्ता) के तौर पर दुनिया ने देखा |अपने पूरे जीवन के दौरान बेकर ने अलग-अलग तरह की चुनौतियों का सामना किया और चुनौतियों को पार भी किया |सांस्कृतिक चुनौती से लेकर नस्लीय भेदभाव की चुनौती...हर अड़चन का उन्होंने डटकर मुक़ाबला किया |

ग़रीबी से सेलिब्रेटी बनने तक का सफ़र : बेकर का जन्म 3 जून 1906 को मिसौरी के सेंट लुइस में हुआ

था | उनका बचपन मुश्किलों में गुज़रा |उनके पिता ड्रम बजाने का काम करते थे | जब बेकर काफी छोटी थीं, तभी उनके पिता ने अपने परिवार को छोड़ दिया | इसके बाद उनकी माँ जो अश्वेत महिला थी, बच्चों के पालन पोषण के लिए लोगों के यहाँ नौकरानी और कपड़े धोने का काम करना शुरू कर दिया |परिवार की परिस्थितियां ऐसी थीं कि नन्हीं बेकर को आठ साल की उम्र में ही काम करना पड़ा | इस दौरान उन्होंने काफ़ी कुछ सहा | 14 साल की उम्र तक आते-आते उनकी शादी हो चुकी थी और वो दो बार अलग हो चुकी थीं |उनके नाम के साथ का जुड़ा सरनेम 'बेकर' उन्हें उनके दूसरे पति से मिला |

अपनी किशोरावस्था में उनकी स्थिति इस क़दर दयनीय थी कि वह सड़कों पर रहने के लिए मजबूर थीं | भूख मिटाने के लिए वो कूड़े के ढेर में फेंके गए खाने पर निर्भर थीं |

एकबार उन्होंने बताया था कि वह सेंट लुइस की सड़कों पर थीं और ज़बरदस्त ठंड थी | उनके पास खुद को ठंड से बचाने के लिए कोई साधन नहीं था, इसलिए उन्होंने डांस करना शुरू कर दिया था | लेकिन उनमें प्रतिभा थी और कुछ अनूठा भी जादू-सा जिसके बलबूते पहले वह एक वॉडेविल (एक प्रकार की नाट्य शैली) ग्रुप से जुड़ीं और उसके बाद एक डांस ग्रुप का हिस्सा बन गईं | इस डांस ग्रुप का नाम था- द डिक्सी स्टेपर्स | इस डांस ग्रुप की बदौलत वह साल 1919 में न्यूयॉर्क जाने के लिए प्रेरित हुईं |

इसके बाद उनके जीवन में एक अहम मोड़ आया | उनकी मुलाक़ात नयी प्रतिभाओं को मौक़ा देने वाले एक शख़्स से हुई, जो एक मैगज़ीन शो के लिए कलाकारों को खोज रहा था | पेरिस में यह पहला शो था जो ख़ासतौर पर अश्वेत लोगों के साथ किया जा रहा था|हर महीने एक हज़ार डॉलर के वादे के साथ बेकर फ्रांस पहुंच गईं, जहां से उनकी ज़िंदगी

हमेशा, हमेशा के लिए बदल गई |

'द बनाना डांस' :वो अप्रैल 1926 का एक दिन था, जब बेकर ने मशहूर फ़ोलिस बर्जेर में परफ़ॉर्मेंस दी | उस समय वह सिर्फ़ 19 साल की थीं |वहां उनके अनूठे शो ने पब्लिक को आश्चर्यचकित कर दिया |

बेकर ने सिर्फ़ मोती पहन रखे थे |ब्रा और केलों से बनी स्कर्ट जिस पर चमकीले पत्थर लगे हुए थे | अपने उत्तेजक डांस से उन्होंने लोगों के होश उड़ा दिये |इस डांस परफ़ॉर्मेंस के ओपनिंग शो में, उस रात बेकर को 12 बार स्टैंडिंग ओवेशन (खड़े होकर सराहना) मिली |"बनाना डांस" ने उन्हें रातोंरात सेलेब्रिटी बना दिया था |उन्होंने न केवल थिएटर में एक्टिंग और डांस किया, बल्कि चार फिल्में भी कीं |वह "मरमेड ऑफ द ट्रॉपिक्स" (1927), ज़ूज़ौ (1934), प्रिंसेस टैम टैम (1935) और फॉसे अलर्ट (1940) में नज़र आयीं | उस वक़्त के लिहाज़ से एक अश्वेत कलाकार का फ़िल्मों में नज़र आना कोई सामान्य बात नहीं थी |

यूनिवर्सिटी ऑफ़ कैलिफ़ोर्निया में अफ्रीकी और अफ्रीकी-अमेरिकी अध्ययन के लिए रिसर्च सेंटर के निदेशक और जीवनी लेखक बेनेता जूल्स रोसेट ने बीबीसी को बताया- "अगर वह अमेरिका में रहतीं तो एक अश्वेत महिला के तौर पर जो कुछ भी उन्होंने हासिल किया, वह शायद हासिल नहीं कर पातीं |"

रोसेट के मुताबिक़, बेकर में सबसे ख़ास बात यह थी कि उन्होंने कभी यह नहीं सोचा कि उनके लिए कुछ भी असंभव है |बेकर सिर्फ़ स्टेज पर या अपने परफ़ॉर्मेंस के दौरान निडर और बहादुर नहीं होती थीं | वह अपनी ज़िंदगी में भी उतनी ही बहादुर थीं |बहुत से लोग उन्हें फ़ैशन आइकन के तौर पर याद करते हैं लेकिन बहुत से लोग उन्हें दूसरी वजहों से भी याद करते हैं | फ्रांस की राजधानी की खुली सड़कों पर जब वह अपने पालतू पशु के साथ चलती थीं तो नजरें उन पर रुक जाती थीं | उनके साथ उनका पालतू पशु चीता साथ होता था |

द्वितीय विश्व युद्ध के दौरान जासूसी :जब द्वितीय विश्व युद्ध छिड़ा तो बेकर ने अपनी क़ीमती वेशभूषा को छोड़ दिया और वर्दी पहन ली |लंबे समय तक चले संघर्ष के दौरान उन्होंने फ्रेंच एयर फ्रोर्स वीमेन ऑक्ज़ीलरी में सेकेंड लेफ्टिनेंट के रूप में कार्य किया |लेकिन जैसी की

वो निडर थीं, उन्होंने अपनी शोहरत का फ़ायदा उठाया और जासूसी भी की |अपने संपर्क और मिलने वाले निमंत्रण का फ़ायदा उठाते हुए उन्होंने दुश्मन सेना की गतिविधियों के बारे में जानकारी प्राप्त की |उनके योगदान के लिए उन्हें चार्ल्स दी गॉल द्वारा लेज़न ऑफ़ ऑनर और मेडल ऑफ़ रेसिस्टेंस से सम्मानित किया गया था |

नागरिक अधिकारों के लिए उठाई आवाज़ :बेकर ने नागरिक अधिकारों के लिए भी काम किया |साल 1963 में तत्कालीन अटॉर्नी जनरल रॉबर्ट कैनेडी की मदद से अमेरिका वापस आने के बाद उन्होंने नागरिक अधिकार आंदोलन के नेता मार्टिन लूथर किंग के साथ वाशिंगटन के प्रसिद्ध मार्च में भी हिस्सा लिया |सैन्य वर्दी पहने हुए वह एकमात्र महिला थीं, जिन्होंने लोगों को संबोधित किया था|

आख़िरी समय :अपने समय में दुनिया की सबसे अमीर अश्वेत महिला रहीं बेकर अपनी ज़िंदगी के आख़िर के सालों में दिवालिया हो गई थीं |साल 1975 में स्ट्रोक के कारण उनकी मौत हो गई | उनके अंतिम संस्कार के दौरान उन्हें सैन्य सम्मान के साथ विदाई दी गई |

12

अन्ना चैपमैन

विश्व में कोई वस्तु इतनी मनोहर नहीं, जितनी की सुशील और सुंदर नारी होती है,जिसके आगे सभी पिघल जाते हैं |

करीब 26 साल की एक खूबसूरत लड़की , खूबसूरत इतनी कि फिल्म की हीरोइनें भी फीकी पड़ जाएं। एक रियल इस्टेट कंपनी की सीइओ बन जाती है। ये काम तो उसका दिखावा है। दरअसल वो एक अंडरकवर एजेंट है। कॉरपोरेट हस्ती बन कर उसे एक बड़े जासूसी अभियान को अंजाम देना है। खबूसरती को हथियार बना कर वो बड़े-बड़े उद्योगपतियों से मेलजोल बढ़ाती है। एक दिन वह अपनी जाल में एक मंत्री को फांस लेती है। रूपजाल में फंसे मंत्री महोदय उसके लिए कुछ भी करने को तैयार हो जाते हैं । किसी के साथ रात गुजार कर खुफिया जानकारी हासिल करने में उसे कोई गुरेज नहीं। लेकिन एक दिन उसका भेद खुल गया। वह गिरफ्तार हो गयी। लेकिन कोई फर्क नहीं पड़ा। बदनाम होकर भी वह मशहूर हो गयी। एक साल बाद ही यह लड़की मशहूर मॉडल और फैशन आइकॉन बन गयी। फिर वह टेलीविजन की प्रोग्राम प्रजेंटर और एंकर बन जाती है। उसकी खूबसूरती का जलवा आज भी बरकार है। कोरोना महामारी के बीच वह टेलीविजन पर लोगों से वैक्सीन लेने की अपील करती नजर आ रही है। वह लोगों से अपील कर रही है, कुछ देशों में कोरोना की तीसरी लहर भी आ पहुंची है। इसके बाद क्या होगा ? चौथी और पांचवी लहर भी आएगी ? इसलिए बेहतर है कि

कोरोना का टीका लेकर खुद को सुरक्षित बनाइए। जासूसी अभियान के लिए शादी की |इस खूबसूरत महिला जासूस का नाम है अन्ना चैपमैन। अन्ना अब 39 साल की हो चुकी हैं । वे रूस के रेन टीवी (REN TV) की चर्चित एंकर और होस्ट हैं।

कहानी शुरू होती है 2001 से। अन्ना के पिता वेसिली खुश्चेन्को रूसी जासूसी संस्था केजीबी के एजेंट थे। उनको राजनयिक बना कर रूस ने कई देशों के दूतावास में तैनात किया। अन्ना पढ़ाई में बहुत तेज थी। उसने मास्को यूनिवर्सिटी से इकॉनोमिक्स में पोस्टग्रेजुएशन किया था और फर्स्ट क्लास हासिल की थी। 2001 में अन्ना लंदन के एक रेव पार्टी में शामिल हुई थी। यहां उसकी मुलाकात एलेक्स चैपमैन से हुई। दोनों में दोस्ती हुई। उस समय अन्ना की उम्र सिर्फ 19 साल थी। फिर उन्होंने शादी कर ली। इस शादी से अन्ना को फायदा ये हुआ कि उसे ब्रिटेन की नागरिकता मिल गयी। कुछ दिन एलेक्स और अन्ना रूस में रहे। अन्ना के पिता वेसिली जासूस थे। इसलिए वे एलेक्स से बहुत दूरी बना कर रखते थे। 2003 में अन्ना अपने पति के साथ लंदन आ गयी। अन्ना ने कुछ समय बार्कलेज बैंक और नेटजेट में काम किया। 2006 में अन्ना और एलेक्स का तलाक हो गया। दरअसर सब कुछ एक प्लान के तहत किया गया था। अन्ना ने केवल ब्रिटिश नागरिकता हासिल करने के लिए एलेक्स से शादी की थी ताकि वह आसानी से अमेरिका पहुंच जाए। अन्ना की मंजिल तो कुछ और थी।

सुंदरता को बनाया हथियार 2009 में अन्ना चैपमैन न्यूयॉर्क पहुंची। तलाक के बाद भी उसने अपना सरनेम चैपमैन रखा हुआ था। उसे ब्रिटिश नागरिकता हासिल थी। ब्रिटिश नागरिक होने के चलते उसका न्यूयॉर्क में रहना आसान हो गया। वह इकोनोमिक्स की अच्छी छात्रा रह चुकी थी। बला की खूबसूरत थी। न्यूयॉर्क की एक रियल एस्टेट कंपनी में वह सीइओ बन गयी। तब वह 27 साल की थी। उसकी सुंदरता में एक सम्मोहन शक्ति थी जिससे सांभ्रांत लोग भी उसकी तरफ खींचे चले आते। वह बड़ी-बड़ी कॉरपोरेट पार्टियों में शिरकत करने लगी। उद्योगपतियों, बैंकरों और प्रभावशाली लोगों से उसका परिचय घनिष्ठ होता गया। उस समय बराक ओबामा अमेरिका के राष्ट्रपति

थी। अन्ना ने अपनी सुंदरता को अपना हथियार बनाया। इस हथियार के बल पर उसने कई बड़े लोगों को अपनी मुट्ठी में कर लिया। वह अपने जासूसी अभियान के अहम पड़ाव पर पहुंच चुकी थी। एक दिन उसने मौका देख कर बराक ओबामा के एक मंत्री को अपनी सुंदरता के जाल में फांस लिया। उसे अमेरिका की खुफिया जानकारी मिलने लगी। अन्ना के पास एक विशेष कनफिगरेशन वाला लैटटॉप था। वह अपने हैंडलर को कोडवर्ड में संदेश भेजती। संदेश भेजने के लिए वह ऐसी जगहों का इस्तेमाल करती कि ताकि किसी को शक न हो। एक बार उसने संदेश भेजने के लिए एक डिपार्टमेंटर स्टोर को चुना। उसने स्टोर के बाहर अपना लैपटॉप खोला और गोपनीय सूचनाएं रूसी एजेंटों तक पहुंचा दी। एक दिन अमेरिका की संघीय खुफिया संस्था एफबीआइ के जासूसों ने एक रेडियो संदेश को इंटरसेप्ट किया। बहुत मेहनत के बाद जब इसे डीकोड किया गया तो रूसी जासूसों के जाल का की आंशिक जानकारी मिली। तब ओबामा कैबिनेट के मंत्री से अन्ना की नजदीकी खटकने लगी। अमेरिकी खुफिया अधिकारियों ने अन्ना की निगरानी बढ़ा दी। एफबीआइ के एक जासूस को रूसी कंसुलेट का कर्मचारी बता कर अन्ना से दोस्ती बढ़ाने के लिए कहा गया। इस तरह अन्ना की टीम में एक भेदिया प्लांट किया गया जिसने उसके लैपटॉप में कुछ तकनीकी दिक्कतें पैदा कर दीं। इस लैटटॉप ने ही अन्ना का भेद खोल दिया। कहा जाता है कि शीतयुद्ध के बाद अमेरिका के खिलाफ रूस का यह सबसे बड़ा जासूसी अभियान था। प्लेब्वॉय में न्यूड तस्वीरें, फिर बनी टीवी एंकर | 27 जून 2010 को अन्ना चैपमैन और उसके नौ साथियों को न्यूयॉर्क में गिरफ्तार कर लिया गया। कुछ दिनों तक वह जेल में रही। इसके बाद रूस और अमेरिका में कैदियों की अदला-बदली के लिए एक समझौता हुआ। तटस्थ स्थान के रूप में आस्ट्रिया की राजधानी वियाना को चुना गया। 8 जुलाई 2010 को रूस और अमेरिका से कैदियों को लेकर विशेष चार्टेड विमान वियाना पहुंचा। अन्ना चैपमैन भी इसमें एक थी। अन्ना वियाना से मास्को पहुंची। कहा जाता है कि अन्ना चैपमैन रूस के राष्ट्रपति ब्लादिमीर पुतिन की सबसे खास जासूस थी। अमेरिका में गिरफ्तारी के बाद अन्ना रूस में किसी सेलिब्रिटी की तरह हो गयी

थी। वह सुंदर तो थी ही। अब रूसी उसे राष्ट्रभक्त मानने लगे। उसने एक फैशन मॉडल के रूप में व्यवसायिक जीवन शुरू किया। रैम्प वाक के लिए विदेश भी जाने लगी।

एक साल बाद यानी 2011 में अन्ना ने धमाका कर दिया। एडल्ट मैगजीन प्लेब्वॉय में इसकी न्यूड तस्वीरें प्रकाशित हुईं। फिर मैक्सिम मैगजीन के रूसी संस्करण के पहले पन्ने पर उसकी एक तस्वीर प्रकाशित हुई। इस तस्वीर में वह बिकनी पहने हुए थी और हाथ में पिस्तौल थाम रखी थी। वैसे जैसे कि वह जेम्स बॉन्ड गर्ल हो। फिर तो तहलका मच गया। इसके बाद रेन टीवी में वह कार्यक्रम पेश करने लगी। रेन टीवी पर ब्लादिमीर पुतीन का प्रभाव है। अन्ना 39 साल की हो चुकी है। लेकिन उसकी खूबसूरती का जादू आज भी बरकरार है। कोरोन से बचाव के लिए अगर रूस में टीका लेने वालों की संख्या बढ़ी है तो इसमें अन्ना चैपमैन की भी बड़ी भूमिका है। अप्सरा सी सुंदर इस महिला को लोग देशभक्त मानते हैं । टीवी पर टीका लेने की उसकी अपील, बेहद असरदार रही है।

13

माता हरी

"आप अपने फर्ज से मुख मोड़ सकते है लेकिन एक स्त्री दुखों की सीमा पार करके भी अपने फर्ज को कभी अधूरा नही छोडती हैं |"

मार्गरेट गीर्तोईदा जेले उर्फ माता हरी जासूसी की दुनिया का सबसे मशहूर नाम है। 7 अगस्त 1876 को नीदरलैंड में पैदा हुई और पेरिस में पली-बढ़ीं मार्गरेट जेले उर्फ माता हरी को 15 अक्टूबर, 1917 को गोलियों से भून दिया गया था। माता हरी को जर्मनी के लिए जासूसी करने के आरोप में मारा गया। लेकिन, सच तो यह है कि दुनिया कभी जान ही नहीं पाई कि वो फ्रैंच जासूस थी, या जर्मन।

कई प्रभावशाली व्यक्तियों से संबंध रहे :माता हरी एक एक बेहतरीन डांसर भी थी, जो इसका पेशा था। पहले विश्व युद्ध के समय तक वह पेरिस में एक डांसर और स्ट्रिपर के रूप में मशहूर हो गई थीं। उनका कार्यक्रम देखने कई देशों के लोग और सेना के बड़े अधिकारी पहुंचा करते थे। इसी मेलजोल के दौरान गुप्त जानकारियां एक से दूसरे पक्ष को देने का सिलसिला चलने लगा। पेरिस में उन्होंने अपनी मोहक अदाओं से लोगों को मंत्रमुग्ध कर दिया था और उनका नाम लोगों की जुबान पर चढ़ गया। इस दौरान माता हरी के कई शीर्षस्थ सैन्य अधिकारियों, राजनेताओं और अन्य प्रभावशाली व्यक्तियों से संबंध रहे, जिनमें जर्मन प्रिंस भी शामिल थे।

पैसों के लालच में बन गई थी डबल एजेंट :माता हरी की शादी नीदरलैंड की शाही सेना के एक अधिकारी से हुई थी, जो इंडोनेशिया में तैनात था। दोनों तत्कालीन डच ईस्ट इंडीज के द्वीप जावा में रह रहे थे। इंडोनेशिया में ही वो एक डांस कंपनी में शामिल हो गई और अपना नाम बदलकर माता हरी कर लिया। नीदरलैंड्स लौटने के बाद 1907 में माता हरी ने अपने पति को तलाक दे दिया और पेशेवर डांसर के रूप में पेरिस चली गई। पेरिस में माता हरी एक साल तक एक फ्रेंच राजनीतिज्ञ की रखैल बनकर रही। इसी दौरान फ्रेंच सरकार ने माता हरी को जासूसी करने के लिए राजी कर लिया। इसके बदले में उसे अच्छी खासी रकम दी गई। फ्रेंच सरकार ने प्रथम विश्वयुद्ध के समय माता हरी को हथियार

बना कर जर्मन मिलिट्री ऑफिसर्स की कई महत्वपूर्ण जानकारियां हासिल की थीं। लेकिन, माता हरी की पैसों की भूख बहुत बढ़ चुकी थी। उसने फ्रांस सरकार की भी जानकारी जर्मनी सरकार को देनी शुरू कर दी। यह बात फ्रांस के खूफिया डिपार्टमेंट को पता चल गई थी।

1917 को उनके होटल रूम से अरेस्ट किया गया :सन् 1917 में फ्रांस में माता हरी को अरेस्ट किया गया। इस दौरान माता हरी ने खुद को फ्रांसीसी जासूस के तौर पर पेश किया, लेकिन उनका झूठ पकड़ा गया। फ्रांसीसी सेना ने स्पेन की राजधानी मैड्रिड से जर्मनी की राजधानी बर्लिन भेजे जा रहे उन संदेशों को पकड़ा, जिसमें कहा गया था कि उन्हें एच-21 से सटीक जानकारियां मिल रही हैं। इसके बाद फ्रांसीसी सेना ने एच-21 की पहचान माता हरी के रूप में की। और उन्हें पेरिस में 13 फरवरी, 1917 को उनके होटल रूम से अरेस्ट कर लिया गया। इसके बाद उन्हें 50 हजार लोगों के मौत का जिम्मेदार ठहराया गया और 15 सितंबर, 1917 में गोलियों से भूनकर मौत देने की सजा मिली। माता हरी के मरने के बाद भी ये साफ नहीं हो सका कि वो किस देश के लिए जासूसी कर रही थी। माता हरी डांस, सेक्स और सीक्रेट डीलिंग का खेल खेलते हुए 41 की उम्र में अपनी जान से हाथ धो बैठी।

भून दिया गया था गोलियों से :फ्रांसीसी और ब्रिटिश खुफिया तंत्र को शक था कि माता हरी जर्मनी के लिए जासूसी करती हैं, लेकिन उनके पास कोई सबूत नहीं थे। हालांकि, इसके बावजूद उन पर डबल एजेंट

होने का आरोप लगाया गया और फ्रांस में फायरिंग स्क्वैड द्वारा उन्हे गोलियों से भून दिया गया। उनका अंतिम संस्कार करने उनके परिवार का कोई भी व्यक्ति सामने नहीं आया। माता हरी के जीवनी लेखक रसेल वारेन हाउ ने 1985 में फ्रांसीसी सरकार को यह मानने को राजी कर लिया कि वह निर्दोष थीं।

14

आंग सान सू की

"स्त्री पृथ्वी की भांति धैर्यवान है, शांतिसम्पन्न है, सहिष्णु है।"
-प्रेमचंद

आंग सान सू की का जन्म 19 जून 1945 को रंगून ब्रिटिश बर्मा में हुआ था। उनके पिता का नाम औंग सैन था, उन्होंने आधुनिक बर्मा सेना की स्थापना की थी और 1947 में ब्रिटिश साम्राज्य से बर्मा की स्वतंत्रता के लिये महत्वपूर्ण भूमिका निभाई थी। लेकिन इस महान व्यक्ति की उसी वर्ष 1947 मे उनके प्रतिद्वंदिवयों द्वारा हत्या करा दी गई थी। आंग सान सू की की माँ का नाम खिन की था। उन्होंने वर्मा के राजदूत के रूप मे कई वर्षों तक काम किया।

आंग सान सू की की शिक्षा

आंग सान सू की अपनी माँ के साथ रहती थी, उनकी माँ राजदूत थी इसलिए उन्हें कई देशों मे रहना पड़ता था। इसलिए आंग सान सू की ने कई देशों मे शिक्षा प्राप्त की। उन्होंने मेथोडिस्ट इंग्लिश हाई स्कूल से प्राथमिक शिक्षा प्राप्त की। 1960 में उनकी माँ वर्मा की राजदूत के रूप मे भारत आई। आंग सान सू की भी अपनी माँ

के साथ भारत आई। फिर उन्होंने नई दिल्ली के जीसस और मैरी स्कूल से अपनी स्कूल की शिक्षा पूरी की थी। और 1964 में उन्होंने श्री राम कॉलेज से राजनीति शास्त्र में स्नातक डिग्री हासिल की।

1967 में उन्होंने ऑक्सफ़ोर्ड सेंट ह्यूज कॉलेज से दर्शनशास्त्र, राजनीति शास्त्र और अर्थशास्त्र में बी ए किया। और 1968 में उन्होंने राजनीतिक शास्त्र मे एम ए डिग्री के साथ स्नातक की उपाधि प्राप्त की।

एम ए डिग्री हासिल करने के बाद वह न्यूयॉर्क चली गईं। वहां उन्होंने संयुक्त राष्ट्र में तीन वर्षों तक काम किया। संयुक्त राष्ट्र में तीन वर्षों तक काम करने के बाद वह भारत वापस आ गईं और फिर उन्होंने भारत के शिमला में इंडियन इंस्टीट्यूट ऑफ एडवांस्ड स्टडीज मे पढ़ाया।

आंग सान सू की का राजनैतिक कैरियर

1962 में तानाशाह यू विन ने वर्मा में सेना के साथ मिलकर सरकार का तख्ता पलट कर दिया और सत्ता पर काबिज हो गए | उन्होंने बहुत क्रूर तरीके से देश मे राज किया। फिर 1988 मे उन्होंने सेना के हांथो पूरी सत्ता देकर इस्तीफा दे दिया।

सन 1988 में जब आंग सान सू की की माँ बीमार थी तब वह वर्मा लौट आईं फिर उन्होंने लोकतंत्र समर्थक आंदोलन का नेतृत्व किया। 26 अगस्त 1988 को, उन्होंने राजधानी में श्वेडेगन पगोडा के सामने एक जन रैली में लगभग 5 लाख लोगों को संबोधित किया, एक लोकतांत्रिक सरकार की मांग की।

सन 1988 मे सेना का सामना करने के बाद उन्होंने बर्मा सोशलिस्ट प्रोग्राम पार्टी (बीएसपीपी) की स्थापना की | फिर सैन्य सरकार ने बीएसपीपी संगठन को खत्म करने के लिये सारी हदे पार कर दी। लेकिन जनता के भारी समर्थन के कारण वह आंग सान सू की के संगठन को खत्म नहीं कर पाये।

अब आंग सान सू की समझ गई थी कि बिना राजनीति मे आये वह सेना का सामना नहीं कर सकती इसलिए उन्होंने 27 सितंबर 1988 को राष्ट्रीय लीग फॉर डेमोक्रेसी नाम की नई पार्टी की स्थापना में मदद की, लेकिन 20 जुलाई 1989 को उन्हें घर मे नजरबंद कर लिया गया ।

आंग सान सू की को किया गया नजरबन्द

सन 1990 मे आंग सान सू की के दबाव मे आकर सेना ने चुनाव कराया, लेकिन आंग सान सू की पार्टी की बढ़त को देखते हुए सैन्य सरकार ने चुनाव परिणामों को खारिज कर दिया। क्योंकि सेना ने चुनाव मे अपने लोगों को जिताने के लिये हर हथकंडे अपनाये थे।फिर सैन्य सरकार ने आंग सान सू की को उसी साल घर मे नजरबन्द कर दिया उनका कोई पता नहीं चल रहा था। आंग सान सू की ने महात्मा गांधी के अहिंसा के रास्ते को अपनाया और देश के अंदर लोकतंत्र की बहाली के लिए बिना कोई हिंसा किये लड़ती रही। आखिर सेना ने जनता और अंतराष्ट्रीय दबाव मे आकर उन्हें छोड़ दिया, लेकिन उनके सामने देश छोड़ कर चले जाने की सर्त रख दी पर उन्होंने देश छोड़ने से साफ इंकार कर दिया तो उन्हें फिर जेल मे डाल दिया गया।

सू की को जुलाई 1995 में रिहा किया गया लेकिन उनपर पाबंदियां भी लगाई गईं। वह रंगून से बाहर नहीं जा सकती थीं। साल 1999 में उनके पति माइकल ऐरिस की इंग्लैंड में मृत्यु हो गई | म्यांमार सरकार ने माइकल ऐरिस की सू की से मिलने की अंतिम इच्छा को ठुकरा दिया | सरकार का कहना था कि सू की ऐरिस से मिलने चली जाएं। लेकिन सू की नहीं गईं वे घर पर ही रहीं। सू की को इस बात का डर था कि अगर वे चली गईं तब उनको वापिस म्यांमार में आने नहीं दिया जाएगा।

रंगून से बाहर जाने के प्रतिबंध का पालन न करने को लेकर सैन्य सरकार ने सितंबर 2000 में एक बार फिर सू की को नजरबंद कर दिया और वह मई 2002 तक नजरबंद रहीं। चंद महीनों के लिए उन्हे छोड़ा गया | सैन्य सरकार के खिलाफ म्यांमार में बढ़ते विरोध को देखते हुए साल 2003 में सू की को फिर से नजरबंद किया गया। हालांकि, अब अंतरराष्ट्रीय समुदाय में उनकी रिहाई की मांग उठने लगी थीं। साल 2009 में संयुक्त राष्ट्र ने घोषणा की थी कि सू की को हिरासत में रखना

म्यांमार के अपने कानून के ही खिलाफ बताया। फिर सेना कई सालों तक सरकार चलाती रही लेकिन फिर वर्मा की जनता और दुनिया के दबाव मे आकर 13 नवंबर 2010 को आंग सान सू की को छोड़ना ही पड़ा। क्योंकी यह तारीख अगस्त 2009 में अदालत के फैसले के मुताबिक उनकी हिरासत समाप्त होने की तारीख थी।

साल 2011 में सू की पर लगी पाबंदियों में कुछ ढील दी गई और वह अब कुछ लोगों से मिल सकती थीं। हालांकि, यह ढील धीरे-धीरे और बढ़ाई गई और सू की कहीं यात्रा भी कर सकती थीं।

आंग सान सू की का लंबा संघर्ष

आंग सान सू की ने उनके शुरुआती राजनैतिक कैरियर के 21 साल मे से 15 साल घर मे नजरबंद या जेल मे बिताये। जिसके दौरान उन्हें अपने पार्टी समर्थकों और अंतरराष्ट्रीय समूह के लोगो से मिलने से रोका गया था। मीडिया को भी आंग सान सू की के पास जाने से रोका गया था।

आंग सान सू की को पूरे यूरोप, ऑस्ट्रेलिया और अमेरिका, भारत, इज़राइल, जापान,फिलीपींस और दक्षिण कोरिया से मुखर समर्थन मिला था।

जेल से छूटने के बाद आंग सान सू की का राजनैतिक जीवन

नजर बन्द से रिहा होने के बाद जब वह पहली बार जनता के सामने आई तो जनता और समर्थकों की खुशी का कोई ठिकान नहीं था। नवंबर 2011 में उन्होंने देश के बड़े-बड़े नेताओं के साथ एक मीटिंग की जिसमे उन्होंने फैसला लिया की उनकी पुरानी पार्टी 'एनएलडी' जिसे सेना ने खत्म कर दिया था, उसका फिर पंजीकरण किया जायेगा।

1 अप्रैल 2012 को लम्बे संघर्ष के बाद उनकी पार्टी ने चुनाव जीता, लेकिन वह अभी भी देश की सर्वोच्च नेता नहीं बन सकती थी क्योंकि सेना की समर्थित सरकार ने 2008 मे एक ऐसा कानून बनाया था जिससे आंग सान सू की कभी राष्ट्रपति ना बन पाये। सैन्य सरकार ने कानून बनाया था की म्यांमार की कोई महिला किसी विदेशी व्यक्ति से शादी

करती है तो वह महिला कभी राष्ट्रपति नहीं बन सकती थी। इसलिए 2 मई 2012 को उनके भरोसेमंद व्यक्ति सु क्यूई ने पद संभाला।

फिर म्यांमार मे 8 नवंबर 2015 को संसदीय चुनाव हुआ, जिसे दशकों में सबसे खुली मतदान प्रक्रिया के रूप में देखा गया था। सरकार बनने के शुरुआती दौर में सू की ने ऊर्जा, शिक्षा, विदेश और राष्ट्रपति के मंत्री का कार्यभार संभाला। हालांकि, कुछ समय बाद ही उन्होंने दो मंत्रालय छोड़ दिए। इसके बाद म्यांमार के कानून में बदलाव करके सू की को स्टेट काउंसलर बनाया गया। यह पद प्रधानमंत्री के जैसा था और इस पद पर बैठे व्यक्ति को राष्ट्रपति से ज्यादा ताकत दी गई। सू की के लिए नया पद बनाना सेना को रास नहीं आया और उसने इसका विरोध किया।

इस चुनाव से पहले ही आंग सान सू की ने घोषणा कर दी थी वह भले ही वह संवैधानिक रूप से राष्ट्रपति पद से प्रतिबंधित हैं, फिर भी वह किसी भी एनएलडी पार्टी की अगुआई वाली सरकार में असली शक्ति अपने पास रखेगी। इसलिए म्यांमार कि जनता ने उनकी पार्टी को भरपूर समर्थन दिया जिससे इस चुनाव मे आंग सान सू की कि पार्टी 664 सीटों की संसद में 378 सीटों पर जीत कर बहुमत हासिल करने मे सफल रही। लेकिन अभी भी 2008 के संविधान के तहत बनाये गये कानून के तहत कोई कानून बनाने या खत्म करने के लिये, किसी भी पार्टी को दोनों सदनों में दो तिहाई बहुमत हासिल करने की आवश्यकता थी।

एनएलडी पार्टी के पास निम्न सदन मे तो बहुमत था लेकिन उच्च सदन मे नहीं इसलिए आंग सान सू की अभी भी राष्ट्रपति नहीं बन सकती थी। तो इस बार उन्होंने हितिन क्यॉ को राष्ट्रपति बनाया और उनकी सरकार मे खुद शिक्षा और विदेश मंत्री बन गईं। लेकिन सेना ने 2020 मे फिर से तख्तापलट करके आंग सान सू की को नजर बन्द कर दिया।

आंग सान सू की को प्राप्त पुरस्कार और सम्मान

आंग सान सू की को 1990 में स्वतंत्रता की लड़ाई शांति पूर्वक लड़ने के लिए सखारोव पुरस्कार दिया गया। 1991 मे नोबेल शांति पुरस्कार से सम्मानित किया गया था जो उनके बेटों अलेक्जेंडर और किम ने उनकी

ओर स्वीकार किया था क्योंकि उस समय वो बर्मा में नजरबंद थीं |

रोहिंग्याओं के साथ बर्बरता ने छवि को पहुंचाया नुकसान

मानवाधिकारों की पैरोकार सू की जब खुद सत्ता में आईं तो देश के रखाइन राज्य में रोहिंग्या मुसलमानों के साथ सेना की बर्बरता जारी रही। साल 2016 से 2017 के बीच रोहिंग्या मुस्लिमों ने सेना पर हमले किए जिसके बाद रोहिंग्याओं के खिलाफ सेना ने व्यापक अभियान चलाया और नतीजतन लाखों-करोड़ों रोहिंग्या देश से भागने लगे। इस मुद्दे पर सू की ने चुप्पी साधे रखी जिसकी वजह से कई संगठनों ने उन्हें दिए पुरस्कार तक वापस लेने की घोषणा कर दी। उनसे नोबेल पुरस्कार वापस लिए जाने की भी मांग होने लगी लेकिन ऐसा हुआ नहीं।

15

इमा कैथल

"यदि कहीं कठोर अत्याचार और दुर्व्यहार के बदले में भी स्नेह और प्रेम हो सकता है, तो वह स्त्रियों में हो सकता है|" -शरतचन्द्र

म्यांमार सीमा से सिर्फ़ 65 किलोमीटर पहले उत्तर-पूर्व के एक दूर-दराज़ के कोने में अनूठा बाज़ार लगता है, इसका नाम है इमा कैथल। इंफाल में इमा कैथल या मदर्स मार्केट को कम से कम 4,000 महिलाएं चलाती हैं | यहाँ इन महिलाओं को इमा कहा जाता है | यह एशिया का या शायद पूरी दुनिया का ऐसा सबसे बड़ा बाज़ार है जिसे सिर्फ़ महिलाएं चलाती हैं | लेकिन इमा कैथल की सबसे अनोखी बात यह नहीं है | बाज़ार चलाने वाली महिलाओं के नेतृत्व में यह बाज़ार मणिपुरी महिलाओं की सामाजिक और राजनीतिक सक्रियता का केंद्र है |ऐसा क्यों है, इसे समझने के लिए यहां के अतीत के बारे में थोड़ी जानकारी ज़रूरी है |

यहां महिलाओं की चलती है |लकदक हरी पहाड़ियों से घिरे मणिपुर में कभी कंगलीपक साम्राज्य फला-फूला था, जो 33 ईशा पूर्व से लेकर 19 वीं सदी तक रहा | अंग्रेज़ी शासन ने इसे रियासत में तब्दील कर दिया |मणिपुरी लोगों को बहुत कम उम्र से ही निडर योद्धाओं के रूप में प्रशिक्षित किया जाता था और उन्हें साम्राज्य की सीमा पर तैनात किया जाता था |ज़िंदगी के बाकी सभी काम महिलाओं के हिस्से में थे | यही मणिपुर के समतावादी समाज की नींव में है, जो आज भी मौजूद है |

यहां सबका स्वागत है

मेहमानों के लिए इमा कैथल का माहौल दोस्ताना है | अगर कोई यहां की इमाओं से निजी तौर पर मिलना चाहे तो उसका भी स्वागत होता है |एक महिला ने मेरा हाथ पकड़ लिया | उसने मेरी आंखों में झांककर देखा और स्थानीय मैतेई भाषा में प्यार से कुछ बोला, जिसका मतलब था, "मैं बहुत खुश हूं कि तुम यहां आए हो, शुक्रिया, शुक्रिया |"यहां आना एक सकारात्मक असर छोड़ता है, ख़ासकर इमाओं से मुलाक़ात और उनकी कहानियां सुनने के बाद, जिसके लिए वे हरदम तैयार रहती हैं |

दोस्ताना माहौल

इमाओं की ताक़त का अंदाज़ा उनके बैठने के तरीके और उनकी बॉडी लैंग्वेज से ही लग जाता है|वे ऊंचे प्लेटफॉर्म पर पैर मोड़कर बैठती हैं और अपनी जांघों पर कोहनी टिकाकर आगे को झुकी रहती हैं |वे आने-जाने वालों से आंखें मिलाकर बातें करती हैं और मज़ाक करने में भी उन्हें कोई हिचक नहीं होती | यहां पुरुष कम ही दिखते हैं |यह बाज़ार तीन बड़ी दो-मंजिला इमारतों में लगता है, जिनकी छतें मणिपुरी शैली की हैं | यहां खाने-पीने की चीज़ों और कपड़े की दुकानें ज़्यादा है | बाज़ार में हलचल कम हो तो यहां की इमाएं लूडो खेलती हुई दिखती हैं, जो उनका पसंदीदा टाइमपास खेल है |

प्रगतिशील बाज़ार

हाथ से बुने स्कार्फ और सरोंग के ढेर के बीच बैठी थाबातोंबी चंथम 16 वीं सदी में इस बाज़ार की शुरुआत को याद करती हैं | मणिपुर में मुद्रा के चलन से पहले इस बाज़ार में वस्तु विनिमय होता था | चावल की बोरियों के बदले मछली, बर्तन और शादी के कपड़े ख़रीदे जाते थे |

2003 में राज्य सरकार ने इमा कैथल की जगह एक आधुनिक शॉपिंग सेंटर बनाने की घोषणा की थी | नई सदी में इस बाज़ार के लिए वह पहला मौका था जब यहां विरोध का झंडा बुलंद हुआ | इमाओं ने रात भर धरना दिया, जिसके बाद सरकार को अपनी योजना रद्द करनी पड़ी

बाज़ारके ठीक बाहर

इमा कैथल की तीन इमारतों के ठीक बाहर सैकड़ों दूसरी महिलाएं बैठती हैं | वे फल, सब्जियां, जड़ी-बूटियां और सुखाई हुई मछलियां बेचती हैं, जो मणिपुरी खान-पान का अहम हिस्सा हैं |

मिर्च और सब्जियों को मसलकर तीखी चटनी इरोंबा बनाई जाती है | मछलियों के साथ उसकी गंध आसपास की गलियों तक फैली रहती है |बाज़ार के बाहर बैठी इन महिलाओं के पास इमा कैथल में दुकान लगाने का लाइसेंस नहीं होता, इसलिए उनको चौकन्ना रहना पड़ता है |चैंथम कहती हैं, "पुलिसवाले उनको गिरफ़्तार नहीं करते या जुर्माना नहीं लगाते, बल्कि वे उनके सामान को बिखेर देते हैं |"मैंने नालियों में कुछ ताजे दिखने वाले सेब देखे थे | हो सकता है कि वे ऐसे ही किसी झगड़े के सबूत हों |

सम्मान का प्रदर्शन

चैंथम मुझे बाज़ार की 4,000 महिलाओं के मुख्य संगठन ख्वैरम्बंद नूरी कैथल को चलाने वाली इमाओं से मिलाने को तैयार हो जाती हैं | वह ख़ुद भी इस संगठन की कार्यकारी सदस्य हैं |

एक बिल्डिंग की ऊपरी मंज़िल पर उनका दफ़्तर है | दरवाज़े के बाहर एक आदमी झपकी ले रहा है | मंगोनगांबी तोंगब्रम नाम की एक इमा उसे जगने और जगह खाली करने का आदेश देती हैं| वह झटके से उठ खड़ा होता है और सिर झुकाकर माफ़ी मांगता है | यह सम्मानित व्यक्ति के प्रति सम्मान दिखाना है |

सशक्त आवाज़

60 साल की शांति क्षेत्रीमयम ख्वैरम्बंद नूरी कैथल की अध्यक्ष हैं | वह 4 बच्चों की मां हैं |वह कहती हैं, "मुझे लोकतांत्रिक तरीके से 4,000 महिलाओं का प्रतिनिधित्व करने के लिए चुना गया था क्यों? मेरी सशक्त आवाज़ के कारण |" जब क्षेत्रीमयम बोलती हैं तो सभी इमाएं उनको सुनती हैं | वह साफ़ कर देती हैं कि इमाएं बाज़ार में और

पूरे मणिपुर में कोई अंतर नहीं करतीं|जो चीज़ राज्य के लिए अहम है, वे उसके लिए भी संघर्ष करती हैं | जब उनसे इमाओं के सबसे प्रमुख आंदोलन के बारे में पूछा गया तो उन्होंने एक कहानी सुनाई |

सन 1958 में उत्तर-पूर्व के अलगाववादी और बाग़ी शक्तियों को काबू में रखने के लिए भारत सरकार ने सशस्त्र बल (विशेष अधिकार) क़ानून यानी अफ़सपा बनाया था |इससे यहां के अर्धसैनिक संगठन असम राइफ़ल्स को विशेष अधिकार मिल गए | उसने अफ़सपा क़ानून को गोली मार देने का लाइसेंस समझ लिया | उस पर इन अधिकारों के दुरुपयोग के कई आरोप लगे |

2004 तक असम राइफ़ल्स की 17वीं बटालियन इंफाल के कंगला क़िले में रहती थी | यह कंगलीपक साम्राज्य के समय का महल है जो इमा कैथल से कुछ सौ मीटर दूर स्थित है | उन दिनों आम लोग उधर नहीं जा सकते थे |

विरोध का फ़ैसला

सन 2004 में एक युवा मणिपुरी महिला को उसके घर से अगवा किया गया और कंगला क़िले ले जाया गया |उस पर एक बाग़ी के साथ रिश्ते रखने या ख़ुद बाग़ी होने के आरोप थे | उसके साथ गैंगरेप किया गया, गुप्तांगों में क़रीब से गोली मारी गई और फिर शरीर को गोलियों से छलनी कर दिया गया | जब उसकी हत्या की ख़बर फैली तो कुछ इमाओं ने इस अमानवीय क्रूरता के ख़िलाफ़ आवाज़ उठाने का फ़ैसला किया | फिर वह प्रदर्शन हुआ जो पूरे भारत में कुख्यात हो गया | इमा कैथल की 12 महिलाओं ने पूरी तरह नग्न होकर कंगला क़िले तक मार्च किया | उन्होंने अपने हाथों में एक बैनर पकड़ा हुआ था, जिस पर लिखा था- "भारतीय सेना हमारा बलात्कार करती है |"

प्रतीकात्मक जीत

यह नग्न प्रदर्शन बेकार नहीं गया | चार महीने बाद 17वीं असम राइफ़ल्स ने कंगला क़िला खाली कर दिया | हालांकि वे मणिपुर के दूसरे हिस्सों में अब भी हैं, लेकिन इमाओं ने उनको मणिपुर की राजधानी के केंद्र से बाहर कर दिया | यह एक प्रतीकात्मक जीत थी|क्षेत्रीमयम कहती हैं, "इस बाज़ार की इमाओं के पास एकता की ताक़त है | जब हम 4,000 महिलाएं इकट्ठा हो जाती हैं तो हम सुरक्षित हो जाते हैं और हमारी सम्मिलित आवाज़ में शक्ति आ जाती है |"

एक विक्रेता की कहानी

रानी थिंगुजम (56 साल) ख्वैरम्बंद नूरी कैथल संगठन की सचिव हैं | वह मछली की दुकान लगाती हैं | वह 30 साल की उम्र से ही यहां काम कर रही हैं | उसके कुछ दिन पहले उन्होंने अपने पति को आखिरी बार देखा था | वह कहती हैं, "मेरे छोटे बेटे के जन्म के 6 दिन बाद शाम को मेरे पति एक जवान महिला के साथ घर आए | उन्होंने बताया कि उन्होंने दूसरी शादी कर ली है | वह मुझसे, बच्चों से और परिवार के दूसरे लोगों से उसका परिचय कराने लगे |"

उस शाम और पूरी रत घर में झगड़ा होता रहा | फिर उसके पति उस दूसरी महिला के साथ घर से निकल गए | थिंगुजम 40 दिनों तक अपने बच्चों के साथ ससुराल में रहीं, लेकिन उनके पति नहीं लौटे |

दूसरा जीवन

"उन दिनों मुझे बार-बार मरने का ख़याल आता था | मैं चाहती थी कि ज़हर पीकर सो जाऊं और फिर कभी न उठूं |" थिंगुजम ने अपने पिता से बात की और वह उनको और बच्चों को अपने घर ले गए | कुछ ही दिनों बाद उनको इमा कैथल में दुकान लगाने का लाइसेंस मिल गया और वह परिवार की मदद करने लगीं |थिंगुजम ने खुद को बाज़ार के प्रति समर्पित कर दिया | वह न सिर्फ़ सचिव के पद तक पहुंचीं, बल्कि एक प्रमुख सामाजिक कार्यकर्ता भी बन गईं|

संसद जाना

जनवरी 2019 में थिंगुजम और दो अन्य महिलाएं विमान से दिल्ली पहुंचीं |एक सरकारी बिल के ख़िलाफ़ इमा कैथल में प्रदर्शन हुआ था, जिसमें इमाओं ने ख़ुद को 5 दिनों के लिए अंदर बंद कर लिया था |हालात तब बिगड़ गए थे, जब पुलिस ने उनको निकालने के लिए आंसू गैस का प्रयोग किया, जिसमें 8 महिलाएं घायल हो गईं | थिंगुजम ने इस लड़ाई को भारतीय संसद तक पहुंचाया |

सरकार नागरिकता संशोधन विधेयक लेकर आई थी, जिसका मक़सद पड़ोसी देशों पाकिस्तान, बांग्लादेश और अफ़ग़ानिस्तान के हिंदू, ईसाई और बौद्ध अल्पसंख्यकों को यहां आने और भारतीय नागरिकता हासिल करने में उनकी मदद करना था | मणिपुर और असम के प्रदर्शनकारियों को डर था कि इस क़ानून से उनके राज्यों में बाहरी लोगों की बाढ़ आ जाएगी | थिंगुजन कहती हैं, "हमने मोदी का पुतला जलाया |" उनको लगता है कि नई दिल्ली में बैठी केंद्र सरकार मणिपुर के लोगों की अनदेखी करती है | वह दूर बैठकर फ़ैसले लेती है जो राज्य के हित में नहीं होते |उनका कहना है कि मणिपुर भले ही 2,400 किलोमीटर दूर हो लेकिन आप हमें नज़रअंदाज़ नहीं कर सकते |

सभी महिलाओं की लड़ाई

इमा कैथल की ज़्यादातर महिलाएं मैतेई जातीय समूह की हैं, जो मणिपुर के मूल निवासी हैं | मैतेई संस्कृति इंफाल और आसपास की घाटियों की प्रमुख संस्कृति है | नागरिकता संशोधन विधेयक से सबसे ज़्यादा मैतेई लोग ही प्रभावित होंगे, क्योंकि वे घाटियों में रहते हैं | पहाड़ियों पर रहने वाली जनजातियों को बाहरी लोगों का उतना सामना नहीं करना पड़ेगा | लेकिन यहां की महिलाएं सिर्फ मैतेई समूह को प्रभावित करने वाले मुद्दों के लिए नहीं लड़तीं | वे समूचे भारत की महिलाओं के लिए लड़ती हैं, जैसा कि कंगला क़िले की घटना के समय

दिखा था |

भारत की महिला संतरियां

कंगला क़िले में युवा महिलाएं हंसती हैं और तस्वीरें खिंचवाने के लिए पोज़ देती हैं | करीने से तैयार लॉन में वे एक-दूसरे का हाथ थामकर मुस्कुराती हैं | 2004 से पहले ऐसा सोचना भी नामुमकिन था | इसका श्रेय निश्चित रूप से इमा कैथल की महिलाओं को जाता है |क्षेत्रीमयम कहती हैं, "हम राज्य के लिए लड़ाई जारी रखेंगे | यहां की इमाएं हमेशा मणिपुर की रक्षक होंगी- न सिर्फ मैतेई के लिए, बल्कि उन सबके लिए जो यहां रहते हैं |"

16

इविटा पेरोन

"एक सफल पुरुष के पीछे एक महिला होती है।"

इविटा पेरोन राष्ट्रपति जुआन पेरोन की दूसरी पत्नी और अर्जेंटीना की प्रथम महिला थीं। राजनीति में आने से पहले, वह अर्जेंटीना की एक मॉडल और सफल रेडियो अभिनेत्री थीं। 1946 के राष्ट्रपति चुनाव के दौरान, उन्होंने अपने पति जुआन पेरोन के लिए भारी प्रचार किया। "रेनबो टूर" के हिस्से के रूप में उनकी स्पेन यात्रा के दौरान, स्पेनिश सरकार ने उन्हें ऑर्डर ऑफ इसाबेला द कैथोलिक से सम्मानित किया। एक दक्षिण अमेरिकी प्रथम महिला के रूप में, वह "टाइम" पत्रिका की कवर स्टोरी में उनकी तस्वीर छपी थी। उन्होंने ईवा पेरोन फाउंडेशन की स्थापना की जिसने छात्रवृत्ति प्रदान करने, घरों और अस्पतालों के निर्माण और अन्य धर्मार्थ कार्यों की दिशा में काम किया। इस संगठन को एविटा सिटी बनाने का श्रेय भी दिया गया। अर्जेंटीना की स्वास्थ्य देखभाल प्रणाली में इस संगठन की महत्वपूर्ण भूमिका थी। जीवनी लेखक फ्रेजर और नवारो के अनुसार, उन्होंने अर्जेंटीना की महिलाओं को वोट देने का अधिकार दिलाने में महत्वपूर्ण भूमिका निभाई। महिला पेरोनिस्ट पार्टी के संस्थापक के रूप में, उन्हें अर्जेंटीना की राजनीति में सक्रिय भाग लेने के लिए बड़ी संख्या में महिलाओं को प्रेरित करने का श्रेय दिया जाता है। उपराष्ट्रपति के चुनाव के लिए एक उम्मीदवार के रूप में उनके नामांकन ने कई सैन्य नेताओं को नाराज कर दिया। वह

"राष्ट्र के आध्यात्मिक नेता" के आधिकारिक खिताब की प्राप्तकर्ता थीं।

बचपन और प्रारंभिक जीवन

इविटा पेरोन का जन्म मारिया ईवा डुआर्ट डी पेरोन के रूप में हुआ था। वह जुआन डुआर्ट और जुआना इबारगुरेन के पांच बच्चों में सबसे छोटी थीं। उनके पिता, जिनकी पहले से ही एक पत्नी और परिवार था, ब्यूनस आयर्स के पास के चिविलकोय के एक संपन्न किसान थे।

उन्होंने अपना बचपन जूनिन, ब्यूनस आयर्स प्रांत, अर्जेंटीना में बिताया। जब वह मुश्किल से एक साल की थी, उसके पिता अपनी कानूनी पत्नी के पास वापस लौट गए। तत्पश्चात गरीबी से त्रस्त उनकी माँ जुआना इबारगुरेन को उनके छोटे भाई बहनों को लेकर जुरिन शहर के सबसे गरीब इलाके में जाना पड़ा जहाँ उन्होंने सिलाई का काम करके अपने बच्चों का पेट पाला।

पहले वे वहां एक कमरे के घर में रहती थीं। घोर गरीबी के दिन थे |उस समय, इविटा ने स्कूली नाटकों और संगीत कार्यक्रमों में भाग लेकर अभिनय के प्रति रुचि विकसित की।

अक्टूबर 1933 में, उन्होंने अपने स्कूल के नाटक 'स्टूडेंट्स एराइज' में अभिनय किया। इस छोटी सी भूमिका को निभाने के बाद, उन्होंने अभिनय में अपना करियर बनाने के बारे में सोचा और एक महान और सफल अभिनेत्री बनने का सपना देखा।

सन 1934 में, वह एक सफल अभिनेत्री बनने के अपने सपने को पूरा करने के लिए अर्जेंटीना की राजधानी ब्यूनस आयर्स भाग गई। राजधानी पहुंचने के बाद औपचारिक शिक्षा और कनेक्शन के अभाव में उन्हें काफी कठिनाइयों का सामना करना पड़ा।

करियर

ब्यूनस आयर्स में, मंच पर उनका पहला प्रदर्शन 28 मार्च 1935 को कॉमेडियस थिएटर में 'द पेरेज़ मिसेज' नाटक में था। 1936 में, वह एक थिएटर कंपनी के साथ राष्ट्रीय दौरे पर गईं। उन्होंने एक मॉडल के रूप में भी काम किया और कुछ बी-ग्रेड फिल्मों में उन्हे अभिनय का प्रस्ताव मिला। उनके करियर का महत्वपूर्ण मोड़ तब आया जब उन्हें वर्ल्ड रेडियो पर प्रसारित होने वाले 'मुय बिएन' नामक एक रेडियो नाटक

में एक भूमिका का प्रस्ताव मिला। बाद में, उन्होंने एक ऐतिहासिक-नाटक कार्यक्रम 'ग्रेट वूमेन ऑफ हिस्ट्री' में इंग्लैंड की एलिजाबेथ प्रथम, सारा बर्नहार्ट और रूस की अंतिम ज़ारिना के रूप में कार्य करने के लिए रेडियो बेलग्रानो के साथ पांच साल के अनुबंध पर हस्ताक्षर किए।

उस समय, वह रेडियो कंपनी की सह-मालिक भी बनीं। इसके अलावा, उन्होंने कुछ फिल्मों में भी अभिनय किया, जिन्हें ज्यादा सफलता नहीं मिली। 1943 तक, वह देश में सबसे अधिक भुगतान पाने वाली रेडियो अभिनेत्रियों में से एक बन गईं।

उसी वर्ष, उन्होंने अर्जेंटीना रेडियो सिंडिकेट के संस्थापकों में से एक के रूप में राजनीति में अपना करियर शुरू किया। 1944 में, उन्हें प्रसारण कलाकार संघ के अध्यक्ष के रूप में चुना गया था।

इस संघ के अध्यक्ष के रूप में, उन्होंने कर्नल जुआन पेरोन की उपलब्धियों पर आधारित एक सोप ओपेरा 'टुवर्ड ए बेटर फ्यूचर' नामक एक दैनिक कार्यक्रम शुरू किया। जुआन पेरोन के साथ अपनी शादी के बाद, उन्होंने 1946 के राष्ट्रपति पद के चुनाव के दौरान अपने पति के लिए एक शक्तिशाली अभियान का नेतृत्व किया।

इस उद्देश्य के लिए वह अपने साप्ताहिक रेडियो कार्यक्रम के माध्यम से भाषण देती थीं। 1946 में, अर्जेंटीना की सीनेट ने महिलाओं के मताधिकार पर एक नए विधेयक को मंजूरी दी और उन्होंने इसमें महत्वपूर्ण भूमिका निभाई थी।

राजनीतिक उद्देश्य के लिए, वह 1947 में यूरोप के 'रेनबो टूर' पर गईं। इस दौरे के हिस्से के रूप में, उन्होंने स्पेन, रोम, फ्रांस और स्विट्ज़रलैंड का दौरा किया जहां उन्होंने कई महत्वपूर्ण गणमान्य व्यक्तियों और राष्ट्राध्यक्षों से मुलाकात की।

8 जुलाई 1948 को, उन्होंने फंडासीन मारिया ईवा डुआर्ट डी पेरोन की स्थापना की, जिसे बाद में "ईवा पेरोन फाउंडेशन" के रूप में फिर से स्थापित किया गया। यह संगठन धर्मार्थ गतिविधियों में शामिल था और छात्रवृत्ति प्रदान करता था।

सन 1951 में, उन्होंने फीमेल पेरोनिस्ट पार्टी की स्थापना की, जो देश की पहली महिला राजनीतिक पार्टी थी, जिसके 500,000 सदस्य

थे और पूरे अर्जेंटीना में 3,600 मुख्यालय थे। उसी वर्ष, उन्होंने उपराष्ट्रपति के चुनाव के लिए एक संभावित उम्मीदवार के रूप में अपना स्थान हासिल किया, जिसके लिए उन्हें अर्जेंटीना से बहुत समर्थन मिला।

व्यक्तिगत जीवन और विरासत

22 जनवरी 1944 को, भूकंप पीड़ितों के लिए एक धन उगाहने वाले कार्यक्रम में, उनकी मुलाकात कर्नल जुआन पेरोन से हुई, जो उनसे दोगुनी उम्र के थे। थोड़े ही समय में वह कर्नल की घनिष्ठ बन गईं ।

ऐसा कहा जाता है कि, जब जुआन जेल में थे , उसने जेल से अपनी रिहाई के लिए हजारों की एक रैली का आयोजन किया था। 18 अक्टूबर 1945 को उन्होंने एक नागरिक समारोह में शादी कर ली। बाद में, उन्होंने 9 दिसंबर, 1945 को चर्च में शादी की।

वह सर्वाइकल कैंसर से पीड़ित थीं, जिसके लिए उन्होंने कई सर्जरी करवाईं। 33 वर्ष की आयु में उनका निधन हो गया। उन्हें एक राजकीय अंतिम संस्कार दिया गया। उनकी गिनती अर्जेन्टीना की महान महिलाओं में की जाती है | जीवन की घोर दरिद्रता से संघर्ष करते हुए उन्हे उनके मानवतावादी कार्यों की वजह से अर्जेन्टीना की प्रथम महिला होने का गौरव प्राप्त हुआ |

17

स्त्री स्वभाव

"स्त्री प्यार करने के लिए बनी है, समझने के लिए नहीं |"

यह कथन पूर्णतः सत्य है | हम एक स्त्री को जितना भी जानने की कोशिश करते हैं , उसे समझ ही नहीं पाते क्योंकि वह समझने के लिए बनी ही नहीं है, बस उसे प्यार करें |यही स्त्री का स्वभाव है | स्त्रियाँ पुरुषों से अधिक समझदार होती हैं क्योंकि वो जानती कम हैं और समझती ज्यादा हैं | अगर आप किसी स्त्री का प्यार पा लेते हैं तो समझिए आपने जीवन जीने का आधार पा लिया है | हम हमेशा देखते हैं जब पुरुष स्त्री से प्यार करता है , वो अपनी जिंदगी का बहुत छोटा हिस्सा देता है , पर जब स्त्री प्यार करती है तो वो सब कुछ दे देती है|

स्त्री को कई नामों से जाना जाता है जैसे –स्त्री, नारी,महिला,औरत, सुंदरी, कांता , कलत्र, वनिता, अबला, ललना, कामिनी, रमणी, त्रिया ,हेमा, गुल, सुंदरी, मनोगया, मालमता, मनोरमा, रूपसी, ललिता, विलासिनी, प्रिया, प्रेमिका, माशूका, रूपसी, सजनी, जाने-मन, दीवानी, पत्नी, अर्धांगिनी, लुगाई, बीवी, धर्मपत्नी, घरवाली, दायरा, परिणीता, बल्लभा ,वामा,भार्या ,सहचरी, प्रियतमा, बन्नी, बन्नो, बेगम, हृदयेश्वरी, श्रीमती, सहगामिनी, संगिनी, गृहस्वामिनी, गृहणी, जाया, गृहलक्ष्मी, प्राणप्रिया, जीवनसंगिनी, तिय, तिरिया इत्यादि|

स्त्रियों के मामले में हम कुछ प्रचलित शब्दों का अक्सर प्रयोग करते हैं जैसे औरत, स्त्री, नारी, महिला इत्यादि | परंतु इनके उपयोग के पहले

इनके वास्तविक अर्थ को जान लेना जरूरी है |

औरत अरबी शब्द है, जो 'औराह' धातु से बनी है | इसका अर्थ शरीर को, गुप्तांग को ढंकना है | अरबी मजहब में औरत की यही परिभाषा और सोच है | आइए जानते हैं स्त्री, नारी, महिला, औरत, मादा और Women में क्या अंतर है |

1. स्त्री- प्रकृति- यह स्वभाव वाचक शब्द है |

2. नारी-देवत्व- यह गुणवाचक शब्द है |

3. महिला-सामाजिक परिस्थिति –यह अधिकार वाचक शब्द है |

4. औरत-मजहबी-यह उपभोग बोधक शब्द है |

5. मादा-जैविक- यह प्रजनन बोधक शब्द है |

6. Women- पराधीनता- यह wyfmen से बना है, जिसका अर्थ है wife of man यह पराधीनता बोधक शब्द है |

स्त्री का स्वभाव बहुत ही गूढ़ है | महर्षि वेदव्यास ने इसी बात को ध्यान में रखकर लिखा है :

"त्रिया चरित्रं ,पुरुषस्य भाग्यम,देवौ ना जानाती कुतो मनुष्य: |"

अर्थात स्त्री को मनुष्य तो क्या, देवता भी नहीं समझ सके हैं | उस के चरित्र में जितना फैलाव, गहराई और ऊंचाई है वह कल्पना से परे है | महाभारत कालीन अनेक स्त्रियों के दृष्टांत महर्षि वेदव्यास के सामने साक्षात थे | मौन,त्याग,सत्य और प्रखरता की प्रतीक- गांधारी| गोपनीयता,धैर्य,त्याग की प्रतीक-कुंती | सुंदर,पवित्र और तेजस्विता की प्रतीक –द्रौपदी | निष्काम प्रेम की प्रतीक –राधा और वृषाली |पृथ्वी की तरह थी उत्तरा |वासना और इच्छारहित - चित्रांगदा और उलूपी | अनन्य भक्ति की प्रतीक –विदुरा जो कि विदुर की पत्नी थी | महर्षि ने इन विलक्षण स्त्री चरित्रों का मूल्यांकन करते हुए ही उक्त श्लोक लिखा था |

पुरुष समाज में इस उक्ति को स्त्रियों के विरुद्ध नकारात्मक टिप्पणी की तरह इस्तेमाल किया जाता रहा है | यह गलत है | व्यास जी ने एक ही श्लोक में 'स्त्री चरित मानस' लिख दिया |

कुछ दृष्टांत देखें -

सत्यवती:महाभारत की शुरुआत राजा शांतनु की दूसरी पत्नी सत्यवती से होती है | एक दिन महाराजा शांतनु यमुना के तट पर घूम

रहे कि उन्हे नदी में नाव चलाते हुए एक सुंदर कन्या दिखाई दी |महाराज उसके यौवन पर रीझ गए और उसके निषाद पिता के सामने सत्यवती से विवाह का प्रस्ताव रखा | उस निषाद ने कहा , "राजन ! मुझे अपनी कन्या का आपके साथ विवाह करने में कोई आपत्ति नहीं है परंतु आपको मेरी कन्या के गर्भ से उत्पन्न पुत्र को ही अपने राज्य का उत्तराधिकारी बनाना होगा |" निषाद की इस कठिन शर्त को सुनकर राजा शांतनु वापस लौट गए | परंतु सत्यवती के वियोग में व्याकुल रहने लगे | यह बात राजा शांतनु के पुत्र देवव्रत(भीष्म) को पता चली | देवव्रत निषाद के घर पहुँच कर उसे वचन दे कर आ गए कि उसकी पुत्री से जो संतान होगी वही राज्य का उत्तराधिकारी होगी | और उसी समय उन्होंने प्रतिज्ञा की कि वे आजन्म अविवाहित रहेंगे | इस तरह भीष्म दो प्रतिज्ञायों से बंध गए | यह सुनकर निषाद ने अपनी पुत्री सत्यवती को देवव्रत के साथ हस्तिनापुर भेज दिया | देवव्रत ने अपनी सौतेली माता सत्यवती को लाकर अपने पिता शांतनु को सौंप दिया |इस तरह सत्यवती राजा शांतनु की दूसरी पत्नी बन गई | पिता ने खुस होकर देवव्रत (भीष्म) को इच्छा मृत्यु का वरदान दिया |

सत्यवती के बारे में पढ़ने पर पता चलता कि यह एक ऐसी महिला थी जिसके कारण देवव्रत (भीष्म) को ब्रह्मचर्य की प्रतिज्ञा लेनी पड़ी | कालांतर में सत्यवती के दो पुत्र उत्पन्न हुए |उनमें से एक पुत्र विचित्रवीर्य गद्दी पर भी बैठा पर निःसंतान ही मृत्यु को प्राप्त हुआ | यह देख सत्यवती ने अपने सौतेले पुत्र देवव्रत को अपनी विधवा बहुओं से विवाह कर संतान उत्पन्न करने को कहा पर भीष्म तो आजन्म विवाह न करने की सौंगंध खा चुके थे |उन्होंने यह प्रस्ताव अस्वीकार कर दिया | तब सत्यवती को अपने पुत्र वेदव्यास की याद आई जो उसके कुँवारेपन में ऋषि पाराशर से उत्पन्न हुआ था | सत्यवती ने यह प्रस्ताव अपने पुत्र वेदव्यास को दिया | वेदव्यास ने अपनी माता की आज्ञा का पालन किया और विचित्रवीर्य की दोनों विधवा पत्नियों अंबिका और अंबालिका से विवाह किया | कालांतर में वेदव्यास के 3 पुत्र पांडु, धृतराष्ट्र और दासी पुत्र विदुर पैदा हुए | इस कहानी का सार यह है कि अगर सत्यवती की वजह से देवव्रत (भीष्म) प्रतिज्ञा न लेते तो भारत का इतिहास कुछ और

होता |नारी इतनी शक्तिशाली है कि उसने भारत का इतिहास ही बदल दिया|

गांधारी : सत्यवती के बाद यदि राजकाज में किसी का दखल था तो वह थी धृतराष्ट्र की पत्नी गांधारी | कहते हैं कि गांधारी का विवाह भीष्म ने जबरदस्ती धृतराष्ट्र से करवाकर उसके सम्पूर्ण परिवार को बंधक बनाकर रखा था | गांधारी के लिए यह सबसे दुखदायी बात थी | गांधारी के लिए आँखों पर पट्टी बांधने का एक कारण यह भी था की धृतराष्ट्र आँखों से ही नहीं, मन से भी अंधों की भांति व्यवहार करते थे इसलिए गांधारी और उनके भाई शकुनि को अप्रत्यक्ष रूप से सत्ता संभालनी पड़ी | गांधारी को यह चिंता सताने लगी थी कि कहीं कुंती के पुत्र सिंहासनारूढ़ न हो जाए | ऐसे में शकुनि ने दुर्योधन के भीतर पांडवों के प्रति घृणा का भाव भर दिया था | हालांकि यह भी कहा जाता था की शकुनि भीष्म, धृतराष्ट्र आदि से बदला लेना चाहता था इसीलिए उसने यह षड्यन्त्र रचा था | गांधारी ने ही अपनी शक्ति के बल पर दुर्योधन के अंग को वज्र के समान बना दिया था | लेकिन श्रीकृष्ण की चतुराई के चलते उसकी जंघा वैसी की वैसी ही रह गई थी | क्योंकि श्रीकृष्ण ने कहा था की माँ के समक्ष नग्न अवस्था में जाना पाप है | गांधारी मानती थी की श्रीकृष्ण के कारण ही महाभारत का युद्ध हुआ और उन्ही के कारण उसके सारे पुत्र मारे गए | तभी तो गांधारी ने भगवान श्रीकृष्ण को उनके कुल का नाश होने का श्राप दिया था |

गांधारी का पति अंधा था तो खुद ने भी आँखों पर पट्टी बांध ली | प्रयत्नपूर्वक खुद ही अंधी हो गई | दुर्योधन का पापाचार सहन करती रही किन्तु युद्ध के समय उसे 'विजयी भव:' नहीं कहा | अपने ही पुत्र को विजेता होने का आशीर्वाद नहीं दिया ! जब श्रीकृष्ण सामने आए तो सौ मृत पुत्रों की माँ के क्रंदन ने उन्हे शाप दे दिया ! कैसी स्त्री रही गांधारी, जिसका शाप भगवान को भी लग गया ! फिर शाप दे कर स्वयं ही रो पड़ी कि मैंने यह क्या कर दिया !! विलक्षण चरित्र |

कुंती : गांधारी के बाद कुंती महाभारत के पटल पर एक शक्तिशाली महिला बनकर हस्तिनापुर में प्रवेश करती है | कुंती और माद्री दोनों ही पांडु की पत्नियाँ थीं | यदि पांडु को शाप नहीं लगता तो उनका कोई पुत्र

होता, जो गद्दी पर बैठता लेकिन ऐसा नहीं हुआ | तब पांडु के आग्रह पर कुंती ने एक एक कर कई देवताओं का आवाहन किया | तब कुंती को तीन और माद्री को दो पुत्र प्राप्त हुए जिनमें युधिष्ठिर सबसे ज्येष्ठ थे | कुंती के अन्य पुत्र थे भीम और अर्जुन तथा माद्री के पुत्र थे नकुल व सहदेव | कुंती ने धर्मराज, वायु एवं इन्द्र देवता का आवाहन किया था तो माद्री ने आश्विन कुमारों का | इससे पहले कुंती ने विवाह पूर्व सूर्य का आह्वान कर कर्ण को जन्म दिया था और उसे एक नदी में बहा दिया था | एक शाप के चलते जब पांडु का देहांत हो गया तो माद्री पांडु की मृत्यु बर्दाश्त नहीं कर सकी और उनके साथ सती हो गई | ऐसे में कुंती अकेली पाँच पुत्रों के साथ जंगल में रह गई | अब उसके सामने भविष्य की चुनौतियाँ थी |ऐसे में कुंती ने मायके की सुरक्षित जगह पर जाने की बजाय ससुराल की असुरक्षित जगह को चुना | पाँच पुत्रों के भविष्य और पालन पोषण के निमित्त उसने हस्तिनापुर का रुख किया, जो कि उसके जीवन का एक बहुत ही कठिन निर्णय और समय था | कुंती ने वहाँ पहुंचकर अपने पति पांडु के सभी हितैषियों से संपर्क कर उनका समर्थन जुटाया | सभी के सहयोग से कुंती आखिरकार राजमहल में अपनी जगह बनाने में कामयाब हो गई | कुंती और समर्थकों के कहने पर धृतराष्ट्र और गांधारी को पांडवों को पांडु का पुत्र मानना पड़ा | राजमहल में कुंती का सामना गांधारी से भी हुआ | कुंती वसुदेवजी की बहन और भगवान श्रीकृष्ण की बुआ थीं, तो गांधारी गांधार नरेश की पुत्री और राजा धृतराष्ट्र की पत्नी थी |

कुंती कर्ण के जन्म का रहस्य छिपाए रही | उसे अपने ही सामने प्रतिदिन प्रताड़ित होते हुए देखती रही | जब पांडवों पर युद्ध में कर्ण के हाथों संभावित मृत्यु का संकट आया तो उसी परित्यक्त पुत्र के पास याचना के लिए चली गई | पांडवों के लिए अभय दान मांग लिया | युद्ध के बाद राज भोग का अवसर आया तो कर्ण ही अंदर की कसक बन गया | महल के सुख चुभने लगे | कुंती अपने पुत्रों द्वारा उपेक्षित गांधारी और धृतराष्ट्र के साथ में चली गई | अद्भुत !

द्रौपदी : सत्यवती,गांधारी और कुंती के बाद किसी का नंबर आता है तो वह थी पाँच पांडवों की पत्नी द्रौपदी | द्रौपदी के लिए पांचों पांडवों

के साथ विवाह करना बहुत कठिन निर्णय था | सामाजिक परंपरा के विरुद्ध उसने यह किया और दुनिया के समक्ष एक नया उदाहरण ही नहीं रखा बल्कि उसने अपना सम्मान भी प्राप्त किया और खुद की छवि को पवित्र भी बनाए रखा | द्रौपदी की कथा और व्यथा पर कई उपन्यास लिखे जा चुके हैं | द्रौपदी को इस महाभारत युद्ध का सबसे बड़ा कारण माना जाता है | द्रौपदी ने ही दुर्योधन को इंद्रप्रस्थ में कहा था, 'अंधे का पुत्र भी अंधा' | बस यही बात दुर्योधन के दिल में तीर की तरह धंस गई थी | यही कारण था कि द्यूतक्रीड़ा या जुए के इस खेल ने ही महाभारत के युद्ध की भूमिका लिख दी थी जहां द्रौपदी का चीरहरण हुआ था |

पाँच पति में विभाजित द्रौपदी की पवित्रता कैसी रही होगी ? उसने दुर्योधन को 'अंधे का पुत्र भी अंधा ' कहा | चीर हरण के समय एक यक्ष प्रश्न उठाया कि पति या पुरुष को यह अधिकार किसने दिया कि वह जुए में स्त्री को ही दांव पर लगा दे ! अपने पाँच पुत्रों के हत्यारे अश्वत्थामा को उसने माफ कर दिया | महाभारत के युद्ध का दूसरा सबसे बड़ा कारण द्रौपदी थी | उसके वचनों का प्रभाव इतना था कि महाभारत का युद्ध हुआ जिसमें लाखों लोग मारे गए | यह नारी –चरित्र का ही प्रभाव था |

सुभद्रा : सुभद्रा तो कृष्ण की बहन थी जिसने कृष्ण के मित्र अर्जुन से विवाह किया था, जबकि बलराम चाहते थे कि सुभद्रा का विवाह कौरव कुल में हो | बलराम के हठ के चलते ही तो कृष्ण ने सुभद्रा का अर्जुन के हाथों हरण करवा दिया था | बाद में द्वारका में सुभद्रा के साथ अर्जुन का विवाह विधिपूर्वक सम्पन्न हुआ | विवाह के बाद वे 1 वर्ष तक द्वारका में रहे और शेष समय पुष्कर क्षेत्र में व्यतीत किया | 12 वर्ष पूरे होने पर वे सुभद्रा के साथ इन्द्रप्रस्थ लौट आए |

लक्ष्मणा :श्रीकृष्ण की 8 पत्नियों में एक जाम्बवती थी | जाम्बवती-कृष्ण के पुत्र का नाम सांब था | सांब का दिल दुर्योधन –भानुमती की पुत्री लक्ष्मणा पर आ गया था और वे दोनों प्रेम करने लगे थे | दुर्योधन के पुत्र का नाम लक्ष्मण था और पुत्री का लक्ष्मणा था | दुर्योधन अपनी पुत्री का विवाह श्रीकृष्ण के पुत्र से नहीं करना चाहता था | सांब ने लक्ष्मणा से प्रेम विवाह कर लिया और लक्ष्मणा को अपने रथ में बैठाकर द्वारिका ले जाने लगा | जब यह बात कौरवों को पता चली तो कौरव अपनी पूरी

सेना लेकर सांब से युद्ध करने आ पहुंचे | कौरवों ने सांब को बंदी बना लिया | इसके बाद जब श्रीकृष्ण और बलराम को पता चला , तब बलराम हस्तिनापुर पहुंच गए | बलराम ने कौरवों से निवेदन पूर्वक कहा कि सांब को मुक्त कर उसे लक्षमणा के साथ विदा कर दें, लेकिन कौरवों ने बलराम की बात नहीं मानी | तब बलराम ने अपना रौद्र रूप प्रकट कर दिया | वे अपने हल से ही हस्तिनापुर की सम्पूर्ण धरती को खींचकर गंगा में डुबोने चल पड़े | यह देखकर कौरव भयभीत हो गए | सम्पूर्ण हस्तिनापुर में हाहाकार मच गया | सभी ने बलराम से माफी मांगी और तब सांब को लक्षमणा के साथ विदा कर दिया | द्वारिका में सांब और लक्षमणा का वैदिक रीति से विवाह सम्पन्न हुआ |

वृषाली : निष्काम प्रेम की प्रतीक दूसरी राधा ! कर्ण की प्रेयसी रही | कर्ण का विवाह प्रतिकूल परिस्थिति वश अन्य युवती से हो गया | चालीस वर्ष तक वृषाली अपने हृदय में उस प्रेम का अनादि नाद सुनती रही | फिर कर्ण के अवसान पर सती हो गई, अज्ञात स्थान पर भस्म हो गई | वृषाली अद्वितीय थी !

वेद व्यास के कथन का तात्पर्य ऐसी स्त्रियों को नमन करना था | इधर आधुनिक युग में विश्व विख्यात मनोवैज्ञानिक सिगमंड फ्रायड ने लिखा कि – मैं स्त्री के मन को नहीं समझ सका | जीवन भर मानव मन का ही अध्ययन करता रहा हूँ ; लेकिन नारी के मन की गहराई एवं ऊंचाई को नहीं जान सका | आगे कहा कि जो कुछ समझा हूँ वह ऐसा है – स्त्री अपने हृदय में स्थिर रहती है, देह में नहीं | उसे स्वीकार करोगे तो घर में रोज ही प्रेमोत्सव रहेगा | उसकी उपेक्षा ,तिरस्कार, प्रताड़ना आदि पूरे समाज के लिए अभिशाप बन जाती है | उपेक्षिता नारी आजीवन साथ रह कर भी पति से असंलग्न रह जाती है | उसमें उत्कर्ष है, उत्सव है, उन्नयन है, और जीवन का रसायन है | वह पुरुष के व्यक्तित्व की कसौटी है |

18

शास्त्रों के अनुसार स्त्री-स्वभाव

"नारी माता अस्ति, नारी कन्या अस्ति, नारी भगिनी अस्ति|"

अर्थात नारी ही माँ है, नारी ही पुत्री है, नारी ही बहन है, नारी ही सब कुछ है | हिन्दू धर्म में स्त्री को देवी का रूप माना गया है, यह माना जाता है कि जिस घर में स्त्री की इज्जत होती है और उसे सुखी रखा जाता है उस घर में माता लक्ष्मी की कृपा बनी रहती है | वहीं जिस घर में नारी का सम्मान नहीं होता है और उसे पीड़ा पहुंचाई जाती है ऐसे घर से माता लक्ष्मी दूरियाँ बना लेती हैं | जिस घर से माता लक्ष्मी दूर हो जाती है उस घर के सदस्यों को आर्थिक परेशानियों का तो सामना करना ही पड़ता है इसके साथ ही उसे अन्य प्रकार की पीड़ाएं भी सहनी पड़ती है|

सामुद्रिक शास्त्र के अनुसार स्त्री-पुरुष के प्रत्येक अंग के आकार-प्रकार, त्वचा की प्रकृति और उन पर मौजूद चिन्हों के माध्यम से उसके स्वभाव के बारे में बताया गया है | सामुद्रिक शास्त्र में स्त्रियों की कुल 21 प्रजातियाँ बताई गई हैं | ये 21 प्रजातियाँ उनके स्वभाव, व्यवहार और आकार –प्रकार के अनुसार वर्गीकृत की गई है| इनमें से प्रथम 11 का वर्णन दिया जा रहा है |

1. पद्मिनी स्त्रियाँ : सुशील, धर्म में विश्वास रखने वाली, माता-पिता की सेवा करने वाली व अति सुंदर होती हैं | इनके शरीर से कमल

के समान सुगंध आती है | ये लंबे कद व कोमल बालों वाली होती हैं | इनकी बोली मधुर होती है | पहली नजर में ही ये सभी को आकर्षित कर लेती हैं | इनकी आँखें सामान्य से थोड़ी बड़ी होती हैं | ये अपने पति के प्रति समर्पित रहती हैं | इनके नाक, कान और हाथ की उँगलियाँ छोटी होती हैं | इनकी गरदन शंख के समान रहती है व इनके मुख पर सदा प्रसन्नता दिखाई देती है | पद्मिनी स्त्रियाँ प्रत्येक बड़े पुरुष को पिता के समान, अपनी उम्र के पुरुषों को भाई तथा छोटों को पुत्र के समान समझती हैं | ये देवता, गंधर्व, मनुष्य सबका मन मोह लेने में सक्षम होती हैं | यह सौभाग्यवती, अल्प संतान वाली, पतिव्रताओं में श्रेष्ठ, योग्य संतान उत्पन्न करने वाली तथा आश्रितों का पालन करने वाली होती हैं | इन्हे लाल वस्त्र अधिक प्रिय होते हैं | इस जाति की लड़कियां बहुत कम होती हैं | जिनसे इनका विवाह होता है , वह पुरुष भी भाग्यशाली होता है |

2. चित्रिणी स्त्रियाँ : ये पतिव्रता और स्वजनों पर स्नेह करने वाली होती हैं | ये हर कार्य बड़ी ही शीघ्रता से करती हैं | इनमें भोग की इच्छा कम होती है | शृंगार आदि में इनका मन अधिक लगता है | इनसे अधिक परिश्रम वाला काम नहीं हो पाता, परंतु ये बुद्धिमान और विदुषी होती हैं | गाना-बजाना, ग्रहसज्जा और चित्रकला इन्हे विशेष प्रिय होता है | ये तीर्थ, व्रत और साधु-संतों की सेवा करने वाली होती हैं | ये दिखने में बहुत सुंदर होती हैं | इनका मस्तक गोलाकार, अंग कोमल और आँखें चंचल होती हैं | इनका स्वर कोयल के समान होता है | बाल काले होते हैं | इस जाति की लड़कियां बहुत कम होती हैं | यदि इनका जन्म गरीब परिवार में भी हो तो ये अपने भविष्य में पटरानी के समान सुख भोगती हैं | अधिक संतान होने पर भी इनकी लगभग तीन संतान ही जीवित रहती हैं, उनमें से एक को राजयोग होता है |

3. हस्तिनी स्त्रियाँ : इस जाति की लड़कियों का स्वभाव बदलता रहता है | इनमें भोग-विलास की इच्छा अधिक होती है | ये हंसमुख स्वभाव की होती हैं और भोजन अधिक करती हैं | इनका शरीर थोड़ा मोटा होता है | ये प्रायः आलसी होती हैं | इनके गाल, नाक, कान और मस्तक का रंग गोरा होता है | इन्हे क्रोध अधिक आता है | कभी-कभी

इनका स्वभाव बहुत क्रूर हो जाता है | इनके पैरों की उँगलियाँ टेढ़ी-मेढ़ी होती हैं | इनकी संतानों में लड़के अधिक होते हैं | ये बिना रोग के ही रोगी बनी रहती है | इनका पति सुंदर और गुणवान होता है | अपने झगड़ालू स्वभाव के कारण ये परिवार को क्लेश पहुंचाती हैं | इनके पति इनसे दुखी होते हैं | धार्मिक कार्यों के प्रति इनकी आस्था नहीं होती | इन्हे स्वादिष्ट भोजन पसंद होता है | इनकी आयु 73 वर्ष के लगभग होती है | विवाह के 4,8,12 अथवा 16 वें वर्ष में इनके पति का भाग्योदय होता है | इनके कई गर्भ खंडित हो जाते हैं | इन्हे अपने जीवन में अनेक कष्ट झेलने पड़ते है, किन्तु इसका कारण भी ये स्वयं ही होती हैं | इनके दुष्ट स्वभाव के कारण ही परिवार में भी इनकी पूछ-परख नहीं होती |

4. शंखिनी स्त्रियाँ : ये स्त्रियाँ थोड़ी लंबी होती हैं | इनमें से कुछ तो बहुत मोटी और कुछ बहुत ही दुर्बल होती हैं | इनकी नाक मोटी,आँखें अस्थिर और आवाज गंभीर होती है | ये हमेशा अप्रसन्न ही दिखाई देती हैं और बिना कारण ही क्रोध करती रहती हैं | ये अपने पति से रूठी रहती हैं, पति की बात मानना इन्हे गुलामी की तरह लगता है | इनका मन सदैव भोग-विलास में डूबा रहता है | इनमें दया भाव भी नहीं होता इसलिए ये परिवार में रहते हुए भी उनसे अलग ही रहती हैं | ऐसी स्त्रियाँ संसार में अधिक होती हैं | ऐसी लड़किया चुगली करने वाली यानी इधर की बात उधर करने वाली होती हैं | ये अधिक बोलती हैं इसलिए लोग इनके सामने कम ही बोलते हैं | इनकी आयु लंबी होती है | इनके सामने ही दोनों कुल (पिता व पति) नष्ट हो जाते हैं | अंत समय में बहुत दुख भोगती हैं |

5. पुंश्चली स्त्रियाँ : इस स्वभाव की लड़कियों के मस्तक का चमकीला बिन्दु भी मलीन दिखाई देता है | इस स्वभाव वाली महिलायें अपने परिवार के लिए दुख का कारण बनती हैं | इनमें लज्जा नहीं होती और ये अपने हाव-भाव से कटाक्ष करने वाली होती हैं | इनके हाथ में नौ रेखाएं होती हैं जो सिद्ध (पूण्य , पद्म), स्वस्तिक आदि उत्तम रेखाओं से रहित होती हैं | इनका मन अपने पति की अपेक्षा पर पुरुषों में अधिक लगता है | इसलिए कोई इनका मान –सम्मान नहीं करता | सभी इनकी उपेक्षा करते हैं | पुंश्चली स्त्रियों में युवावस्था के लक्षण 12 वर्ष की आयु

में ही दिखाई देने लगते हैं | इनकी आंखे बड़ी और हाथ-पैर छोटे होते हैं | स्वर तीखा होता है | यदि ये किसी से सामान्य रूप से बात भी करती हैं तो ऐसा लगता है कि जैसे ये विवाद कर रही हैं | इनकी भाग्य रेखा व पुण्य रेखा छिन्न-भिन्न रहती है | इनके हाथ में दो शंख रेखाएं व नाक पर तिल होता है |

6. आतुरा स्त्रियाँ : इस तरह की स्त्रियाँ हमेशा हड़बड़ी में ही रहती हैं | प्रत्येक कार्य को शीघ्र से शीघ्र पूरा करने का इनमें जुनून होता है | इसी वजह से कई बार इनके काम बिगड़ भी जाते हैं | ये होती तो साधारण रूप-रंग वाली हैं लेकिन पति से बहुत प्रेम करती हैं | यदि इनके मन की कोई बात पूरी न हो तो पति से लड़ाई भी कर लेती हैं | इन्हें नए –नए मित्र बनाने का स्वभाव होता है | इनके अधिकतम मित्र स्त्री ही होते हैं | ये धन संचय करने में कमजोर होती हैं | अपने मित्रों पर अधिक खर्च कर बैठती हैं |

7. डाकिनी स्त्रियाँ : इस प्रकार की स्त्रियाँ मीठी-मीठी बातें करके अपना काम निकालना खूब अच्छी तरह जानती हैं | लोगों को धोखा देना इनकी प्रकृति में होता है | ये ऊपर से प्रत्येक व्यक्ति से बहुत निकटता और अपनापन दिखाती हैं लेकिन भीतर ही भीतर उनसे धन ऐंठने की योजना बनाती रहती हैं | यहाँ तक कि पति को भी धोखा देने में संकोच नहीं करती | इनमें धन की विशेष लालसा होती है और धन पाने के लिए ये अपराध तक कर बैठती हैं | देखने में सुंदर, वाणी में मधुरता इनका सबसे बड़ा गुण होता है|

8. प्रेमिणी स्त्रियाँ : प्रेमिणी श्रेणी की स्त्रियाँ अत्यंत सुंदर, गौर वर्ण, चंचल नेत्र, गुलाबी पतले होंठ, सुराही जैसी गरदन और लंबे केश की मालकिन होती हैं | इनकी सुंदरता के दीवाने सैकड़ों होते हैं | जो कोई भी एक बार इन्हे देख ले वह भूल नहीं पाता | जितना आकर्षक इनका रूप होता है, उतना सौम्य इनका स्वभाव भी होता है | इनका आचरण शुद्ध होता है | परोपकार और प्रेम की भावना इनमें प्रबल होती है | ये अपने परिवार और पति-बच्चों के लिए समर्पित होती हैं | इन्हे भोग-विलास के समस्त साधन प्राप्त होते हैं | स्वर्ण तो इन्हे विशेष प्रिय होता है |

9. कृपणी स्त्रियाँ : ऐसी स्त्रियाँ कमजोर शरीर वाली, साँवली त्वचा वाली कंजूस और निर्लज्ज होती हैं | अपनी गलत हरकतों के कारण से परिवार, समाज में बदनाम होती हैं | इन्हें अपनी संतान और पति से कोई मोह नहीं रहता | इस कारण इनका आधार-परिवार कई बार टूट भी जाता है | प्रत्येक पुरुष को अपनी ओर आकर्षित करने की चेष्टा करती हैं और धन पाने के लिए किसी भी पुरुष के साथ हो लेती हैं | इनके दिमाग में अपराध की भावना भी पनपती रहती है | भोग-विलास पाने के लिए ये अपराध की राह पकड़ लेती हैं |

10. स्वर्गिणी स्त्रियाँ : ऐसी स्त्रियाँ धर्मपरायण होती हैं | धार्मिक कार्यों में सम्मिलित होना इन्हे प्रिय होता है | इनका परिवार व्यवस्थित रूप से चलता रहता है | न किसी वस्तु की अधिक लालसा होती है और न कुछ अधिक पाने का प्रयास करती है | जितना होता है उसी में खुश रहती हैं | इनका अपनी संतान से विशेष लगाव होता है | धन संचय करने का गुण इनमें होता है | इस प्रकार की स्त्रियाँ समाज के किसी बड़े पद पर भी देखी जाती हैं | रूप-रंग सामान्य किन्तु आकर्षक होता है |ये स्त्रियाँ परोपकार करने में सबसे आगे रहती हैं |

11. बहुवंशिनी स्त्रियाँ : इन स्त्रियों का रंग गेहुआं होता है और पूरी तरह से गृहस्थ धर्म को निभाने वाली होती हैं | ये कभी झूठ नहीं बोलती और मन की साफ होती हैं | पति और परिवार इनके लिए सबसे ऊपर होते हैं | ये समाज में सम्मानित होती हैं तथा उच्च पदों पर आसीन होती हैं | हाँ, इनका स्वभाव थोड़ा गरम होता है, लेकिन जल्दी ही मान भी जाती हैं | दूसरों की बुराई करने वाले और दूसरों पर दोषारोपण करने वालों से ये दूर रहना पसंद करती हैं | ये अनेक प्रकार की संपत्तियों की मालकिन होती हैं | प्रेम का गुण इनमें विशेष होता है |

19

स्त्री-स्वभाव रंगों की पसंद अनुसार

"स्त्री के स्वभाव में कई रंग होते हैं और हर रंग में वो अनोखी होती है |"

रंगों की दुनिया बड़ी निराली है |क्या आप जानते हैं कि कोई एक रंग हमें विशेष पसंद क्यों होता है ? ऐसा इसलिए कि उस रंग से जुड़ी कुछ खासियत होती है जो हममें छुपी होती है | यहाँ प्रस्तुत जानकारी आपको बता रही है कि कौन सा रंग पसंद करने वाली महिला का स्वभाव और व्यक्तित्व कैसा होता है |

1. जो स्त्री **श्वेत** रंग पसंद करती है, वह सज्जन,सरल,दयालु, , सच्ची, स्वार्थरहित, न्यायप्रिय तथा मानवीय गुणों से सम्पन्न होती है | दूसरों की सहायता, सेवा का गुण, स्वभाव में गंभीरता, आडंबरहीन इनके व्यक्तित्व की पहचान है | आवाज में बुलंदी,दृढ़ता तथा आत्मविश्वास इनके व्यक्तित्व की पहचान है | आत्मविश्वास इनमें कूट कूट कर भरा रहता है तथा अनुशासनप्रिय और रूढ़िवादी होता है |

2. जो स्त्री **पीले** रंग को पसंद करती है, वह गपशप में रुचि रखने वाली, जिज्ञासु प्रवृति की होने के कारण जासूसी अर्थात दूसरे के विषय में अधिक जानने का शौक होता है | शिष्टाचारी होते हुए भी स्वर मे रहस्यमयता इनके व्यक्तित्व की खास पहचान है | मितव्ययी होती हैं |आत्मप्रशंसा इनके गुणों को और बहुमुखी प्रतिभा सम्पन्न बना देता है

| साहित्यिक अभिरुचि, घटनाओं पर विवेचनात्मक शैली में प्रस्तुति से सभा-सोसायटी में आकर्षण का केन्द्रबिन्दु बनी रहती है, किन्तु चरित्र के मामले में उच्च मानदंडों से सरोकार रखती है |

3. जो स्त्री **नारंगी** रंग को अधिक पसंद करती है, वह स्नेहमयी , मैत्रीपूर्ण तथा आनंददायिनी स्वभाव की स्वामिनी होती है तथा अपने मैत्री संबंधों में संतुलन बनाए रखती है | ऐसी नारी अपने अधिकारों की प्राप्ति के लिए इस प्रकार मांग हेतु प्रयत्न करती है कि अन्य किसी को बुरा नहीं लगता | आध्यात्मिक चिंतन, सभी के प्रति सद्भाव एवं 'परहित सरस धर्म नहीं भाई' की उक्ति को अपने जीवन दर्शन में आदर्श मानती है | राष्ट्रहित, समाजहित एवं परिवार के प्रति दायित्वों के निर्वहन में सदैव सजग बनी रहती है | मृदुलता, सुरुचिपूर्ण भोजन व्यवस्था, व्यावहारिक चंचलता , चपलता के साथ चाल-ढाल में गजगामिनी नजर आती है | इनकी आँखों में निराशा के क्षणों में भी आशादीप की दमक इनके सौन्दर्य को मोहक बना देती है |

4. जो स्त्रियाँ **गुलाबी** रंग को पसंद करती है, उनकी चाल-ढाल में गंभीरता तथा व्यवहार में तटस्थता पाई जाती है | अहंकार की मात्रा कितनी भी हो, किन्तु चंचलता और व्यावहारिक शालीनता इनके व्यक्तित्व को आकर्षण का केंद्र बना देती है | मुखड़े पर थिरकती मुस्कान और आँखों में चुंबकीय आकर्षण इनके व्यक्तित्व को मनोहारी बना देता है | शिष्टाचार इनके सामाजिक परिवेश को और भी समृद्ध बना देता है |

5. जो स्त्री **लाल** रंग को पसंद करती है, वह कभी प्रसन्न, कभी उग्र, निर्भीक तथा उत्तेजक स्वभाव वाली होती है | साहसी तथा अपने जीवन के प्रत्येक क्षण को आनंदपूर्ण बनाने की इच्छुक रहती है | भाग्य की अपेक्षा कर्म के मर्म को समझने वाली स्वतंत्रचेता तथा अपने उद्देश्य की पूर्ति में सदैव प्रयत्नशील बनी रहती है |

6. जो स्त्रियाँ **भूरा** रंग पसंद करती हैं, वे व्यवस्थाप्रिय , अकाल्पनिक एवं नियमित जीवन बिताने की अभ्यस्त होती हैं | अनुशासनरत किन्तु अपनों के प्रति प्रगाढ़ स्नेह रखती हैं, फिर भले ही वे माँ-पिता, भाई, पति अथवा संताने ही क्यों न हों | साज-सजा, वस्त्र, गहने तथा पर्यटन प्रिय

होती हैं | चेहरे पर मुस्कान और आँखों में शोखी तैरती नजर आती है उनमें | जीना कोई इनसे सीखे |

7. जो स्त्रियाँ हरा रंग पसंद करती हैं उनका वार्तालाप अंतहीन होता है | उनके मन में उमंग और उल्लास आ अद्भुत सम्मिश्रण रहता है | उनका अंतर्मन कल्पनाओं के रथ पर आरूढ़ होता है और सुखद सपनों में खोया रहता है | वे चुस्त, फुर्तीली और चतुराई के साथ जब भी जिससे प्यार करती हैं, जी-जान से करती हैं | नफरत करने पर बेवफा बनते देर नहीं लगती | बातचीत में हास-परिहास, पर्यटनशील, प्रकृति की दीवानी होती हैं |

8. जो स्त्रियाँ **बैंगनी** रंग पसंद करती हैं, उनके मन में वैभव-विलास की तीव्र लालसा होती है | ऐसी स्त्रियाँ व्यक्तिगत रूप से महत्वाकांक्षिणी भले ही न हो, किन्तु जीवनसाथी उन्हे सुखी तथा संतुष्ट बनाए रखने में दिन-रात एक कर देते हैं |

9. जो स्त्रियाँ **नीला** रंग पसंद करती हैं वे कभी प्रसन्न होती हैं और अगले ही क्षण निराशा उन्हे घेर लेती है | वे अपने संवेगों पर नियंत्रण नहीं रख पातीं | वैसे ऐसी स्त्रियाँ स्वभाव की अच्छी होती हैं | वे दूसरों के प्रति सहानुभूति रखती हैं | दूषित विचारों से दूर रहती हैं | रहस्यमय भी होती हैं, क्योंकि उनकी उदासी का कारण कोई नहीं जान पाता |

10. जो स्त्रियाँ **स्लेटी** रंग पसंद करती हैं, वे शांत, कुशल, परिश्रमी तथा अपने काम से काम रखने वाली होती हैं | मस्तिष्क उर्वराशील होता है | यदि उन्हे अपनी प्रतिभा का समुचित उपयोग करने का अवसर मिले, तो व्यावसायिक या अन्य क्षेत्रों में वे बहुत अच्छा काम कर सकती हैं | इनमें से कुछ स्त्रियाँ कठोर और स्वभाव से अभिमानी होती हैं |

11. जो स्त्रियाँ **काला** रंग पसंद करती हैं वे सामान्यत: उदास और निराश प्रकृति की होती हैं | कभी-कभी उनके स्वभाव में तीखापन भी देखा जा सकता है | व्यक्तित्व आकर्षक, सौन्दर्य में साक्षात सुंदरता की देवी 'वीनस' रूपगर्विता, पति-प्रेमी पर दबदबा बनाए रखने में कुशल और आत्मविश्वासी होती हैं | विलास में जीवन इनकी जीवनशैली का अंग है | ऊपर से कठोर और अंतर्मन इनका मखमली होता है | आँखों में खुमार इनके सौन्दर्य बोध का दावतनामा है |

20

स्त्री-स्वभाव जन्मानुसार

"नारी सुभाव सत्य सब कहहीं , अवगुण आठ सदा उर रहहीं |
साहस,अनृत,चपलता,माया, भय,अविवेक,असौच अदाया ॥
- रावण

लंकाकांड में रावण मंदोदरी की सलाह ठुकराते हुए कहता है जिसका भावार्थ है कि नारी के हृदय में आठ अवगुण सदा ही रहते हैं : साहस, असत्य , चपलता, माया (छल कपट),भय,अविवेक, अपवित्रता, और निर्ममता | स्त्री को इस सृष्टि का सबसे रहस्यमय प्राणी बताया गया है, क्योंकि स्त्री को आज तक कोई भी समझ ही नहीं पाया है | ऐसा माना जाता है कि जब बड़े बड़े ज्ञानी-महाज्ञानी स्त्री के स्वभाव और उसके विचारों को नहीं समझ पाए तो आम मानुष की क्या हिमाकत है | लेकिन ऐसा कहा जाता है कि जो काम तलवार से नहीं हो सकता वो काम एक छोटी सी सुई के द्वारा सम्पन्न हो जाता है | ज्योतिष शास्त्र से जिसमें स्त्रियों के शारीरिक अंगों और बनावट के साथ साथ उनके जन्म माह के अनुसार भी उनके स्वभाव के बारे में बताया गया है |

ज्योतिष शास्त्र हमें किसी महिला का व्यवहार तथा उसके भविष्य जानने में समर्थ बनाता है | फिर चाहे वह कितना भी रहस्यमयी क्यों न हो, हम उसके स्वभाव और राज को जान सकते हैं | बुंदेलखंड के प्रसिद्ध

ज्योतिषाचार्य पंडित मणिशंकर मिश्रा के कथनानुसार ज्योतिष शास्त्र के अनुसार महिलाओं के जन्म माह से ही उनका स्वभाव और उनसे जुड़े राज को जानने में आसानी होती है | तो आइए जानते हैं अलग अलग महीने के अनुसार स्त्रियों का स्वभाव कैसा होता है |

जनवरी : साल का सबसे पहला महीना जनवरी अपने खुशनुमा मौसम के लिए खासा पसंद किया जाता है | कहा जाता है कि इस महीने में पैदा होने वाली स्त्रियाँ बहुत खूबसूरत होती हैं | इनकी कपड़ों में खास रुचि होती है | सामान्यतः इस माह में जन्मी महिलायें काफी हद तक परिश्रमी होती हैं लेकिन इन्हे सोना या आराम करना भी बहुत पसंद होता है | इनकी फैशन की समझ जबरदस्त होती है | इस महीने में पैदा होने वाले लोगों को बोरियत काफी जल्दी महसूस होती है, क्योंकि ये लोग ऊर्जा से भरे होते हैं |

फरवरी : इस माह में जन्मी स्त्रियाँ काफी मस्तमौला किस्म की होती हैं | इनके भीतर शारीरिक संबंधों को लेकर हमेशा उदासीनता का भाव रहता है, जिसकी वजह से इनके वैवाहिक जीवन में समस्याएं उत्पन्न होती हैं | साथ ही इन्हे फैशन करने का बहुत ज्यादा शौक होता है | इनके लिए इनका परिवार सर्वोपरि है और साथ ही घर आए मेहमानों का सत्कार करने में भी ये कसर नहीं छोड़तीं | इस तरह की स्त्रियों को लगता है कि वह इतना सब करके अपने पार्टनर को अपनी ओर आकर्षित कर सकती हैं |

मार्च : इस माह में जन्मी स्त्री का व्यक्तित्व खूबसूरत और आकर्षक होता है | ये स्त्रियाँ शर्मीले स्वभाव की होती हैं और ये बहुत मुश्किल से घुलमिल पाती हैं | ये अपने दिल में कोई भी बात छिपाकर नहीं रखतीं | स्पष्ट कहना और स्पष्ट सुनना इनकी आदत में शुमार है | ये सच बोलने वाली और दयालु होती हैं | मार्च में पैदा होने वाली स्त्रियाँ शांतिप्रिय होती हैं | ये स्त्रियाँ दूसरों की तकलीफ को समझती हैं | इन्हे जल्दी गुस्सा आता है, लेकिन ये स्त्रियाँ विश्वास करने योग्य होती हैं |

अप्रैल : जिन स्त्रियों का जन्म अप्रैल में हुआ है ऐसी स्त्रियाँ धनवान तो होती हैं लेकिन साथ ही अपने आकर्षक स्वरूप के कारण बहुत ही जल्द लोग इन्हे पसंद करने लगते हैं | ऐसी महिलायें थोड़ा बातूनी किस्म

की होती हैं साथ ही खुश मिजाज की होती हैं | साथ ही यह बहुत ही सुंदर होती हैं, लेकिन इनकी एक सबसे बड़ी समस्या होती है कि यह बहुत जल्दी बोर हो जाती हैं | जिसके कारण इनको खुश रखने के लिए लाइफ पार्टनर को काफी मेहनत भी करनी पड़ती है |इन्हे अगर कोई बात बुरी लगती है तो वे उसे कभी भूल नहीं पातीं | इसी वजह से इनके संबंध खराब हो जाते हैं |

मई : इस महीने में जन्म लेने वाली स्त्रियाँ अपने परिवार के लिए ही जीती हैं | गर्मी में जन्म लेने की वजह से इनके भीतर क्रोध बहुत ज्यादा होता है जो कभी भी बाहर निकल जाता है | अगर इन्हे क्रोध आ जाए तो ये किसी की भी परवाह नहीं करतीं | बहुत जिद्दी और कठोर दिल की होती हैं | ये हमेशा जोश से भरपूर होती हैं और अपने दिल की सुनती हैं | इनके विचार सटीक होते हैं | इन्हे जल्दी गुस्सा आता है | लोग इनकी तरफ आसानी से आकर्षित हो जाते हैं | इन्हे आकर्षण का केंद्र बने रहना पसंद है | ये महिलाएं काफी खूबसूरत होती हैं और इनका दिमाग काफी तेज चलता है |

जून : इस माह जन्मी स्त्री थोड़ी शर्मीली स्वभाव की होती हैं | इस माह में जन्मी स्त्रियाँ अपेक्षाकृत ज़्याद कामुक, चतुर और मिलनसार होती हैं | इनका व्यवहार पहली ही बार में लोगों को इनसे जोड़ देता है, जिसकी वजह से इनके संबंध बहुत ही जल्दी बनते हैं | इस माह में जन्मी महिलायें किसी भी बात को खुलकर बताने में हिचकिचाती हैं | वैसे यह महिलायें काफी भावुक होती हैं और इनके लिए प्यार काफी मायने रखता है |

जुलाई : इस मौसम में जन्म लेने वाली ये स्त्रियाँ सर्वगुण सम्पन्न और अपने परिवार का ध्यान रखने वाली होती हैं | इस महीने में पैदा हुई महिला के दिमाग को समझना टेढ़ी खीर होता है , ये महिला अत्यंत रहस्यवादी और मूडी होती हैं | इनका दिल बहुत कोमल होता है | इस माह में पैदा हुई महिला आमतौर पर काफी लोकप्रिय होती हैं और इनके आसपास के लोग इनसे खुश रहते हैं | इन्हें धूमना-फिरना बहुत पसंद होता है और आनंद लेना अच्छा लगता है |

अगस्त : इस माह में जन्मीं स्त्रियाँ गृह कार्य में दक्ष होती हैं | ये स्त्रियाँ साफ रंग की होती हैं और साथ ही शांत होने के साथ धैर्यवान भी होती हैं | इनके लिए नियम, कायदे और अनुशासन जीवन की बहुत बड़ी जरूरत है | ये थोड़ी छोटी गरदन, साँवली और सामान्य हाईट वाली होती हैं | साथ ही लड़कियां काफी तेज-तर्रार और मेहनती होती हैं | अगस्त में जन्मी स्त्रियाँ बाकी स्त्रियों से काफी अलग होती हैं | इन्हे खुद पर बहुत विश्वास होता है जिसके कारण ये अपना पार्टनर खुद ढूंढती हैं | यह काफी खुश मिजाज किस्म की भी होती हैं |

सितंबर : शरद ऋतु में जन्म लेने वाली ये स्त्रियाँ सौभाग्यशाली होती हैं, जिन्हे जीवन का लगभग हर सुख प्राप्त होता है | इन स्त्रियों का रंग सामान्यतया: सांवला या गेहुआं होता है | ये महिलायें अधिक उदार होती हैं और दूसरों की सहायता करने में ये स्त्रियाँ कभी पीछे नहीं हटती हैं | इनमें सीखने और समझने की क्षमता अन्य की तुलना से अधिक होती है | इस महीने में पैदा हुई महिलायें संघर्ष करने में पीछे नहीं हटती और मेहनत पर विश्वास करती हैं | आदतन ये हंसमुख स्वभाव की होती हैं लेकिन इन्हे क्रोध भी बहुत जल्द आता है | अगर इनका कोई काम पूरा नहीं होता तो ये इनसे बर्दाश्त नहीं होता |

अक्टूबर : इस माह में जन्मीं स्त्रियाँ सुंदर होती हैं | अपनी काम भावना को दबाकर रखती हैं जिसकी वजह से इन्हे पेट, लीवर से जुड़ी समस्याओं का सामना करना पड़ता है | साथ ही यह मीठे और सरल स्वभाव के साथ काफी आकर्षित भी होती हैं | जिसके कारण अक्सर लोग इनके प्यार में पड़ जाते हैं लेकिन यह आसानी से किसी के हाथ नहीं आती हैं | इस माह में जन्मी स्त्रियाँ बहुत ही भावुक होती हैं इसलिए रिश्तों का बहुत ध्यान रखती हैं | इनको प्यार का मतलब अच्छी तरह से पता होता है और अपना रिश्ता अच्छे से निभाती हैं |

नवंबर : इस माह में जन्मीं स्त्रियाँ बहुत ईमानदार होती हैं | और इनका कद, उनकी गरदन छोटी होती है और साथ ही इनका रंग भी सांवला होता है | इनके भीतर एक अजीब सा भय हमेशा बरकरार रहता है जो इन्हे स्वतंत्र होकर रहने नहीं देता | ये अगर किसी काम को शुरू करती हैं तो उसे खत्म होने के बाद ही इन्हे चैन मिलता है | ये कई

बार खतरनाक भी साबित होती हैं | इनकी सेक्स अपील इनका मुख्य हथियार होता है साथ ही साथ इनका रहस्यमय व्यक्तित्व लोगों को इनकी तरफ खींचता है | ये बहुत ज्यादा संवेदनशील होती हैं और इन्हे गुस्सा जल्दी आता है |

दिसंबर : इस माह में जन्मी स्त्रियाँ थोड़ा बातूनी किस्म की होती हैं | मेहमानों की आवभगत करना इन्हे पसंद नहीं, इसलिए कभी कभी इनका व्यवहार अप्रिय हो जाता है | ये महिलायें धन जोड़ने में माहिर होती है, जिसकी वजह से इनके परिवार के सामने पैसे की दिक्कत बहुत ही कम आती है | ये लड़कियां धन लोलुप होती हैं और अपने पार्टनर को चरमसुख प्रदान करने वाली होती हैं | इनके बहुत सारे दोस्त होते हैं जो कि वक्त के साथ बदलते रहते हैं | जिसके कारण इनका मन हमेशा इधर-उधर भागता रहता है|

21

नारी-स्वभाव के 100 मनोवैज्ञानिक तथ्य

"स्त्री-स्वभाव पर एक बहुत बड़ा प्रश्न है जिसका उत्तर कोई नहीं दे पाया है, तीस वर्षों के शोध के बावजूद मैं भी इसका उत्तर नहीं दे पाया हूँ ,वो प्रश्न है –एक स्त्री क्या चाहती है ?"

-सिगमंड फ्रायड

जिस आदमी ने स्त्रियों के विषय में पूरा जाना है वह आदमी दुनिया का सबसे ज्ञानी पुरुष होगा | क्योंकि स्त्रियों को समझना बहुत ही मुश्किल होता है | खासकर लड़कियां जितनी सीधी दिखती हैं उतनी होती नहीं है | आइए जानते हैं स्त्रियों से संबंधित कुछ दिलचस्प तथ्य जिन्हे ज्यादातर पुरुष नहीं जानते हैं :-

1. लड़कियां अपने दिल की बात आसानी से किसी को नहीं बताती हैं |

2. अपने घर की आर्थिक स्थिति के विषय में किसी से आमतौर पर बात नहीं करती हैं |

3. लड़कियां पहले अपने लिए लड़का देखती हैं और उसके बाद ब्रेकप करती हैं | बिना ऑप्शन से कभी भी ब्रेकअप नहीं करती हैं |लड़कियां, लड़कों से मानसिक रूप से बहुत ही मजबूत होती हैं |

5. अगर ब्रेकअप हो भी गया है तो लड़कियां उस दुख से जल्दी उबर जाती हैं जबकि लड़के रोते रहते हैं |

6. लड़कियों को कल्पना में जीने वाले लड़के पसंद आते हैं न कि वास्तविकता में जीने वाले |

7. लड़कियों में परिस्थितियों को समझने की बेहतर काबिलियत होती है |

8. लड़कियां हमेशा लड़कों की बराबरी करना चाहती हैं परंतु सच्चाई यह है कि लड़कियां कभी भी लड़कों के बराबर नहीं हो सकती हैं |

9. प्यार में धोखा देने की प्रकृति लड़कियों में लड़कों से अधिक होती हैं |

10. लड़कियां बात छुपाने में माहिर होती हैं |

11. लड़कियां अपनी गलती कभी नहीं मानती हैं |

12. एक शोध के अनुसार स्त्रियों की आँखें पुरुषों से ज्यादा प्रकार के रंग देखने की क्षमता रखती हैं |रंग पहचानने की क्षमता स्त्रियों में पुरुषों से 20% ज्यादा होती है |

13. स्त्रियों में दर्द बर्दाश्त करने की क्षमता पुरुषों से कई गुना ज्यादा होती है | प्रसव पीड़ा वह अधिकतम पीड़ा है जो मनुष्य बर्दाश्त कर सकता है |

14. दुनिया दिमाग और कुशल प्रबंधन से चलती है और इन दोनों विधाओं में स्त्रियाँ पुरुषों से आगे हैं |

15. स्त्री जब किसी पुरुष की ओर प्रथम बार आकर्षित होकर अपना दिल दे बैठती है, तो उसका सर, लज्जा दर्शाते हुए गरदन से झुक जाता है पर आँखें पुरुष के मुख की ओर देखती रहती है |

16. बुद्धिमान लड़कियों की तुलना में लड़के अच्छी दिखने वाली लड़कियों को पसंद करते हैं | किसी भी पुरुष को दिमागदार स्त्री नहीं चाहिए होती | इसकी वजह है - पुरुष की अधिकार जमाने की प्रवृति | पुरुष अपने फैसले पर यकीन ज्यादा रखता है , इसीलिए स्त्री के द्वारा विरोधाभास उसे पसंद नहीं आता | लड़कों को वो लड़कियां ज़्याद भाती हैं जो उसकी हाँ में हा मिला ले | आज्ञाकारी लड़की, लड़कों को बहुत पसंद होती है |

17. स्त्रियों में ईर्ष्या की भावना पुरुषों से अधिक होती हैं | पुरुष किसी को भी आसानी से माफ कर देते हैं पर स्त्रियाँ आसानी से किसी को माफ नहीं करतीं |

18. लड़कियों को गंदी बातें करने में उतना मजा नही आता जितना लड़के करते हैं |

19. जब लड़के गंदी बातें कहते हैं तो लड़कियां उनसे नफरत करती हैं |

20. जब एक लड़की कहती है कि वह दुखी है, लेकिन वह रो नहीं रही है , इसका मतलब है कि वह दिल में रो रही है |

21. गप्पें हांकना लड़कियों को बहुत पसंद होता है | ऐसा करके वे अपने आप को बहुत हल्का महसूस करती हैं | जबकि लड़के अपने दिल की बात आसानी से नहीं कहते |

22. लड़कियों को स्पेशल महसूस करना पसंद है, भले ही वो कहती न हों |

23. एक लड़की को उस लड़के के बारे में नफरत करने के लिए कुछ भी नहीं मिल सकता है जिसे वह प्यार करती हैं |

24. जब कोई लड़की आपके लिए खाना बनाती है, तो आप जानते हैं कि आप उसके लिए बहुत मायने रखते हैं |

25. लड़की को उसके पार्टनर से अगर पीछे से आलिंगन मिले तो वह पसंद करती है |

26. एक मुस्कान का मतलब एक लड़की के लिए बहुत है |

27. एक लड़की तारीफ सुनना पसंद करती है, लेकिन आमतौर पर यह निश्चित नहीं है कि उस पर कैसी प्रतिक्रिया करे |

28. लड़कियों को जोरदार आलिंगन और माथे पर चुंबन ज्यादा पसंद होते हैं |

29. लड़की को प्यार करने वाला उसकी आँखों में एक ही नजर से देखता रहे तो वह शर्मा जाएगी |

30. लड़की को भले ही कितने दुख हो वो सब अपनी एक मुस्कान से छुपा सकती है |

31. एक शोध से पता चला है कि सेक्स के बारे में महिलायें एक दिन में 18 बार सोचती हैं जबकि पुरुष 35 बार |

32. लड़कियां उन्हे पसंद नहीं करती हैं जो लोग डींग हाँकते रहते हैं |

33. लड़कियां बहुत ही शक्की मिजाज की होती हैं |

34. लड़कियां हमेशा अपने प्रेमी का हाथ पकड़ कर चलना पसंद करती हैं |

35. लड़कियां सबसे ज्यादा उन लड़कों को पसंद करती हैं जो लड़के ज्यादा बातें करते हैं |

36. लड़कियां बहुत संवेदनशील होती हैं |

37. लड़कियां छोटे बच्चों को बहुत ही पसंद करती हैं |

38. लड़की दिल से जब दुखी होती है तब उसकी आँखों में आँसू नहीं होते हैं |

39. लड़कियां अपने घनिष्ठ मित्र को अपनी सारी बातें खुलकर बता देती हैं |

40. लड़कियां ज्यादा गंभीर लोगों से फ्रेंडशिप करना पसंद नहीं करती हैं |

41. कोई लड़का जब लड़की को उसके नाम से बुलाता है तब लड़की को उस पर बहुत प्यार आता है |

42. लड़कियां हमेशा अपनी चाहत को इशारे में ही बताती है, वो कभी भी सीधे नहीं कहती हैं |

43. लड़कियां उन लड़कों को पसंद करती हैं जो लड़के उन्हे घुमाने ले जाएँ और प्यार भरी बाते करें |

44. लड़कियां अपने प्यार के बारे में दिन भर सपने देखती रहती हैं, लेकिन कभी जाहिर नहीं होने देतीं |

45. केवल 2% स्त्रियाँ खुद को सुंदर समझती हैं |जब एक स्त्री एक पुरुष के प्रति आकर्षित होती है, तो वह सामान्य से अधिक ऊंचे पिच में बात करती है |

46. हम लोग अक्सर कहते हैं कि स्त्रियाँ बातूनी होती है, यह सच है | एक शोध के मुताबिक स्त्रियाँ प्रति दिन लगभग 20,000 शब्द बोलती हैं, जो कि औसत पुरुष से 13,000 अधिक है| जबकि पुरुष 7000 शब्द

तक ही बोलते हैं |

47. स्त्रियों में बातों से , आवाज की टोन से और शरीर की भाषा से लोगों को पहचानने की क्षमता होती है जिससे वह यह जानने में सक्षम होती है कि पुरुष कब झूठ बोल रहे हैं |

48. 'बेबी' कहे जाने का स्त्री मस्तिष्क पर सकारात्मक प्रभाव पड़ता है | इससे उन्हे तुरंत भावनात्मक तनाव से राहत मिलती है | हालांकि यह पश्चिमी सभ्यता में प्रचलित शब्द है और उन पर ही ज्यादा लागू होता है |भारत में स्त्रियों को उनके घरेलू नाम से पुकारा जाना उन्हे अच्छा लगता है |

49. स्त्री , पुरुष के रूप से ज्यादा उसके 'सेंस ऑफ ह्यूमर (हास्य वृत्ती) से अधिक प्रभावित होती हैं |

50. स्त्री और पुरुष समान मात्रा में भावनाओं का अनुभव करते हैं | फर्क सिर्फ इतना है कि स्त्रियाँ अपनी भावनाओं को पुरुषों की तुलना में दिखाती ज्यादा हैं |

51. 80% स्त्रियाँ अपने दर्द को व्यक्त करने के लिए चुप्पी का उपयोग करती हैं | आपको पता है कि जब वह आपको नजरअंदाज करती हैं तो वह आहत होती हैं |

52. बुद्धिमान स्त्रियों को अपने लायक साथी खोजने में अधिक कठिनाई होती है | वह गलत व्यक्ति के साथ रहने की बजाय अकेली रहना अधिक पसंद करती हैं |

53. एक स्त्री को अक्सर दूरी स्त्री की चीजें ज्यादा भाती हैं , ठीक वैसे ही जैसे पतियों को दूसरी की पत्नियाँ|

54. स्त्रियों के अंदर हंगामा करने की अद्भुत ताकत होती है |

55. एक शोध के मुताबिक स्त्रियाँ अपनी पूरी जिंदगी में 2 किलो लिपस्टिक खा लेती हैं |

56. स्त्रियों को कपड़ों,जूतों और गहनों से बहुत लगाव होता है |

57. स्त्रियाँ जब आपसे नाराज होंगी या आपकी वजह से दुखी होंगी तो ये खामोश हो जाएंगी |

58. स्त्रियाँ बहुत भोली होती हैं, इसलिए इन्हे मनाना एक असली मर्द के लिए बेहद आसान होता है |

59. स्त्रियों जितना समर्पण किसी और में आप नहीं देख पाएंगे |

60. स्त्रियों के अंदर मातृत्व जन्म से होता है | एक बच्चे को जन्म देने के बाद नहीं बल्कि ये पैदाइशी ममतामयी होती हैं |

61. स्त्रियों को प्रकृति ने इतनी ताकत दी है की ये किसी भी चीज को आबाद और बर्बाद दोनों कर सकती हैं |

62. स्त्रियाँ अपने प्रेमी को लेकर काफी असुरक्षित रहती हैं | उसके दूर जाने का डर उन्हे हमेशा रहता है |

63. कुछ स्त्रियों के लिए पैसा ज्यादा महत्वपूर्ण होता है , कुछ के लिए केवल प्यार |

64. स्त्रियाँ अपने मोटापे को लेकर काफी चिंतित रहती हैं |

65. स्त्रियाँ अन्नपूर्णा अर्थात समृद्धि करने वाली होती हैं |

66. स्त्रियाँ स्वभाव से काफी चंचल और चुलबुली होती हैं | अभी कुछ तो बाद में कुछ और होती हैं पर जिम्मेदारी आने पर उसका निर्वाह बखूबी कर लेती हैं और दृढ़ भी हो जाती हैं |

67. बच्चे की रोने की आवाज को सुनते ही माँ के स्तनों में दूध उतर आता है | यह एक प्राकृतिक प्रक्रिया है|

68. हर स्त्री सीता नहीं होती, कुछ राक्षसी प्रवृति की भी होती हैं | हालांकि ऐसी राक्षसी स्त्रियों के लिए आपको राम होना जरूरी है, अन्यथा इनसे बचें या दूर रहें |

69. एक रिपोर्ट के अनुसार स्त्रियों का दिमाग बचपन में पुरुषों की तुलना में तेजी से विकसित होता है | इसी कारण से लड़कियां बचपन में लड़कों की तुलना में जल्दी समझदार और परिपक्व हो जाती हैं |

70. कहा जाता है कि हर सफल पुरुष के पीछे एक स्त्री का हाथ होता है और यह ज्यादातर सच भी होता है लेकिन इसका उल्टा भी उतना ही सच मालूम पड़ता है | आज के समय में दुनिया की टॉप 20 अमीर महिलाओं में से अधिकतर महिलाओं की संपत्ति उनके पति या पिता से मिली हुई है |

71. कुछ अध्ययनों से पता चलता है कि स्त्रियाँ जानबूझकर खतरा उठाना पसंद नहीं करती हैं | ऐसा दिमाग के एक हिस्से के कारण होता है | दिमाग का वो हिस्सा जो निर्णय लेने के लिए जिम्मेदार होता है वह

स्त्रियों में पुरुषों की तुलना में आठ फीसदी छोटा होता है | स्त्रियों का दिमाग भले ही पुरुषों की तुलना में छोटा हो लेकिन स्त्रियाँ पुरुषों की अपेक्षा ज्यादा कुशलता से दिमाग का प्रयोग करती हैं |

72. ज्यादातर हमने देखा है कि शादी के बाद या रिलेशनशीप में आने के बाद पुरुषों का वजन बढ़ जाता है | ऐसा उनकी महिला साथी की वजह से होता है | असल में जब महिलायें हमारे जीवन में आती हैं तो वो हमारे खान-पान का अच्छा ध्यान रखती हैं |

73. अमेरिकी स्त्रियों पर किए गए कुछ मनोवैज्ञानिक शोध के अनुसार स्त्रियाँ लगभग अपने जीवन का एक साल केवल यह सोचने में बिता देती हैं कि आज क्या पहना जाए |

74. जब बात निर्णय लेने की आती है तो महिलायें भावनात्मक पक्ष पर ज्यादा ध्यान देती हैं जबकि पुरुष तार्किक पक्ष के अनुसार फैसले लेते हैं |

75. स्त्रियों का दिमाग,पुरुषों की तुलना में छोटे आकार का होता है, लेकिन उसमें कोशिकाओं की संख्या बराबर ही होती है | उनके दिमाग की कोशिकाएं मजबूत घनत्व से जुड़ी होती हैं| हालांकि छोटा दिमाग होने के बावजूद वे अपने दिमाग का इस्तेमाल अच्छी तरह करती हैं |

76. स्त्रियों में पुरुषों की तुलना में सूंघने की क्षमता ज्यादा होती है |

77. स्त्रियों का दिल पुरुषों की तुलना में ज्यादा तेजी से धड़कता है |

78. सन 2018 की एक रिपोर्ट के अनुसार दुनिया भर में हर 90 सेकंड में प्रेगनेंसी और बच्चे को जन्म देने के कारण एक महिला की मौत हो जाती है |

79. स्त्रियों पर उत्पीड़न का लंबा इतिहास रहा है | 1770 में ब्रिटिश संसद में एक बिल पास हुआ था जिसके अनुसार जो महिलायें मेकअप करते हुए पाई जाती थी उन्हे डायन बताकर सजा दी जाती थी |

80. अमेरिका में स्त्रियों की संख्या , पुरुषों से ज्यादा है |

81. Woman शब्द की उत्पत्ति 'Wyfman' शब्द से हुई है जिसका मतलब होता है 'Wife of Man' |

82. दुनिया भर में स्त्रियों की औसत जीवन अवधि, पुरुषों से ज्यादा होती है | ऐसा उनके इम्यून सिस्टम (रोग प्रतिरोधक क्षमता) के ज्यादा

मजबूत होने की वजह से होता है |

83. एक सर्वे के अनुसार 70% स्त्रियाँ सेक्स से ज्यादा चॉकलेट खाना पसंद करती हैं |

84. कुछ रिसर्च के अनुसार स्त्रियों के ऊपर उनके नवजात शिशु की गंध, नशे की तरह प्रभाव डालती है | इसी कारण स्त्रियाँ अपने तुरंत जन्मे बच्चे से ज्यादा देर तक दूर नहीं रह पाती हैं |

85. स्त्रियों की पलक झपकने की गति, पुरुषों की तुलना में दोगुनी होती है |औरतें एक मिनट में 19 बार पलक झपकाती हैं वहीं पुरुष केवल 11 बार पलक झपकाते हैं |

86. स्त्रियाँ सार्वजनिक स्थानों पर, पुरुषों की तुलना में ज्यादा सजग रहती हैं | स्त्रियाँ ज्यादातर लोगों के बीच कम खाने का अभिनय करती हैं जबकि अकेले में वो स्वतंत्र होकर खाती हैं |

87. एक अध्ययन के अनुसार स्त्रियाँ जितना ज्यादा शारीरिक रूप से संतुष्ट होती हैं , पीरियड्स के दौरान उन्हे उतना ही कम दर्द का अनुभव होता है |

88. Hymen (स्त्री के जननांगों के बीच एक झिल्ली) का स्त्रियों की वर्जीनिटी से कोई मतलब नहीं होता है| इस झिल्ली को कई बार खेलते-कूदते या कोई एडवेंचर करते हुए भी टूट जाती है|

89. लड़कियां भी अकेले में या अपने नजदीकी दोस्तों के साथ उसी प्रकार की बातें करती हैं जिस प्रकार लड़के आपस में बात करते हैं |

90. स्त्रियाँ पुरुषों की तुलना में अपनी गलती महसूस करने पर जल्दी खेद प्रकट करती हैं |

91. स्त्रियाँ , पुरुषों की तुलना में सूचनाओं या खबरों को तेजी से फैलाती हैं |

92. पीरियड्स स्त्रियों के जीवन का महत्वपूर्ण हिस्सा होते हैं | स्त्रियाँ औसतन अपनी जिंदगी के 4 साल पीरियड्स के दौरान गुजार देती हैं |

93. एक अध्ययन के अनुसार जिन स्त्रियों की लंबाई ज़्यादा होती है, उनमें कैंसर होने की संभावना ज्यादा होती है |

94. स्त्रियों के पहनाव का प्रमुख अंग हील्स (ऊंची एड़ी के चप्पल या जूते) का निर्माण दरअसल पुरुषों के लिए हुआ था | पुराने समय में

हील्स पहनना मर्दाना गौरव माना जाता था |

95. एक रिसर्च के अनुसार स्त्रियाँ , पुरुषों की तुलना में ज्यादा बुरे सपने देखती हैं| स्त्रियों के सपने भावनात्मक ज्यादा होते हैं | पुरुष अपने सपने ज्यादा समय तक याद नहीं रख पाते हैं |

96. औरतें , पुरुषों की तुलना में बचपन से ही चेहरे की हावभाव, भावनात्मक बातों और इशारों में ज्यादा बेहतर तरीके से समझने की क्षमता रखती हैं |

97. स्त्रियाँ , पुरुषों की तुलना में सामाजिक तनाव को ज्यादा समझदारी से हल करती हैं , पुरुष ज्यादातर इससे दूर भागते हैं |

98. 30 से 40 वर्ष उम्र के बीच वाली स्त्रियों की सेक्सुअल आकांक्षाएं , जवान लड़कियों की तुलना में ज्यादा होती है |

99. स्त्रियों में मेकअप करने या सजने सँवारने की आदत प्राचीन काल से ही रही है | प्राचीन रोम में स्त्रियाँ मेकअप करने के लिए अन्य प्राकृतिक साधनों के साथ योद्धाओं के पसीने तक का भी प्रयोग करती थीं |

100. हर साल पूरी दुनिया में 8 मार्च का दिन अंतर्राष्ट्रीय महिला दिवस के रूप में मनाया जाता है | बहुत सारे देशों में इस दिन छुटटी भी होती है |

स्त्री और पुरुष के व्यवहार में मौलिक अंतर क्या होता है ?

1. लड़कों की तार्किक सोच अच्छी होती है जबकि लड़कियों की सीखने की क्षमता अच्छी होती है|

2. लड़कियों के लिए बैग का मतलब ट्रेवलिंग बैग , शॉपिंग बैग , स्कूल बैग , पार्टी बैग, हैंड पर्स, बीच बैग , स्लिंग बैग होते हैं | जबकि लड़कों को इतना कुछ समझ ही नहीं आता |

3. लड़कों के लिए हर रंग के एक ही शेड होते हैं | लड़कियों के लिए हर रंग के मल्टीपल शेड्स होते हैं | जैसे पिंक में फ्यूशिया पिंक, सेलमन पिंग, कारनेशन पिंक, स्ट्राबेरी पिंक, मेजेंटा पिंक| रेड में स्कारलेट रेड,वाइन रेड, मरून , एप्पल रेड,रूबी रेड |

4. लड़कियां अपने माता-पिता के प्रति ज्यादा संवेदनशील होती हैं यही वजह है कि अधिकांश घरों में माता-पिता की बातचीत और गप्पें

अपनी बेटियों से ज्यादा होती हैं |

5. लड़कों के अधिकांश निर्णय फ़ैक्ट या अनुभव पर आधारित होते हैं जबकि लड़कियों के अधिकांश निर्णय भावनाओं और उम्मीदों पर आधारित होते हैं |

6. अधिकांश लड़के बोलकर अपनी बात या जरूरतों को रखते हैं जबकि लड़कियों की उम्मीद होती है कि सामने वाला उनकी बात या जरूरतों अपने आप समझे |

7. लड़कों को शॉपिंग मॉल में सबसे पहले जो कपड़ा पसंद या फिट आ जाए, उसे लेकर घर आ जाते हैं | जबकि लड़कियों को पूरे बाजार या 10 शॉपिंग मॉल में कपड़ों के हर काउंटर में घुमा दो तो भी वह संतुष्ट नहीं होतीं |

8. लड़के फुरसत में सोना या दोस्तों के साथ घूमना पसंद करते हैं | जबकि अधिकांश लड़कियां फुरसत में अपने ही रूम में नेल पॉलिश लगाना या सहेलियों और रिश्तेदारों से खूब बातें करने में समय बिताती हैं |

9. लड़कों के लिए बातचीत का मतलब आपसी बातचीत होता है | जबकि लड़कियों के लिए बातचीत का मतलब वनवे कम्यूनिकेशन होता है या सामने वाला सिर्फ उनको सुने |

10. लड़कियां कई काम एक साथ कर सकती हैं | वह एक समय पर टीवी देख सकती हैं, फोन पर बात कर सकती हैं, खाना भी बना सकती हैं | जबकि लड़के एक टाइम पर एक ही काम करते हैं |

11. लड़कियों को सिर से लेकर पैर तक तैयार होना पसंद है जबकि अधिकांश लड़कों को यह पसंद नहीं होता |लड़के राइडिंग, ड्राइविंग और जिम जाना ज्यादा पसंद करते हैं |

12. लड़कों के स्वभाव में गुस्सा ज्यादा होता है | जबकि अधिकांश लड़कियों में किसी भी स्थिति को संभालने के लिए धैर्य ज्यादा होता है |

13. लड़कियां आजाद पंछी की तरह होती हैं | आप यह कभी नहीं जान सकते कि वह उड़ते समय कौन सी दिशा में टर्न लेगी | जबकि लड़कों के बारे में अनुमान लगाया जा सकता है |

14. लड़कियां स्वभाव से चंचल, नटखट, इमोशनल और नखरीली होती हैं जबकि लड़का स्वभाव से शांत , शानदार और मजबूत होता है |

15. लड़कियां बात बात पर रो देती हैं जबकि लड़के बहुत दुखी होने पर ही रोते हैं लेकिन वे कभी जाहिर नहीं होने देना चाहते हैं कि वो दुखी हैं |

16. लड़कियां अपने पिता की ज्यादा लाड़ली होती हैं जबकि लड़के अपनी माँ के ज्यादा करीब होते हैं |

22

स्त्रियों की पसंद के पुरुष

"ऐसा पुरुष इस धरती पर पैदा नहीं हुआ जिसे कोई स्त्री पूरी तरह पसंद कर ले।"

यह बात सही है कि स्त्रियों की पसंद समझ पाना बहुत ही मुश्किल है, क्योंकि कभी स्त्रियों का दिल कुछ चाहता है तो कभी कुछ। कहा जाता है कि सभी स्त्रियों को सच्चे प्यार की तलाश होती है। आज के समय में भी स्त्रियों की पसंद पुरुषों में एक अच्छे दोस्त का रूप देखना होता है। किसी भी स्त्री को वो ही पुरुष आकर्षित करते हैं, जो स्त्रियों को भरोसे के काबिल लगते हैं।जब भी कोई लड़की किसी लड़के को अपने बॉयफ्रेंड या जीवनसाथी के रूप में पसंद करती है, तो वह उसमें कुछ गुणों को खोजती है। हालांकि, लड़कों की कुछ कमियों के साथ लड़कियां थोड़ा समझौता कर सकती हैं लेकिन कुछ आदर्श गुणों को हर लड़की अपने साथी में तलाश करती है। तो आइए जानते हैं कि लड़कियां किस प्रकार के स्वभाव वाले पुरुषों को पसंद करती हैं।

1. बुद्धिमान पुरुष : जब भी कोई लड़की किसी लड़के को नोटिस करती है, तो वह उसकी सोच पर जरूर ध्यान देती है। हां लड़की के लिए यह बात बहुत मायने रखती है कि जिस लड़के को वह पसंद करने जा रही है, उसकी सोच अच्छी होनी चाहिए। वह दूसरी लड़कियों के प्रति लड़के

की सोच और नजरिए पर ध्यान देती है | प्यार और रिश्ते को लेकर लड़के की सोच और फिर वह अन्य लोगो के दुख-दर्द के बारे में कितना सोचता है | ऐसी ही कई बातों को लेकर लड़कियां लड़के की सोच को परखती हैं |इस तरह के पुरुषों का सेंस ऑफ ह्यूमर कमाल का होता है | इनकी बातें समझदारी से भरी होती हैं | चाहे कोई भी विषय हो, किताबें , पॉलिटिक्स, मूवी, जोक्स या करंट अफेयर्स, ये हर विषय पर इतनी कुशलता पूर्वक दिलचस्पी से भरी बातें करते हैं कि इन्हे हर कोई ध्यान से सुनना चाहता है | इनके साथ घंटों बैठकर भी कोई बोर नहीं होता | चूंकि किसी भी रिश्ते के संवरने में, इंटेलेक्चुअल कनेशन का होना बेहद जरूरी होता है, इसलिए महिलायें हमेशा से ही इंटेलिजेंट पुरुषों को पसंद करती रही हैं |

2. सेंसेटिव पुरुष : कहते हैं जिन लोगों में प्यार होता है, वो बिना कुछ कहे ही एक –दूसरे की दिल की बात समझ लेती हैं | लड़कियां इस गुण को अपने बॉयफ्रेंड या लाइफ पार्टनर में चाहती हैं | दरअसल , कई बार लड़कियां अपने मन की बातों को सबके सामने जाहिर नहीं कर पाती हैं | ऐसे में वो चाहती हैं कि उन्हे कोई ऐसा इंसान मिले जो बिना कहे ही उनकी बातों और इच्छाओं को समझ जाए | उनके चेहरे की हंसी के पीछे का दर्द हो या मन में कुछ खरीदने की चाह, लड़के उनके बोलने से पहले ही समझ जाएँ | कुछ ऐसा ही गुण वो लड़के में ढूंढती हैं |लड़कियों की पसंदमें लड़के का दिल काफी मायने रखता है | अगर लड़के का दिल साफ नहीं है , तो आगे की लाइफ उसके साथ बिताना हद से ज्यादा मुश्किल हो सकता है | अगर लड़के के दिल में दूरों के प्रति नफरत, गुस्सा या चालाकी भरी होगी, तो इसका असर उसके हर रिश्ते पर जरूर पड़ेगा | इसलिए, लड़कियां चाहती हैं कि उसका साथी साफ दिलवाला हो | प्रत्येक महिला को सेंसेटिव पुरुषों की महिलाओं को सम्मान देने वाली, उनके साथ नम्रता पूर्वक पेश आने की, उनकी भावनाओं को समझने की और उन्हे स्पेस देनेवाली आदत अच्छी लगती है | महिलायें जिंदगी भर साथ निभाने के लिए इसी तरह के गुणों वाले पुरुष की चाहत रखती हैं | सेंसेटिव नेचर के पुरुष आपके लिए कार का दरवाजा खोलते हैं, डिनर पर कुर्सी ऑफर करते हैं, डिनर का बिल चुकाते हैं और आपकी सुरक्षा का पूरा ध्यान रखते हैं | वे इस बात का पूरा ख्याल रखते हैं कि आपको कोई

परेशानी न हो | यही बातें महिलाओं को सेंसेटिव पुरुषों का मुरीद बनाती है |

3. **आत्मनिर्भर पुरुष :** लड़की किसी लड़के को पसंद करते हुए उसके काम को भी अहमियत देती है | वह चाहती है कि वो जिस लड़के को पसंद करे, वह अच्छा काम करने वाला हो ताकि उनकी आगे की जिंदगी में किसी तरह की आर्थिक परेशानी न आए | लड़कियां नौकरी पेशा वाले या अच्छा व्यवसाय करने वाले लड़कों को पसंद करती हैं | इसके अलावा वह कॉन्फिडेंस से लबालब , खुद पर पूरा भरोसा रखने वाले, मजबूत इरादों वाले पुरुषों को जिनकी बातों और व्यवहार से ही उनका आत्मविश्वास झलकता है,उन्हे पसंद करती हैं | जो महिलाओं पर अपने निर्णय नहीं लादते और उन्हे काफी आजादी देते हैं | ये दूसरे पुरुषों से ईर्ष्या नहीं रखते, जिसके कारण इन्हे अपनी पत्नी के पुरुष सहकर्मी और दोस्तों से भी कोई खतरा महसूस नहीं होता | इनका कॉन्फिडेंस से परिपूर्ण डोमिनेटिंग नेचर महिलाओं को बहुत पसंद होता है, इसलिए वे आत्मविश्वासी पुरुषों पर आसानी से भरोसा कर लेती हैं | कॉन्फिडेंट पुरुष किसी भी बात में महिलाओं पर निर्भर नहीं रहते, वे खुद के निर्णय खुद लेते हैं | यही बातें महिलाओं को उनकी ओर आकर्षित करने की क्षमता रखती है |

4 . **रोमांटिक पुरुष :** रोमांस में विश्वास करने वाले इस तरह के पुरुष थोड़े फिल्मी टाइप के होते हैं | वे अपनी गर्लफ्रेंड या पत्नी के लिए हमेशा फूल, बुके, चॉकलेट या गिफ्ट लेकर आते हैं, उसे लांग ड्राइव और कैन्डल लाइट डिनर पर ले जाते हैं , बार बार फोन करते हैं और ज्यादातर समय यह एहसास कराते हैं कि आप हमेशा उनके ख्यालों में रहती हैं | चूंकि महिलायें अपनी तारीफ सुनना पसंद करती हैं | भले ही लड़कियां जाहिर न करें , लेकिन हर लड़की को अपनी तारीफ सुनना काफी पसंद होता है | इसलिए, जो लड़के उनकी तारीफ करते हैं और उनके बारे में छोटी बड़ी सभी बातों का ध्यान रखते हैं , उनके लिए लड़कियों के दिल में खास जगह बन जाती है | हालांकि, तारीफ वास्तविक होनी चाहिए, दिखावे की या झूठी तारीफ नहीं होनी चाहिए | लड़कियां खुद को खास समझती हैं और रोमांटिक पुरुष उन्हे स्पेशल होने का एहसास दिलाते हैं | महिलाओं

को लगता है कि ऐसे पुरुष दुनिया में किसी अन्य चीज की नहीं, बल्कि उनकी परवाह करते हैं, इसलिए महिलायें उनके रोमांटिक अंदाज पर मर मिटती हैं।

5. **आर्टिस्टिक पुरुष :** स्वभाव से नैसर्गिक और सहजता से भरे आर्टिस्टिक पुरुष अपने आर्टिस्टिक अंदाज और क्रियेटिविटी से महिलाओं को प्रभावित करते हैं, जैसे अपनी गर्लफ्रेंड के लिए पेंटिंग बनाना, उस पर कविता लिखना या उसके लिए खुद की कोई स्पेशल धुन बनाकर समर्पित करना | चूंकि प्रत्येक महिला खुद को अलग और स्पेशल समझती है, तो उसे यह सब बहुत अच्छा लगता है | और जब आर्टिस्टिक पुरुष महिलाओं से यह कहते हैं कि तुम मेरी प्रेरणा हो, तो वे भावुक हो जाती हैं | पुरुषों के दिलों-दिमाग पर खुद के हावी होने का एहसास उन्हे खुशी से भर देता है |

6. **बिंदास पुरुष :** देखा गया है कि अक्सर महिलायें बिंदास टाइप के पुरुषों की ओर जल्दी आकर्षित हो जाती हैं | चाहे इनका रहन सहन हो, फैशन स्टाइल हो, हुड़दंग मचाने की काबिलियत हो, पार्टी की जान बनने की खूबी हो या एडवेंचर्स तरीके से बाइक चलाना हो .....कुछ महिलायें बिंदास पुरुषों के इन्ही बोल्ड स्टाइल पर फिदा हो जाती हैं | उन्हे लगता है कि बोल्ड टाइप के पुरुष के साथ उनकी लाइफ भी बिंदास तरीके से बीतेगी, और कुछ भी करने की पूरी आजादी होगी |

7. **भविष्य के प्रति गंभीर पुरुष :** यह देखा गया है कि जो लड़का अपने जीवन में सफल होता है , उसके लिए अच्छी लड़कियों की कभी कमी नहीं होती | यह बात बिल्कुल सच है | लड़कों का मेहनती होना और अपने आजीविका के प्रति फोकस होना लड़कियों को काफी पसंद आता है | अगर लड़का सफल हो तो लड़कियां गर्व से अपने माता-पिता के सामने अपने पसंद किए हुए लड़के के बारे में बता सकती हैं | लड़कियों का मानना है कि जो लड़का अपने भविष्य के प्रति गंभीर होगा, वही आगे चलकर अपने जीवन साथी और परिवार के भविष्य को भी सुरक्षित बना सकता है |

8. **सुरक्षा देने वाला पुरुष :** लड़कियों की पसंद की बात करें, तो उन्हे वो लड़के काफी पसंद आते है, जिनके आसपास वह सुरक्षित महसूस

करती है | आजकल के वक्त में लड़कियों की सुरक्षा पर एक प्रश्न चिन्ह लगा हुआ है | ऐसे समाज में जहां लड़कियों के लिए सुरक्षित जगह की कमी है या फिर उन्हे कोई न कोई असहज महसूस करवाता है, वहाँ उसे सुरक्षित महसूस करवाना काफी कारगर साबित हो सकता है | लड़कियां ऐसे लड़के को अपना जीवन साथी बनाना पसंद करती हैं जिनके साथ वो बाहर जाए तो उन्हे किसी प्रकार का डर न लगे |

9. **सरल स्वभाव पुरुष** : लड़कों का सरल और सीधा स्वभाव लड़की को प्रभावित करने के लिए काफी है | हालांकि, यह स्वभाव सिर्फ लड़कियों के सामने दिखावा वाला न हो | ऐसा नहीं कि लड़की के सामने अच्छा बर्ताव करें और पीठ पीछे कुछ और | अगर लड़का दूसरों से बुरी तरीके से बात करे या फिर हमेशा अपनी अकड़ में रहें, तो ऐसा स्वभाव देखकर उन्हे लगता है कि यह लड़का उनके साथ भी ऐसा ही बर्ताव कर सकता है | इसलिए वे शरीफ व सुलझे हुए लड़कों को ज्यादा पसंद करती हैं |लड़कियों को ऐसे लड़के भी पसंद आते है, जिनके साथ वे सहज महसूस करें | वो जैसी हैं वैसी ही उनके साथ व्यवहार कर सकें और उन्हे दिखावा न करना पड़े | अपनी बातों को खुलकर व्यक्त कर सकें,अपनी इच्छाओं को बता सके | लड़कियां उम्मीद करती हैं कि उनका साथी उनकी बातों को सुने और समझे |

10. **परिपक्व स्वभाव का पुरुष** : लड़कियों को गंभीर व परिपक्व लड़के बहुत अच्छे लगते हैं | हर बात को मजाक बनाने वाले या फिर जिंदगी को बिल्कुल आसान समझने वाले लड़कों को लेकर लड़कियां भी गंभीर नहीं रहती | उन्हे लगता है कि ऐसे लड़के उनकी भावनाओं की कदर नहीं करेंगे और कल को उन्हे छोड़ देंगे | साथ ही वो यह भी समझती हैं कि जो लड़के हर बात को मजाक में उड़ाते हैं, वैसे लड़के आगे अपने भविष्य को भी गंभीरता से नहीं लेते हैं | इसलिए कुछ मामलों में लड़के का गंभीर होना भी आवश्यक है |

11. **इज्जत करने वाला पुरुष** :, सभी को इज्जत देने और तमीज से बात करने वाले लड़के लड़कियों को काफी पसंद आते हैं | लड़कियों को लगता है कि जो लड़का दूसरों की इज्जत करता है , वो उनके माता-पिता और परिवार वालों को भी उतना ही सम्मान देगा | यह गुण लड़कियों

को प्रभावित करता है| एक अच्छे इंसान के तौर पर हम सभी को इसे आत्मसात करना चाहिए | जो इंसान दूसरों की इज्जत करता उसे जीवन में लोगों का सहयोग मिलता है और वह हर किसी के सम्मान का पात्र बनता है |

12. **महत्वाकांक्षी पुरुष :** जो लड़के थोड़े महत्वाकांक्षी होते हैं और जिंदगी में कुछ हासिल करना चाहते हैं , उनके लिए किसी भी लड़की को प्रभावित करना आसान हो सकता है | दरअसल,लड़कियों के भी अपने कुछ सपने होते हैं और उन्हे लगता है कि उनके सपनों को वो ही इंसान समझ सकता है, जिसका अपना कोई सपना हो | हालांकि, ऐसा जरूरी नहीं है कि उन्हे सिर्फ सफल लड़के ही पसंद आते हैं, लेकिन उन्हे महत्वाकांक्षी लड़के जरूर पसंद आते है, जो अपने भविष्य को लेकर सोचे और योजना बनाए और साथ ही जो अपने साथी के लक्ष्य को भी समझे और उन्हे आगे बढ़ने के लिए प्रेरणा दे |

13. **स्वास्थ्य के प्रति जागरूक पुरुष :** लड़कियों को सिर्फ पढ़ाई करने वाले ही नही, बल्कि खेलकूद में दिलचस्पी रखने वाले लड़के भी पसंद आते हैं | दमदार शख्सियत और शरीर से चुस्त-दुरुस्त लड़के लड़कियों के दिलों पर राज कर सकते हैं | खेल खेलने वाले आसपास के माहौल में ज्यादा मशहूर होते हैं और उनका व्यक्तित्व भी आकर्षक और दमदार होता है | किसी खास खेल को लेकर अगर लड़कों का नाम हो या लड़का किसी खेल की टीम का कप्तान हो तो लड़कियों को यह बात बहुत पसंद आती है |

14. **धैर्यवान पुरुष :** बात बात पर अपना आपा खो देने वाले या परेशान हो जाने वाले लड़के लड़कियों का दिल नही जीत पाते | इसके विपरीत सब्र रखने वाले और सुलझे हुए लड़के लड़कियों को पसंद आते हैं | ऐसे गुण वाले लड़कों के साथ लड़कियों को यह लगता है कि बड़ी से बड़ी दिक्कत को यह इंसान आराम से मुकाबला कर सकता है | इसलिए धैर्य और सहनशीलता को भी अपने व्यवहार में शामिल करें |

15. **दिखावा न करने वाला पुरुष :** अधिकतर लड़के दिखावा करने के चक्कर में अपनी प्रतिष्ठा खो देते हैं | स्टाइल व फैशन के साथ चलना अच्छी बात है, लेकिन हर किसी पर उसका रौब झाड़ना लड़कियों की

नजर में आपको गिरा सकता है | लड़कियों का फेवरेट बनने के लिए शो ऑफ बिल्कुल न करें | खासतौर पर अपने पैसों को लेकर, हमेशा याद रखें लड़कियों को सादगी भरा स्वभाव पसंद आता है|

16. **स्पष्टवादी पुरुष :** अपनी बात को घुमा फिराकर बोलना या स्पष्ट निर्णय न लेने वाले लड़कों से लड़कियां दूर रहती हैं | उन्हे स्पष्टवादी और अपनी बात दमदार तरीके से रखने वाले लड़के काफी पसंद आते हैं | इसलिए अपने नजरिए का खुलकर समर्थन करें | हालांकि, दूसरों के नजरिए और फैसलों की भी इज्जत करें | अपनी बात रखने का मतलब यह नहीं कि आप दूसरों की न सुने, ऐसा करना भारी पड़ सकता है | इसलिए अपनी बात के साथ साथ दूसरों की बात को भी समझें |

17. **इशारों को समझने वाला पुरुष :** जो बातें जुबान नहीं कह पाती , वह हमारी आँखें कह देती हैं | लड़कियों की पसंद के मामले में भी आँखें काफी महत्वपूर्ण हैं | जो लड़के लड़कियों की आँखों के इशारे को भी समझ जाए या उनके बिना कहे ही बातों को जान लें, वे उन्हे प्रभावित कर सकते हैं |

18. **साफ-सफाई का ध्यान रखने वाला पुरुष :** अक्सर लड़के रफ एंड टफ रहना पसंद करते हैं और धूल-मिट्टी व धूप में रहते हैं | ऐसे में उनके शरीर से पसीने की गंध आना स्वाभाविक बात है | हालांकि, लड़कियों को यह बात पसंद नहीं आती | इसलिए एक अच्छा परफ्यूम इस्तेमाल करने वाले या तन की दुर्गंध दूर रखने वाले लड़के उनके ज्यादा करीब रहते हैं | व्यक्तिगत साफ सफाई का ध्यान रखने वाले लड़कों से लड़कियां काफी प्रभावित हो जाती हैं |

19. **ईमानदार पुरुष :** लड़कियों को वफ़ादार लड़के पसंद आते हैं और यह बिल्कुल सामान्य सी बात है | कभी भी लड़की नहीं चाहेगी कि उसका बॉयफ्रेंड या पति बेवफा हो, जिसके बाहर जाने पर वह डरती रहे | लड़की हमेशा चाहती है कि उसका साथी ईमानदार हो जिस पर वह आँख बंद करके भरोसा कर सके | साथ ही वह चाहती है कि लड़का ईमानदारी से अपनी बात उसके सामने रखे और उससे किसी बात को लेकर झूठ न बोले | लड़कियों को लड़के में दिखावे का व्यवहार बिल्कुल पसंद नहीं

होता है, इसलिए आप जैसे हैं उनके सामने भी वैसा ही अपना व्यवहार रखें | सच्चाई एक आदर्श गुण है | जो लड़के हर बात पर झूठ बोलते हैं, बातों को छुपाते हैं या बात बात पर बहाना बनाते हैं, उन पर लड़कियां विश्वास नहीं कर पाती हैं | कोई भी लड़की नहीं चाहेगी कि उसका साथी उससे बातें छिपाए या झूठ बोले | अगर लड़के की आदत बात बात पर झूठ बोलने या बहाने बनाने की हो तो रिश्ते में प्यार की जगह शक और लड़ाई ही रह जाती है | ऐसे में लड़के की सच्चाई की आदत भी लड़की के लिए मायने रखती है | इसलिए सच्चाई और ईमानदारी के व्यवहार को अपनाएं क्योंकि किसी भी रिश्ते की नींव सच्चाई और भरोसे पर ही टिकी होती है | ध्यान रहे लड़कियों को झूठ बिल्कुल पसंद नहीं होता हैं |

20. वादा निभाने वाला पुरुष : अगर आपके मन में यह सवाल है कि लड़कियां लड़कों के बारे में क्या सोचती हैं , तो आप नोट कर लीजिए कि वादा पूरा करने वाले लड़कों को लड़कियां जल्दी दिल दे बैठती हैं | ऐसे लोगों पर विश्वास करना ज्यादा आसान होता है और वह अपने वादे पूरे न करने वालों के मुकाबले ज्यादा मेहनती भी होते हैं | उन्हे पता होता है कि ऐसे लड़के अपनी बात के पक्के होते हैं और आगे चलकर अपने रिश्ते को भी गंभीरता से ले सकते हैं |

21. शक न करने वाला : ईमानदारी के अलावा लड़कियों को उन पर शक न करने वाले लड़के अच्छे लगते हैं | उनके बाहर निकलने पर सवाल-जवाब करने या रोक टोक लगाने वाले लड़कों के साथ रहना, लड़कियां बंदिश समझती हैं और यह बात बिल्कुल सही भी है | इसलिए, बात बात पर सवाल जवाब करने से बचें | लड़कियों को भी स्पेस की जरूरत होती है, इसलिए उन्हे उनका भी टाइम दें |

22 ध्यान रखने वाला पुरुष : लड़कियों पर बंदिश न रखने का यह मतलब नहीं है कि आप उनकी देखभाल करना ही छोड़ दें | जी हाँ, आपको उनसे सवाल जवाब करने या देखभाल करने के बीच एक तालमेल बिठाना होगा | कुछ लड़कियों को यह बात काफी पसंद आती है, जब उनका साथी उनके साथ शॉपिंग पर जाता है या उनके काम में उनका हाथ बँटाता है | साथ ही उन्हे केयरिंग लड़के भी काफी पसंद होते हैं | इसके अलावा लड़कियां हमेशा चाहती हैं कि उनका जीवन साथी घर

के कामों में भी हाथ बँटाने वाला हो | लड़कियां जानती हैं कि ऐसे स्वभाव वाले व्यक्ति के साथ घर संभालना आसान हो सकता है |

23. **भावनाओं को व्यक्त करने वाला पुरुष :** लड़कों में भावनाओं की कमी देखी जाती है या फिर वह हर किसी के सामने अपनी भावनाओं को प्रकट नहीं करते | ऐसे में जो लड़के भावनाओं की अभिव्यक्ति को महत्वपूर्ण मानते हैं और लड़कियों से अपने दिल की बात करते हैं,उनकी तरफ लड़कियां ज्यादा आकर्षित होती हैं | लड़कियां लड़कों के इस तरह के व्यवहार से खुश होती हैं और अपने को खास समझती हैं | तो अगर आप किसी लड़की का दिल जीतना चाहते हैं, तो उससे अपने दिल की बात करें | साथ ही सिर्फ अपनी बातें हीं न बताएं , बल्कि उनकी भावनाओं को भी समझें और ध्यान दें |

24. **सकारात्मक नजरिया रखने वाला पुरुष :** सकारात्मकता जिंदगी में काफी जरूरी है | हर हालात में दुख, निराशा और अवसाद देखना जिंदगी को मुश्किल बना देता है | सकारात्मक नजरिया सिर्फ जिंदगी को आसान बना सकता है, बल्कि इससे लड़कियों को प्रभावित भी किया जा सकता है | हर समय मुंह लटकाए या उदास रहने वाले लोगों से लड़कियां दूर रहती हैं | साथ ही जो लड़के हर बात में कमी निकाले, वे भी उन्हे पसंद नहीं होते हैं | इसलिए जीवन में सकारात्मक रवैया अपनाएं |

25. **टाइम देने वाला पुरुष :** हर कोई इस बात से सहमति रखता है कि टाइम बहुत ही कीमती चीज है | अगर कोई किसी के लिए समय निकालता है तो इसका मतलब यह है कि वह इंसान उसे खास समझता है | ऐसे में जो लड़के अपनी दैनिक दिनचर्या में से टाइम निकालकर लड़कियों को देते हैं, उनके लिए लड़कियों का दिल जीतना आसान हो जाता है | हर लड़की चाहती है कि उसका साथी उसे समय दे और उसके साथ समय बिताए | थोड़ी देर के लिए ही सही, लेकिन उनके लिए वक्त निकाले | खास तौर पर अगर दोनों अलग-अलग शहरों में हो |

26. **प्यार के दो बोल बोलने वाला पुरुष :** आपके शब्द जीवन व रिश्तों में काफी अंतर पैदा करते हैं | प्यार या भावनाओं को समझाने के लिए कभी-कभी शब्दों का सहारा लेना भी जरूरी होता है | इसलिए कभी-कभी उसे जाताना भी जरूरी होता है | जो लड़के लड़कियों को 'मिस यू' बोलते

हैं या उनकी अनुपस्थिति में उन्हे याद करते हैं, लड़कियों को काफी पसंद होते हैं | कभी-कभी 'मिस यू' कहना ही लड़कियों के उनके स्पेशल होने का एहसास करा देता है |

27. शॉपिंग करवाने वाला पुरुष : शॉपिंग किस लड़की को पसंद नहीं होता और इसे तो वह अपना मौलिक अधिकार समझती है | इसमें कोई बुरी बात भी नहीं है | लड़कियों के करीब आने और उनका दिल जीतने के लिए आप उन्हे शॉपिंग पर ले जा सकते हैं | हालांकि, शॉपिंग पर ले जाने का मतलब यह नहीं कि लड़कियां चाहती हैं कि लड़के उन पर खर्च करें | शॉपिंग पर साथ चलने का यह मतलब भी होता है आप उनके पसंद नापसंद में दिलचस्पी दिखाएं | अगर वो किसी चीज को खरीदने को लेकर उलझन में हैं तो आप उनकी उलझन सुलझाएं |

28. बचपन की यादें बताने वाला पुरुष : हर इंसान के लिए उसका बचपन सबसे सुनहरा समय होता है | अगर आप किसी लड़की को अपने बचपन के बारे में बताते हैं तो वह अपने आप को ज्यादा आपके करीब महसूस करती है | आपसी समझ और प्यार बढ़ाने का यह तरीका भी काफी कारगर साबित हो सकता है |

29. उनकी फैमिली को भी प्यार देने वाला पुरुष : अगर आप लड़की को प्रभावित करना चाहते हैं, तो उनके परिवारजनों को भी अपने परिवारजनों की तरह प्यार दें | उनका दिल जीतने का यह एक अचूक तरीका हो सकता है | यह दर्शाता है कि आगे चलकर आप उनसे जुड़े लोगों को भी कितना महत्व दे पायेंगे | इसलिए लड़की के परिवार को भी ध्यान में ररूर रखें|

30. दूसरों के सामने महत्व बताने वाला पुरुष :जो लड़के दूसरे लोगों के बीच लड़की की तारीफ करते हैं या उनका महत्व बताते हैं उनके लिए लड़कियों के दिल में प्यार बढ़ जाता है | हर लड़की चाहती है कि उसका साथी पूरी दुनिया के सामने उसे सबसे ज्यादा चाहे | उनके गुणों की तारीफ दूसरों के सामने भी करे | यह जरूरी भी है क्योंकि जब लड़का अपने पार्टनर का मान -समान करेगा तभी तो दूसरों को भी उनकी अहमियत का पता चलेगा |

31. दोस्तों और परिवार से मेल-मिलाप रखने वाला पुरुष : कई बार लड़कियां चाहती हैं कि लड़के उन्हे अपने परिवार और दोस्तों से मिलाए | इससे उन्हे यह संतुष्टि मिलती है कि वो जिनके साथ हैं वो एक अच्छे परिवार का हिस्सा हैं और उनकी संगति अच्छे लोगों के साथ है | सिर्फ उनके दोस्तों और परिवार से ही नही, बल्कि लड़कियां उन लड़कों को भी पसंद करती हैं जो लड़का उनके दोस्तों और परिवार के साथ मिलने में दिलचस्पी दिखाए | कभी भी दोस्ती और परिवार का प्यार कम नहीं होता है | इसलिए जो लड़का इस बात की कद्र करे लड़कियों के मन में उसके लिए इज्जत और बढ़ जाती है | लड़कियां समझती हैं कि जब रिश्ते की शुरुआत मे वे इन बातों को महत्व दे रहे हैं तो आगे भी वो ऐसा ही करेंगे |

32. बुरी आदतों से दूर रहने वाला पुरुष : लड़कियों को बुरी आदतों वाले लड़के बिल्कुल पसंद नहीं होते हैं | ड्रिंक, स्मोक या नशे की लत ऐसी होती है कि अच्छे से अच्छा रिश्ता खराब हो जाए | ऐसे में इस तरह के लड़के के साथ वो कभी अपने आगे की जिंदगी को सुरक्षित नहीं समझती हैं | इसलिए लड़की को प्रभावित करना है तो अच्छे गुणों को अपनाएं और नशे जैसी बुरी आदत से दूर रहें |

33. बच्चों से प्यार करने वाला पुरुष : लड़कियों को बच्चों के साथ खेलना खूब पसंद आता है | ऐसे में लड़कियों को वैसे लड़के भी पसंद होते हैं, जो बच्चों से प्यार करते हैं या उन्हे संभालना जानते हैं | ऐसे व्यक्ति के साथ आगे की जिंदगी बिताना लड़कियों को ज्यादा पसंद आ सकता है | उन्हे लगता है कि ऐसे लोगों के साथ आगे की जिंदगी ज्यादा आसान हो सकती है, क्योंकि बच्चों को संभालना कोई आसान काम नहीं होता है |

34. प्रेरणा और प्रोत्साहन देने वाला पुरुष : लड़कियों को वैसे लड़के भी खूब पसंद होते हैं, जो उन्हे अपने सपने व कार्य करने के लिए प्रेरित करते हैं | आजीविका कमाने में साथ देना, सपनों को पूरा करने के लिए हौसला बढ़ाना, लड़कों में इस तरह के गुण से लड़कियां आकर्षित होती हैं | वे इस तरह के गुण अपने साथी में अवश्य चाहती हैं | कई बार वो उलझन में होती हैं और उम्मीद करती हैं कि उनका जीवन साथी

उनकी उलझन को सुलझाएं और उन्हे मार्गदर्शन दे |इसके साथ ही अगर वो कोई गलत फैसला लें तो उन्हे समझाए और सही रास्ता बताएं | मार्गदर्शन देते वक्त किसी गलत फैसले को लेकर उन्हे नीचा न दिखाए बल्कि उन्हे समझाकर आगे सही फैसला लेने के लिए प्रोत्साहित करे |

35. दोस्त बने रहने वाला पुरुष : दोस्ती एक ऐसी चीज है जो किसी भी रिश्ते की पहली सीढ़ी होती है | ऐसे में लड़कियां लड़कों में एक अच्छा दोस्त भी ढूंढती हैं | दोस्तों की तरह हर बात को सुनना, मजाक-मस्ती जैसे गुणों की उम्मीद वो लड़कों में करती हैं | दोस्तों से जैसे वे खुलकर बात करती हैं वैसा ही कुछ वो लड़कों के साथ अपने रिश्ते में भी चाहती हैं | तो सबसे पहले लड़कों को लड़कियों का अच्छा दोस्त बनना चाहिए |

36. माता-पिता सा व्यवहार करने वाला पुरुष : माँ-बाप की जगह कोई नहीं ले सकता है | हालांकि, उनकी तरह प्यार और केयर की उम्मीद लड़कियों को लड़कों से होती है | माता-पिता जैसा प्यार और दुलार करते हैं, कुछ ऐसी ही उम्मीद उन्हे उनके साथी से भी होती है | तो लड़के इस बात को जरूर ध्यान में रखें कि लड़कियों को जैसे उनके माता-पिता राजकुमारी बनाकर रखते हैं, वैसी ही उम्मीद वे उनसे भी करती हैं |

37. दिखने में अच्छा और स्मार्ट पुरुष : व्यवहार के बाद अब बारी आती है लुक्स की | हर लड़की की थोड़ी –बहुत इच्छा तो रहती ही है कि होने वाला बॉयफ्रेंड या पति दिखने में अच्छा या स्मार्ट हो | इसके अलावा, जिन लड़कों का कद लंबा होता है, उनकी तरफ भी लड़कियां ज्यादा आकर्षित होती हैं | ये लुक्स ही तो है जो सबसे पहले किसी का भी ध्यान आकर्षित करता है | ऐसे में अगर किसी लड़की को इंप्रेस करना हो तो यह जान लें कि लड़के के लुक्स को लेकर लड़की की पसंद के मुताबिक तैयार होकर उसके सामने आएंगे, तो वह इंप्रेस हो सकती है | गुड लुक्स के साथ आत्मविश्वास और आकर्षण स्वाभाविक रूप से आ जाता है, शायद लड़कियों की पसंद की भी यही वजह है |

23

जीवशास्त्रियों के अनुसार स्त्री-स्वभाव

"शांति स्त्री का स्वभाव है, अशांत होना पुरुष की प्रकृति।"

शांति स्त्री का स्वभाव है, अशांत होना पुरुष की प्रकृति। जी हाँ, यह जानकार आश्चर्य हो रहा होगा परंतु ये सत्य है। जीव-शास्त्री कहते हैं कि पुरुष में एक तरह की तनाव-स्थिति है, स्त्री में वैसी तनाव-स्थिति नहीं है। जीव-वैज्ञानिकों के अनुसार जिन दो अणुओं के मिलन से, जीवाणुओं के मिलन से व्यक्ति का जन्म होता है प्रत्येक जीवाणु में चौबीस कोष्ठ होते हैं। यदि चौबीस-चौबीस कोष्ठ के दो जीवाणु मिलते हैं तो स्त्री का जन्म होता है। कुछ कोष्ठ तेईस जीवाणुओं वाले होते हैं। अगर तेईस और चौबीस, ऐसे दो जीवाणुओं वाले कोष्ठ का मिलन होता है तो पुरुष का जन्म होता है। पुरुष में संतुलन थोड़ा कम है। एक तरफ चौबीस कोष्ठ हैं, एक तरफ तेईस कोष्ठ हैं। स्त्री संतुलित है। दोनों कोष्ठ चौबीस-चौबीस हैं।

जीव-वैज्ञानिक कहते हैं कि स्त्री के सौन्दर्य का कारण यही संतुलन है। ज्यादा संतुलित, ज्यादा बैलेंसड। यही कारण है स्त्री का धीरज, सहनशीलता पुरुष से ज्यादा है और यही कारण भी है कि पुरुष स्त्री को दबाने में सफल हो पाया क्योंकि बेचैनी उसका गुण है, वह जो तेईस और चौबीस का असंतुलन है, तो तनाव है, वही उसका आक्रमण बन जाता है

| और पुरुष पूरे जीवन संतुलन की खोज कर रहा है |

इसलिए बहुत मजे की बात है | स्त्रियों ने बुद्ध, महावीर, कृष्ण, जीसस पैदा नहीं किए हैं | पुरुष ने किए हैं | उसका बहुत मौलिक कारण यही है कि पुरुष की ही खोज है शांति के लिए , स्त्री की कोई खोज नहीं है | स्त्री स्वभाव से शांत है, अशान्ति विभाव है | उसे चेष्टा करके अशांत किया जा सकता है | पुरुष स्वभाव से अशांत है चेष्टा करके उसे शांत किया जा सकता है |इसलिए बुद्ध पुरुषों में पैदा होंगे, स्त्री में पैदा नहीं होंगे | पुरुष चेष्टा कर रहा है निरंतर कि कैसे शांत हो जाए | और आक्रामक होना उसका स्वभाव होगा, उसका लक्षण होगा | इसीलिए पुरुष खोज करेगा, क्योंकि खोज आक्रमण है |

पुरुष विज्ञान निर्मित करेगा, क्योंकि विज्ञान आक्रमण है | पुरुष एवरेस्ट पर चढ़ेगा, चाँद पर जाएगा, मंगल को जीतेगा, क्योंकि यह सारा अभियान आक्रमण का है | स्त्री आक्रामक नहीं है | पुरुष युद्ध करेगा, बिना युद्ध के जी नहीं सकेगा | कितनी ही शांति की बातें करे, लेकिन वैज्ञानिक कहते हैं कि पुरुष जीवाणु-संगठन ऐसा है कि वह विना युद्ध के जी नहीं सकता | युद्ध उसकी प्रवृति का हिस्सा है | जब तक कि उसकी प्रवृति न बदल जाए , या जब तक कि हम उसके जीवाणुओं का संगठन न बदल दें, तब तक वह युद्ध करेगा | यह हो सकता है, शांति के लिए युद्ध करे |

इसलिए बड़े मजे की बात है, जो शांतिवादी हैं, अगर उनका भी जुलूस देखें और उनके भी नारे सुने, तो वे युद्धवादियों से कम युद्धवादी नहीं मालूम होते | वे शांति के लिए संघर्ष करते हैं, लेकिन करते संघर्ष ही हैं | वे शांति के लिए जान देने को , लेने को तैयार हैं | बहाना कोई भी हो, पुरुष की उत्सुकता लड़ने में है | इसलिए जब युद्ध चलता है कहीं भी, तो पुरुषों की आँखों में चमक आ जाती है | जीवन में कुछ रस मालूम होता है | कुछ हो रहा है ! वह जो उदासी है, टूट जाती है, एक रौनक छा जाती है | स्त्री और पुरुष के बीच मौलिक असंतुलन का भेद है , वही इसके पीछे कारण है |

हिंसा एक आंतरिक असंतुलन का परिणाम है और प्रेम एक आंतरिक संतुलन का | इसलिए स्त्री ने प्रेम किया है | लेकिन प्रेम से न तो चाँद

पर जाया जा सकता है, न एवरेस्ट चढ़ा जा सकता है | सच तो यह है कि स्त्रियों को कभी समझ में नहीं आता कि एवरेस्ट चढ़ने की जरूरत क्या है ? चाँद पर जाने की जरूरत क्या है ? स्त्री की उत्सुकता निकट में होती है, दूर में बिल्कुल भी नहीं | विजय में बिल्कुल नहीं होती, आक्रमण में बिल्कुल नहीं होती |

एक संतुलित, शांत, प्रेमपूर्ण जीवन में होती है, अभी और यहीं | इसलिए स्त्रियाँ दूरदृष्टि की नहीं होतीं , उनको बहुत पास का दिखाई पड़ता है, दूर व्यर्थ हो जाता है | पुरुष को पास का बिल्कुल दिखाई नहीं पड़ता क्योंकि जो पास है, उसको जीतने में कोई मजा नहीं है | वह जीता ही हुआ है|

इसलिए बड़े मजे की घटना घटती है | पुरुष की उत्सुकता किसी भी स्त्री में तभी तक होती है, जब तक वह उसे जीत नहीं लेता | जीतते ही उसकी उत्सुकता समाप्त हो जाती है, क्योंकि वह जीती जा चुकी है | उसमें कोई अब जीतने को बाकी नहीं रहा है| इसलिए जो बुद्धिमान पत्नियाँ हैं, वे सदा इस भांति जियेंगी पति के साथ जीतने को कुछ बाकी बना रहे | नहीं तो पुरुष का कोई रस सीधे स्त्री में नहीं है |

अगर कुछ अभी जीतने को बाकी है तो उसका रस होगा | अगर सब जीता जा चुका है तो उसका रस खो जाएगा | तब कभी कभी ऐसा भी घटित होता है कि अपनी सुंदर पत्नी को छोड़कर वह एक साधारण स्त्री में भी उत्सुक हो सकता है | और तब लोगों को बड़ी हैरानी होती है कि यह उत्सुकता पागलपन की है | इतनी सुंदर उसकी पत्नी है और वह नौकरानी के पीछे दीवाना हो ! पर आप समझ नहीं पा रहें हैं |

नौकरानी अभी जीती जा सकती है, पत्नी जीती जा चुकी है | सुंदर और असुंदर बहुत मौलिक नहीं है | जितनी कठिनाई होगी जीत में, उतना पुरुष का रस गहन होगा | और स्त्री की स्थिति बिल्कुल और है | जितना पुरुष मिला हुआ हो, जितना उसे अपना मालूम पड़े, जितनी दूरी कम हो गई हो, उतनी ही वह ज्यादा लीन हो सकेगी | स्त्री इसलिए पत्नी होने में उत्सुक होती है, प्रेयसी होने में उत्सुक नहीं होती | पुरुष प्रेमी होने में उत्सुक होता है, पति होना उसकी मजबूरी है |

स्त्री प्यार पाने के लिए यौन सुख के रास्ते से गुजरती है जबकि पुरुष यौनसुख पाने के लिए ही प्यार करता है |

स्त्री का यह जो संतुलित भाव है विजय की आकांक्षा नहीं है | यह ज्यादा मौलिक स्थिति है |क्योंकि असंतुलन हमेशा संतुलन के बाद की स्थिति है | संतुलन प्रकृति का स्वभाव है इसलिए हमने पुरुष को पुरुष कहा है और स्त्री को प्रकृति कहा है | प्रकृति का मतलब है कि जैसी स्थिति होनी चाहिए स्वभावत: वैसा ही हो |

24

प्राचीन भारत में नारी का स्थान

"जहां स्त्रियों की पूजा होती है वहाँ देवता निवास करते हैं।"
-मनुस्मृति 3/56 ||

किसी सभ्यता की आत्मा को समझने तथा उसकी उपलब्धियों एवं श्रेष्ठता का मूल्यांकन करने का सर्वोत्तम आधार उसमें स्त्रियों की दशा का अध्ययन करना है। स्त्री-दशा किसी देश की संस्कृति का मानदंड मानी जाती है।

प्राचीन भारत में नारी का महत्व : प्राचीन भारतीय समाज में स्त्रियों को अत्यंत गौरवशाली स्थान प्राप्त था। कालांतर में स्त्री कभी भोग-विलास की वस्तु समझी गई। कभी घर की चारदीवारी में बंद की गई और कभी उसकी भावनाओं को पूर्ण अवज्ञा करके पुरुष ने उसे मात्र खिलौना समझा। किन्तु प्राचीन भारत ने उसके सच्चे एवं गरिमामंडित रूप के दर्शन किए थे और समाज में उसे उचित स्थान प्रदान किया था। स्त्री व पुरुष को जीवन गाड़ी के दो पहिये मानकर दोनों को समान अधिकार दिया था। इसलिए स्त्री को पुरुष की अर्धांगिनी कहा गया था।

प्राचीन भारत में स्त्री विवाह के समय ही अपने महत्वपूर्ण दायित्व समझ जाती थी। उसे भली –भांति अवगत हो जाता था। विवाह का अर्थ केवल वासनापूर्ति ही नहीं है, अपितु उसे गृहिणी ,माता एवं सहचरी के

दायित्व को भी वहन करना हैं | इन दायित्वों को पूरा करने में वह अपना गर्व समझती थी और परिवार को स्वर्ग सदृश बनाने में प्रयत्नशील रहती थी | जिस कुल में स्त्री से पति तथा पति से स्त्री संतुष्ट रहती है, उस कुल में अवश्य ही सर्वदा कल्याण होता है | इस प्रकार मनु ने स्त्री के महत्व और उसके प्रति पुरुष के किए जाने योग्य व्यवहार का अच्छा विवेचन किया है |

प्राचीन भारत में स्त्री का कार्य-क्षेत्र परिवार तक ही सीमित न रहकर समाज से सम्बद्ध भी था | स्त्री-शिक्षा का यथोचित प्रबंध था | वेद पढ़ने तथा उपनयन आदि संस्कारों द्वारा सुसंकृत बनने का स्त्रियों को पूर्ण अधिकार था | पुरुष के साथ उसे तीन ऋण चुकाने पड़ते थे तथा अपनी शारीरिक, मानसिक व आत्मिक शक्तियों के सम्यक विकास के लिए वह पूर्ण स्वतंत्र थी |

प्राचीन भारतीय समाज में स्त्री का गृहिणी,माता एवं सहचरी रूप में महत्व देखा जा सकता था |गृहिणी रूप में वह परिवार के सब छोटे-बड़े सदस्यों की सुख-सुविधा का ध्यान रखती थी , घर की सफाई करती थी , भोजन की व्यवस्था करती थी और अतिथि सत्कार जैसे कार्यों को करती थी | संतान का पालन-पोषण करके उसे योग्य बनाना भी गृहिणी का उत्तरदायित्व था | इसीलिए वह गृहिणी पद पर आसीन थी और उसका यह पद अत्यंत महत्वपूर्ण माना जाता था |

गृहिणी रूप के अतिरिक्त प्राचीन भारत में नारी का दूसरा महिमामय रूप माता का था | इस रूप में वह अपने परिवार के लिए त्याग, ममता और तप जैसी पावन भावनाओं से ओत –प्रोत रहती थी |

प्राचीन भारत में गृहिणी एवं माता के अतिरिक्त नारी का सहचरी रूप भी अति महत्वपूर्ण माना गया था | परिवार के उत्तरदायित्वों का वहन करते-करते उसका और उसके पति का जीवन नीरस न हो जाए, इसलिए वह पति की सहचरी बनकर जीवन के सुखों का उपभोग करती थी | प्रकृति प्रदत सौन्दर्य, माधुर्य एवं कलापूर्ण गुणों के द्वारा वह सुख की सृष्टि करती थी | उसके मधुर प्रेम की शीतल छाया में पुरुष अपने दिन भर के संघर्षों की थकान मिटा लेता था |

वैदिक युग में नारी

इस काल में भारत में नारियों की स्थिति सम्माननीय थी | वैदिक आर्य कमनीय कन्या की प्राप्ति के लिए निरंतर प्रार्थना करते देखे जाते हैं | इस काल में यथाविधि विवाहित , सती और शुद्ध आचरण वाली नारी की प्रशंसा की जाती थी | स्त्री –पुरुष दोनों ही परस्पर पति-पत्नी के चुनाव के लिए स्वतंत्र थे | ऋग्वेद में लिखा है की कितनी ऐसी स्त्रियाँ हैं, जो केवल द्रव्य से प्रसन्न होकर स्त्री चाहने वाले पुरुष के ऊपर आसक्त होती हैं |

वैदिक भारत में विवाह के नाना रूप प्रचलित थे, कभी कभी कन्या का विक्रय भी हो जाता था |ऋग्वेद में कन्या का बलात अपहरण कर ले जाने का भी उल्लेख है, किन्तु यह वीरता का कार्य समझा जाता था | कन्या देने का उल्लेख है | जैमिनी ब्राह्मण में च्यवन ऋषि की कथा इसका उदाहरण माना जा सकता है|

ऋग्वेद में भाई-बहिन का विवाह वर्जित था किन्तु सौतिया डाह का उल्लेख भी मिलता है, जो इस बात का प्रमाण है कि पुरुष एक से अधिक विवाह भी कर लेता था |निःसंतान होने पर नारी पुनर्विवाह कर सकती थी , विशेष कर विधवा अपने देवर से विवाह कर लेती थी |

वेद कालीन भारत में नारियों की स्थिति बहुत अच्छी थी , उन्हे समाज में सम्मान प्राप्त था, वे विद्या और बुद्धि से सम्पन्न थीं, देव रमणियाँ यज्ञ में आती थीं, इला धर्म का उपदेश देती थी |घोषा नामक नारी ब्रह्मवादिनी थी , उसने अनेक सूक्तों का स्मरण किया था | इसी प्रकार का उल्लेखनीय स्त्रियों में अपाला , शची, अदिति, विश्ववारा , आत्रेयी, श्रद्धा, वैवश्वती, यमी और वाग्देवी के नाम लिए जा सकते हैं |

विदुषी नारियों में गार्गी और मैत्रेयी के नाम से कौन परिचित नहीं है. इनकी ज्ञान गरिमा की परिचायक वृहदारण्यक उपनिषद है, गार्गी ने जनक की सभा में याज्ञवल्क्य के समक्ष जो तत्व ज्ञान विषयक प्रश्न उपस्थित किए थे, वे उसे आज भी अमर बनाए हुए हैं |

रामायणकालीन समाज में नारी

रामायणकालीन समाज में कन्याओं को शिक्षा दी जाती थी | कौशल्या,कैकेयी, सीता आदि सभी को विवाह से पूर्व अध्यापन की सुविधा थी | कौशल्या अग्नि में मंत्रों सहित आहुति दे रही थी , सीता

संध्योपासना भी करती थी , तारा भी मंत्रविद थी | ये नारियां कर्मकांड और शास्त्र का ज्ञान प्राप्त करती थी | व्यावहारिक और नैतिक शिक्षा भी इन्हे दी जाती थी , राजधर्म की शिक्षा भी दी जाती थी |इस काल की नारियां संगीत, नृत्य और नृत्यकला का भी अध्ययन करती थी | रावण के अंत:पुर की स्त्रियाँ वाद्ययंत्रों में प्रवीण थीं | कैकेयी ने सैनिक शिक्षा भी प्राप्त की थी इसीलिए वह युद्ध में पति के साथ गई थी उसने वहाँ पति के प्राण बचाए थे |

रामायण काल में पर्दा का प्रयोग अधिक नहीं था ,फिर भी उसका प्रयोग होता था , साथ ही विशेष परिस्थितियों में पर्दा प्रथा तोड़ भी दी जाती थी – विपत्ति काल में, युद्ध में, स्वयंबर और यज्ञ तथा विवाहों में स्त्रियों को देखना दोषपूर्ण नहीं था |

राक्षस समाज में भी पर्दा प्रथा थी , रावण की मृत्यु पर मंदोदरी बिलाप करते हुए कहती है कि – "मैं पर्दा छोड़कर नगर द्वार से पैदल चलकर आपके पास आई हूँ मुझे देखकर आप क्रुद्ध क्यों नहीं होते |किन्तु पर्दे की अपेक्षा नारियों से सदाचार की अपेक्षा अधिक की जाती थी |

रामायण काल के समाज में विवाहित स्त्रियाँ अपने परिवार में सम्मान प्राप्त करती थीं , सास-ससुर पुत्रवधू के साथ स्नेह का व्यवहार करते थे | दशरथ कौशल्या का प्रेम राम-सीता के प्रति वन जाते समय पता चलता है |

समाज में पत्नी से कठोर अनुशासन और त्याग की अपेक्षा की जाती थी पति कैसा भी हो,नारी के द्वारा वह स्वीकार्य था |

रामायण में पुत्री के विवाह पर धन देने की प्रथा मिलती है| कौशल्या को अपने विवाह में एक हजार गाँव मिले थे, पति की मृत्यु होने पर भी पत्नी अपनी इस संपत्ति पर अपना अधिकार रखती थी |

नारी जीवन की चरम सार्थकता उसके मातृत्व में मानी जाती थी , तभी वह जननी कहलाती थी| नि:संतान नारी की स्थिति दयनीय थी | पत्नी का बांझ होना पति के लिए अपार मनोवेदना प्रदान करता था |

रामायण काल में भारत में सती प्रथा नहीं थी | दशरथ के साथ उसकी कोई रानी सती नहीं हुई थी | रावण की रानियों में से भी कोई सती नहीं

हुई थी |

विधवा के पुनर्विवाह का उल्लेख भी रामायण में नहीं है | वे अपने जीवन को वैधव्य के रूप में ही व्यतीत करती थीं , किन्तु ये नारियाँ समाज और परिवार में सम्मान से देखी जाती थीं| मांगलिक अवसरों पर उनकी उपस्थिति को कभी अशुभ नहीं माना जाता था |

रामायण कालीन समाज में वेश्याओं को राजकीय सरंक्षण प्राप्त था | वे राजकाज के कार्यों में सहयोग देती थी | किसी अतिथि के स्वागत और मनोरंजन में उनका प्रयोग किया जाता था | इस प्रकार कहा जा सकता है उस काल में वेश्या और नर्तकियाँ राजकीय शिष्टाचार की साधक थीं |

निश्चय ही रामायण में नारी जीवन का व्यापक दर्शन है |नारी के स्वभाव और उसके गुण-दोषों का विस्तृत वर्णन है | उसकी समाज में अच्छी स्थिति थी |

कुल मिलाकर उस युग में स्त्रियों की स्थिति सामान्यत: सुखद थी | कम से कम तत्कालीन परिस्थितियों में नारी को एक कन्या, पत्नी, माता और विधवा के रूप में समस्त संभव सुविधाएं और अधिकार प्राप्त थे |

महाभारतकालीन समाज में नारी

रामायण काल के समाज की तरह महाभारतकालीन पिता कन्या के जन्म को कष्टकारी नहीं मानते थे |पुत्र एवं कन्या में बहुत अंतर नहीं माना जाता था | लड़कियों को अपने माता-पिता के गृह में नाना प्रकार की शिक्षा दी जाती थी | यद्यपि इन लड़कियों को शिक्षा-संस्था में जाते हुए नहीं देखा जाता है फिर भी उनकी विद्वता, ज्ञान, तर्कशक्ति, व्यावहारिक ज्ञान, राजनीति तथा अन्य शास्त्रों से उनका परिचय जगह-जगह प्रतिबिंबित होता है | इस काल की नारियों में शकुंतला, सावित्री , शिवा, विदुला, गौतमी, आचार्या, अरुंधती , दमयन्ती आदि जितनी भी नारियाँ हैं और इनसे सम्बद्ध उपाख्यान है | उनसे यही प्रतिध्वनित होता है की ये सभी विदुषी थीं | इन्होंने शास्त्र ज्ञान के साथ धर्म और राजनीति में विशेष दक्षता प्राप्त की थी |गंगा, सत्यवती, गांधारी, कुंती भी शिक्षित थी , उनका चरित्र महान था |द्रौपदी ने विधिवत वृहस्पति से राजनीति की शिक्षा ली थी |

इस काल में दत्तक पुत्र की तरह कन्यायें भी गोद ले ली जाती थी |यदुश्रेष्ठ शूर ने अपनी कन्या 'प्रथा' अपने भाई कुंती भोज को दे दी थी ,कुंती भोज ने उसका धूमधाम से स्वयंबर कराकर विवाह किया था |

पितृगृह में कन्यायें अपने माता-पिता के कार्य में सहयोग देती थी ,धीवर कन्या सत्यवती इसका उदाहरण है|

कन्या संन्यासिनी नहीं हो सकती थी , विवाहिता नारी ही संन्यास ले सकती थी |

महाभारत काल की नारी पूर्ण स्वतंत्र और स्वच्छंद नहीं थी उस पर नियंत्रण रखा जाता था | बाल्यावस्था में उसे पिता के, यौवन में पति के एवं वृद्धावस्था में पुत्र की देखरेख में रहना पड़ता था |किन्तु जो कन्याएं कौमार्य व्रत लेती थीं , उनके लिए यह नियम नहीं था | महाभारत काल में विवाहिता स्त्री का पिता के घर में रहना निंदित माना जाता था | लोग उसे अच्छी दृष्टि से नहीं देखते थे किन्तु संतानहीन विधवा पिता के यहाँ रह सकती थी |

इस काल में पतिव्रत और सतीत्व पर बहुत जोर दिया जाता था, इसीलिए महाभारत में सतीत्व धर्म का व्यापक वर्णन किया गया है | इस व्रत का पालन करते हुए सावित्री, दमयन्ती, शकुंतला, गांधारी, द्रौपदी, सत्यभामा, सुभद्रा आदि के चरित्र देखे जा सकते हैं |

महाभारत में नारी के भार्या रूप की अत्यंत प्रशंसा की गई है | भार्या ही मनुष्य का आधा अंग है | भार्या श्रेष्ठ सखी है , भार्या ही धर्म ,अर्थ और काम का मूल है | जिसकी भार्या साध्वी एवं पतिव्रता हो, वे धनी होते हैं | धर्म, अर्थ एवं काम ये तीनों भार्या के अधीन हैं, हर कार्य में भार्या पुरुष की परम सहायक है |

महाभारत काल की नारी रामायण काल की तरह युद्धभूमि में नहीं जाती है | वह कहीं योद्धा -वेश में दृष्टिगत नहीं होती है | वह तो केवल परिवार अधिक से अधिक शिविर के अंत:पुर तक ही दृष्टिगत होती है |

महाभारत काल में स्त्री जाति पूज्य मानी जाती थी, यह भी विश्वास था कि जहां नारियों का सम्मान होता है, वहाँ देवता निवास करते हैं, जहां वे सम्मानित नहीं होती, वहाँ कोई आयोजन सफल नहीं होता है |मनुस्मृति 3/56 में कहा गया है :

स्त्रियो यत्र च पूज्यन्ते रमन्ते तत्र देवता: |
अपूजिताश्च यत्रैता सर्वास्तत्राफला: क्रिया: ॥

अर्थात जहां स्त्रियों की पूजा होती है वहाँ देवता निवास करते हैं और जहां स्त्रियों की पूजा नहीं होती है, उनका सम्मान नहीं होता है वहाँ किये गए समस्त अच्छे कर्म निष्फल हो जाते हैं |

महाभारत काल में स्त्रियों को सम्पत्ति की तरह विवाह के दहेज में , श्राद्ध में दिये जाने वाले धन के रूप में, सम्मानार्थ उपहार में दान दिया जाता था । राजसूय यज्ञ में निमंत्रित ब्राह्मणों को दक्षिणा में, स्वर्ण के साथ स्त्रियाँ भी दी गई थीं ।

महाभारत काल में नारियों के अपहरण भी हो जाते थे, वृष्णि और अंधक कुल की विधवा स्त्रियों को अर्जुन जब हस्तिनापुर ला रहे थे, लुटेरों ने आक्रमण कर उनका अपहरण किया था |

इस काल में विधवा स्त्रियाँ समानपूर्वक जीवन व्यतीत करती थी , सत्यवती, कुंती, उत्तरा आदि इसका उदाहरण है किन्तु साधारण व्यक्तियों की विधवा स्त्रियाँ समानपूर्वक समाज में नहीं रह सकती थीं |

महाभारत में सती धर्म और सहमरण की पर्याप्त प्रशंसा मिलती है किन्तु समाज में यह प्रथा व्यापक रूप में प्रचलित नहीं थी | पांडू की मृत्यु पर मादी सती हुई थी , वसुदेव की पत्नी देवकी, भद्रा ,रोहिणी, मदिरा एक साथ चारों सती हुई थी | कृष्ण की मृत्यु पर रुक्मिणी ने सती धर्म का पालन किया था, किन्तु कुंती, सत्यवती, सत्यभामा ने विधवाओं की भांति ब्रह्मचर्य का पालन भी किया था | इस प्रकार सह-मरण के पक्ष-विपक्ष मे पर्याप्त उदाहरण उपलब्ध हैं |

आज की तरह महाभारत काल में सधवा स्त्री की यह कामना रहती थी कि वह पति और पुत्र के रहते हुए मृत्यु को प्राप्त हो | आज भी सधवा पुत्रवती की मृत्यु को सौभाग्य का फल माना जाता है |

कुल मिलाकर महाभारत काल में नारी की स्थिति सम्मानजनक, परिवार की गृहलक्ष्मी और समाज के कल्याण की आधारशिला के रूप में थी |

मौर्यकालीन समाज में नारी

मौर्ययुगीन भारत में नारी की स्थिति सम्मानजनक नहीं रह गई थी , स्त्रियाँ बंधनों में बांध दी गई थी उस काल में शिक्षा का अभाव सा हो गया था, घर की चारदीवारी ही उनका क्षेत्र था | मेगस्थनीज ने लिखा है कि स्त्रियाँ बेची जाती थी , वे परदे में रहती थी , सती प्रथा का प्रचुर प्रचार हो गया था | कौटिल्य के अनुसार समाज में स्त्रियों के प्रति दुर्व्यवहार तथा अनुचित व्यवहार दंड का कारण बनता था |

मौर्यकाल में बहु-विवाह की प्रथा प्रचलित थी मेगस्थनीज ने लिखा है कि " वे बहुत सी स्त्रियों से विवाह करते थे, विवाहित स्त्रियों के अतिरिक्त अनेक स्त्रियों को आमोद-प्रमोद के लिए भी घर में रखा जाता था |"

मौर्य युग में दहेज प्रथा जोरों से प्रचलित थी | किन्तु गरीब माता-पिता आज की तरह दहेज को बुरा मानते थे | इस युग में पुनर्विवाह भी प्रचलित था |

पुरुषों की तरह स्त्रियाँ भी दूसरा विवाह कर सकती थीं | पति की मृत्यु होने पर स्त्री पर परिवारवालों की सहमति से अपना दूसरा विवाह कर लेती थी , यदि श्वसुर इसके लिए सहमत नहीं होता था, उस समय श्वसुर से प्राप्त धन को लौटाकर वह दूसरा विवाह कर लेती थी |

इस काल में अपने वंश की रक्षा के लिए नियोग प्रथा का प्रचलन था | पति यदि असमर्थ है, तो नारी अन्य पुरुष का समागम कर संतान प्राप्त कर लेती थी | इस कार्य को समाज में निंदित नहीं माना जाता था |

इस युग में तलाक प्रथा का भी प्रचार था, इसे कौटिल्य ने 'मोक्ष' कहा है | इसके लिए कौटिल्य ने कुछ नियमों का भी विधान किया है, इस 'मोक्ष' का अधिकार पति-पत्नी दोनों को था | व्यभिचारी,प्रवासी,पतित,राजद्रोही,खूनी,नपुंसक पतियों का स्त्री परित्याग कर सकती थी |

ब्राह्म, प्राजापत्य,दैव,आर्ष,आसूर,गांधर्व ,राक्षस और पैशाच आठ प्रकार के विवाह प्रचलित थे , किन्तु ब्राह्म,प्राजापत्य ,दैव और आर्ष नामक धर्मानुकूल विवाहों में तलाक प्रथा मान्य नहीं थी | शेष में तलाक की प्रथा मान्य थी |

इस काल में विवाह अपनी ही जाति में होता था, कभी कभी अन्तर्जातीय विवाह हो जाया करते थे | गोत्र विवाह और सपिंड विवाह निंदित थे |

कौटिल्य ने कन्या के विवाह की अवस्था बारह वर्ष और युवक के विवाह की अवस्था सोलह वर्ष बतलायी है और प्रायः इस अवस्था में सभी के विवाह हो जाया करते थे |

गुप्तकालीन समाज में नारी

गुप्तकाल में नारी वैदिक काल के समाज की तरह प्रतिष्ठित न होकर भी वे समाज में महत्वपूर्ण थी | स्त्री, पुरुष की अर्धांगिनी मानी जाती थी , वह धार्मिक कृत्यों में पति के साथ अनिवार्य रूप से उपस्थित रहती थी|

गुप्तकाल में नारी की शिक्षा का प्रचार था, यद्यपि स्मृतियाँ इसका विरोध करती हैं, फिर भी समाज में अनेक शिक्षित नारियाँ थी | 'अमरकोश' में वेदमन्त्रों की शिक्षा प्रदान करने वाली स्त्रियों का वर्णन है | ऋषियों के आश्रमों में रहने वाली स्त्रियाँ नाना विषयों का अध्ययन करती थीं | इस काल में शीलाभट्टारीका एक योग्य और विदूषि महिला थी |

मृच्छकटिकम नाटक में शूद्रक ने अनेक शिक्षित और वाद्य संगीत में निपुण नारियों का उल्लेख किया है | चन्द्रगुप्त विक्रमादित्य की पुत्री प्रभावती शिक्षित थी |

गुप्तकालीन समाज में पर्दा प्रथा नहीं थी , ये सार्वजनिक कार्यों में भाग लेती थीं | कालिदास ने इंदुमति के स्वयंबर का वर्णन किया है, वह इस बात का प्रमाण है कि उस काल में कुछ स्वतंत्रता थी , स्त्रियाँ परदे से बाहर भी आ जाती थी |

गुप्तकाल में भी विवाह की आठों पद्धतियाँ प्रचलित थीं | कालिदास के दुष्यंत ने गांधर्व विवाह किया था | स्वयंवर का रघुवंश में विस्तृत वर्णन किया है |

विधवा विवाह प्रचलित था | चन्द्रगुप्त ने भाई रामगुप्त की मृत्यु के बाद उसकी विधवा ध्रुवदेवी से विवाह किया था |

गुप्तकाल में सती प्रथा का भी विधान मिलता है | वृहस्पति ने विधवा स्त्री के सती होने का आग्रह किया है | एरण के शिलालेख में भानुगुप्त के सेनापति गोपराज की मृत्यु के बाद उसकी स्त्री के सती होने का उल्लेख है |

गुप्तकालीन समाज में गणिकाएं भी थीं | गणिकाएं नृत्य, और गायन आदि ललित कलाओं में पारंगत होती थीं , ये कामशास्त्र में निपुण हुआ करती थी किन्तु समाज इन्हे बहुत अच्छी दृष्टि से नहीं देखता था | जिस गंधर्वशाला में गणिकाएं और उनकी कन्याएं शिक्षा ग्रहण करती थीं, वहाँ समाज के उच्च वर्ग के व्यक्ति अपनी कन्याओं को नहीं भेजते थे | शूद्रक ने गणिका बसंतसेना की एकनिष्ठा का विषद वर्णन किया है, जिसके लिए चारुदत्त वसंतसेना की पर्याप्त प्रशंसा करता है |

निष्कर्ष रूप में इस काल में स्त्रियों की दशा भले ही रामायण –महाभारत काल जैसी उन्नत न हो, फिर भी उनके अधिकार सुरक्षित थे, परिवार में उन्हे विशेष सम्मान प्राप्त था |

राजपूत युग में नारी

राजपूत युग में स्त्रियों की दशा अच्छी थी , वेदाध्ययन से वंचित हो जाने पर भी वे शास्त्रों और विभिन्न कलाओं का अध्ययन कर सकती थीं | मंडन मिश्र की पत्नी शास्त्रार्थ की निर्णायिका बनी थी , हर्ष की बहिन राज्यश्री भी शिक्षित थी | कवि राजशेखर की पत्नी अवनति सुंदरी, गणितज्ञ भास्कराचार्य की पुत्री लीलावती शिक्षित थी | इस युग में अनेक स्त्रियाँ संस्कृत में काव्य सृजन भी करती थीं जैसे इंदुलेखा, विजिका,शीला, भट्टारिका आदि | कवि राजशेखर ने लिखा है कि "पुरुषों की तरह स्त्रियाँ भी कवि हो सकती हैं | ज्ञान का संस्कार आत्मा से संबंध रखता है | उसमें स्त्री या पुरुष का भेदभाव नहीं है | राजशेखर ने विशिष्ट कवि प्रशस्ति-प्रकरण में विकट नितंबा, शीलाभट्टारिका, सुभद्रा एवं प्रभुदेवी आदि कवियत्रियों की प्रशंसा भी की है |"

इस युग की नाटक रचना रत्नावली में स्त्रियाँ नृत्य,संगीत,चित्र में पटु हैं, ऐसा वर्णित है | इस युग की स्त्रियाँ राजनीति में भी योगदान देती हैं | घुड़सवारी भी करती हैं | सोलंकी नरेश विक्रमादित्य की बहिन दक्षिण

की अल्कादेवी वीर नारी थी | उसने चार प्रदेशों का शासन संभाला हुआ था | यह स्थिति प्राय: उच्च वर्ग की थी|

की अल्कादेवी वीर नारी थी | उसने चार प्रदेशों का शासन संभाला हुआ था | यह स्थिति प्राय: उच्च वर्ग की थी|

25

तुलसी की दृष्टि में नारी-स्वभाव

"स्त्री का स्वभाव सब तरह से अग्राह्य ,अथाह और भेद भरा है | अपने प्रतिबिंब को कोई भले ही पकड़ ले किन्तु स्त्रियों की गति नहीं जानी जाती |"

गोस्वामी तुलसीदास

तुलसी दास जी ने स्त्रियों के प्रति अपने विचार रामचरित मानस में व्यक्त किए हैं | आइए उन विचारों को भी जान लें |

बालकाण्ड में सती रामचन्द्र जी की परीक्षा लेने सीता का वेश बना कर जाती है | सती राम से छल करती है जिसके बारे में गोस्वामी जी कहते हैं :

"सती कीन्ह चह तहउँ दुराऊ | देखहु नारी सुभाउ प्रभाऊ ||

अर्थात नारी का सहज स्वभाव कपट का है | इसी प्रसंग में जब सती लौट कर शिव जी के पास आती है तो वे पूछते हैं कि कैसी परीक्षा ली | सती कहती है कि उसने कोई परीक्षा नहीं ली | शिव जी ध्यान लगा कर जान लेते हैं कि सती ने क्या किया था | शिव जी अपने मन में प्रण करते हैं कि अब सती के इस शरीर से उनका कोई शारीरिक संपर्क नहीं होगा | सती को शिव के प्रण का पता नहीं चलता क्योंकि सती तो महज एक स्त्री है | शिव जी पूछने से उत्तर नहीं देते तो गोस्वामी जी उनकी तरफ से

लिखते हैं :

सती हृदय अनुमान किय सब जानेउ सर्वज्ञ |
कीन्ह कपटु मैं शंभु सन नारि सहज जड़ अग्य ||

वे स्वयं भी मानती हैं कि नारियाँ तो स्वाभाविक रूप से जड़ और अज्ञानी होती हैं |

आयोध्याकाण्ड में जब मंथरा कैकेयी को फुसला रही है, कैकेयी पहले यूं सोचती है :

काने , खोरे, कूबरे, कुटिल, कुचाली जानि |
तिय विशेष पुनि चेरि कहि भरतमातु मुस्कानि ||

अर्थात जो काने लंगड़े, और कुबड़े हैं उन्हे कुटिल और कुचाली जानना चाहिए | फिर स्त्रियाँ उनसे भी अधिक कुटिल होती हैं और दासी तो सबसे अधिक | इतना कहकर भरत जी की माता मुस्कुरा दीं |

रामचन्द्र जी के वन चले जाने पर अयोध्यापुरी के लोग कैकेयी की ही नहीं, सारी नारियों की निंदा करते हुए कहते हैं :

सत्य कहहिं कवि नारि सुभाऊ । सब बिधि अगहु अगाध दुराऊ ।
निज प्रतिबिम्बु बरुकु गहि जाई । जानि न जाए नारि गति भाई ॥

कवियों का कहना ठीक ही है कि स्त्री का स्वभाव सब तरह से अग्राह्य ,अथाह और भेद भरा है | अपने प्रतिबिंब को कोई भले ही पकड़ ले किन्तु स्त्रियों की गति नहीं जानी जाती |

अरण्यकाण्ड में शूर्पनखा के प्रणय निवेदन की भूमिका बांधते हुए काग भुसुंडी जी गरुड से कहते हैं :

भ्राता, पिता, पुत्र उरगारी |पुरुष मनोहर निरखत नारी ||
होई विकल सक मनहि न रोकी | जिमि रविमानी द्रव रबिहि बिलोकी ||

अर्थात : हे गरुड, स्त्री सुंदर पुरुष को देखते ही , चाहे वह भाई, पिता, पुत्र ही क्यों न हो , विकल हो जाती है और अपने मन को रोक नहीं सकती है जैसे सूर्य को देखकर सूर्यमणि पिघल जाती है |

लंकाकांड में रावण मंदोदरी की सलाह ठुकराते हुए कहता है :

नारि सुभाव सत्य सब कहहीं | अवगुण आठ सदा उर रहहीं |
साहस ,अनृत ,चपलता, माया | भय अविवेक, असौच अदाया ||

अर्थात : नारी के स्वभाव के बारे में कवि सत्य ही कहते हैं कि सदा ही उनके हृदय में आठ अवगुण रहते हैं : साहस, असत्य , चपलता, माया (छल कपट), भय अविवेक, अपवित्रता, और निर्ममता |

26

नारी-स्वभाव पर ओशो के विचार

"एक स्त्री विधाता द्वारा बनाई गई इस धरती पर सबसे सुंदर और उत्कृष्ट कृति है, उसकी तुलना किसी से भी ना करें| -ओशो

ओशो जिनका वास्तविक नाम आचार्य रजनीश था, जीवन शैली के गुरू थे | ओशो ने जीवन दर्शन के बारे में भी लोगों को काफी ज्ञान दिया | उन्होंने कहानियों के माध्यम से जीवन से जुड़ी अमूल्य शिक्षाएं दी जो कि आज के समय में भी काफी प्रासंगिक हैं | ओशो ने स्त्री और पुरुषों की सोच को भी कई बार परत दर परत उजागर किया | ओशो ने स्त्रियों को पुरुष की अपेक्षा शक्तिशाली बताया है | स्त्रियों की सहनशक्ति पुरुषों से कई गुना ज्यादा है | पुरुष की सहनशक्ति न के बराबर है | लेकिन पुरुष एक ही शक्ति का हिसाब लगाता रहता है, वह मसल्स की | क्योंकि वह बड़ा पत्थर उठा लेता है, इसलिए वह सोचता रहता है कि मैं शक्तिशाली हूँ | लेकिन बड़ा पत्थर अकेला अगर शक्ति का परिचायक होता तो ठीक है, सहनशीलता भी बड़ी शक्ति है – जीवन के दुखों को झेल जाना | स्त्रियाँ देर तक जवान रहती हैं, अगर उन्हे दस-पंद्रह बच्चे पैदा न करना पड़े | परंतु पुरुष जल्दी बूढ़े हो जाते हैं जबकि स्त्रियाँ देर तक युवा बनी रहती हैं | लड़कियां पहले बोलना शुरू करती हैं | बुद्धिमत्ता लड़कियों में पहले प्रकट होती है | लड़कियां ज्यादा तेज होती हैं | विश्वविद्यालयों में

भी प्रतिस्पर्धा में लड़कियां आगे होती हैं |

जो स्त्री आक्रामक होती है वह आकर्षक नहीं होती है | अगर कोई स्त्री तुम्हारे पीछे पड़ जाए और प्रेम का निवेदन करने लगे तो तुम घबरा जाओगे, तुम भागोगे क्योंकि वह स्त्री, पुरुष जैसा व्यवहार कर रही है, स्त्रैण नहीं है | स्त्री का स्त्रैण होना, उसका माधुर्य इसी में है कि वह सिर्फ प्रतीक्षा करती रहे |

वह तुम्हें उकसाती है, लेकिन आक्रमण नहीं करती, वह तुम्हें बुलाती है, लेकिन चिल्लाती नहीं, | उसका बुलाना भी बड़ा मौन है | वह तुम्हें सब तरफ से घेर लेती है | लेकिन तुम्हें पता भी नहीं चलता | उसकी जंजीरें बहुत सूक्ष्म हैं, वे दिखाई भी नहीं पड़तीं | वह बड़े पतले धागों से, सूक्ष्म धागों से तुम्हें सब तरफ से बांध लेती है, लेकिन उसका बंधन कहीं दिखाई भी नहीं पड़ता|

स्त्री अपने को नीचे रखती है | लोग गलत सोचते हैं की पुरुषों ने स्त्रियों को दासी बना लिया | नहीं, स्त्री दासी बनने की कला है | मगर तुम्हें पता नहीं , उसकी कला बड़ी महत्वपूर्ण है | और लाओत्से उसी कला के बारे में कहता है | कोई पुरुष किसी स्त्री को दासी नहीं बनाता | दुनिया के किसी भी कोने में जब भी कोई स्त्री किसी पुरुष के प्रेम में पड़ती है, तत्क्षण अपने को दासी बना लेती है, क्योंकि दासी होना ही गहरी मालकीयत है | वह जीवन का राज समझती है|

स्त्री अपने को नीचे रखती है, चरणों में रखती है और तुमने देखा है कि जब भी कोई स्त्री अपने को तुम्हारे चरणों में रख देती है, तब अचानक तुम्हारे सिर पर ताज की तरह बैठ जाती है |रखती चरणों में है, पहुँच जाती है बहुत गहरे, बहुत ऊपर | तुम चौबीस घंटे उसी का चिंतन करने लगते हो | छोड़ देती है अपने को तुम्हारे चरणों में, तुम्हारी छाया बन जाती है और तुम्हें पता भी नहीं चलता कि छाया तुम्हें चलाने लगी है, छाया के इशारे से तुम चलने लगते हो |

स्त्री कभी यह भी नहीं सीधे कहती कि यह करो, लेकिन वह जो चाहती है करवा लेती है | वह कभी नहीं कहती कि यह ऐसा ही हो, लेकिन वह जैसा चाहती है वैसा करवा लेती है | लाओत्से कहता है कि उसकी शक्ति बड़ी है | और उसकी शक्ति क्या है ? क्योंकि वह दासी है | शक्ति

उसकी यह है कि वह छाया हो गई है | बड़े से बड़े शक्तिशाली पुरुष स्त्री के प्रेम में पड़ जाते हैं, और एकदम अशक्त हो जाते हैं |

स्त्री और पुरुष के इतिहास मे भेद की, भिन्नता की, लंबी कहानी जुड़ी हुई है |बहुत प्रकार के वर्ग हमने निर्मित किए हैं | गरीब का, अमीर का, धन के आधार पर, धर्म के आधार पर | और सबसे आश्चर्य की बात तो यह है कि हमने स्त्री पुरुष के बीच भी वर्गों का निर्माण किया है ! शायद हमारे और सारे वर्ग जल्दी मिट जाएंगे, स्त्री पुरुष के बीच खड़ी की गई दीवाल को मिटाने में बहुत समय लग सकता है | बहुत कारण हैं |

स्त्री और पुरुष भिन्न हैं , यह तो निश्चित है , लेकिन असमान नही |

भिन्नता और असमानता दो अलग बातें हैं | भिन्न होना एक बात है | सच में एक आदमी दूसरेआदमी से भिन्न है ही | कोई आदमी समान नहीं है | कोई पुरुष भी समान नहीं है | स्त्री और पुरुष भी भिन्न हैं | लेकिन भिन्नता को वर्ग बनाना, ऊंचा-नीचा बनाना, मनुष्य का पुराना षड्यन्त्र और शैतानी चाल रही है |

हजारों वर्षों का अतीत इतिहास स्त्री के शोषण का इतिहास भी है | पुरुष ने ही चूंकि सारे कानून निर्मित किए हैं , और पुरुष चूंकि शक्तिशाली था | उसने स्त्री पर जो भी थोपना चाहा, थोप दिया |

जब तक स्त्री के ऊपर से गुलामी नहीं उठती, तब तक दुनिया से गुलामी का बिल्कुल अंत नहीं हो सकता |

राष्ट्र स्वतंत्र हो जाएंगे| आज नहीं कल, गरीब और अमीर के बीच के फासले भी कम हो जाएंगे, लेकिन स्त्री और पुरुष के बीच शोषण का जाल सबसे गहरा है | स्त्री और पुरुष के बीच फासले की कहानी इतनी लंबी हो गई है कि करीब-करीब भूल गई है ! स्वयं स्त्रियों को भी भूल गई है, पुरुषों को भी भूल गई है !

इस संबंध में थोड़ी बातें विचार करना उपयोगी होगा |इसलिए कि आने वाली जिंदगी को जिसे आप बनाने में लगेंगे – हो सकता है स्त्री और पुरुष के बीच समानता का, स्वतंत्रता का, एक समाज और एक परिवार निर्मित कर सके |अगर खयाल ही न हो तो हम पुराने ढांचों में ही फिर घूमकर जीने लगते हैं |हमें पता भी नहीं चलता कि हमने कब पुरानी लीकों पर चलना शुरू कर दिया है |

आदमी सबसे ज्यादा सुगम इसे ही पाता है कि जो हो रहा था, वैसा ही होता चला जाए, लिस्ट रेसिस्टेंस वही है | इसलिए पुराने ढंग का परिवार चलता चला जाता है | पुरानी समाज व्यवस्था चली जाती है | पुराने ढंग से सोचने के ढंग चलते चले जाते हैं | तोड़ने में कठिनाई मालूम पड़ती है –दो कारणों से | एक तो पुराने की आदत और दूसरा नये को निर्माण करने की मुश्किल |

सिर्फ वे ही पीढ़ियाँ पुराने को तोड़ती है , जो नये को सृजन देने की क्षमता रखती हैं | विश्वास रखती हैं स्वयं पर | और स्वयं का विश्वास न हो तो हम पुरानी पीढ़ी के पीछे चलते चले जाते हैं | वह पुरानी पीढ़ी भी अपने से पुरानी पीढ़ी के पीछे चल रही है ! कुछ छोटी सी स्मरणीय बातें पहले हम खयाल कर लें – स्त्री और पुरुष के बीच फासले, असमानता किस किस रूप में खड़ी हुई है |

भिन्नता शुनिश्चित है और भिन्नता होनी ही चाहिए |भिन्नता ही स्त्री और पुरुष को व्यक्तित्व देती है | लेकिन हमने भिन्नता को ही असमानता में बदल दिया | इसलिए सारी दुनिया में स्त्रियाँ भिन्नता को तोड़ने की कोशिश कर रही हैं , ताकि वे ठीक पुरुष जैसी मालूम पड़ने लगें | उन्हे शायद खयाल है कि इस भांति असमानता भी टूट जाएगी |

मैंने सुना है, एक सिनेमा गृह के सामने अमरीका के किसी नगर में बड़ी भीड़ है | क्यू लगा हुआ है | लंबी कतार है | लोग टिकट लेने को खड़े हैं | एक बूढ़े आदमी ने अपने सामने खड़े हुए व्यक्ति से पूछा , आप देखते हैं न , वह सामने जो लड़का खड़ा हुआ है , उसने किस तरह लड़कियों जैसे बाल बढ़ा रखे हैं | उस सामने वाले व्यक्ति ने कहा, माफ करिए, वह लड़का नहीं है, वह ,मेरी लड़की है | उस बूढ़े ने कहा, क्षमा करिए, मुझे क्या पता था कि आपकी लड़की है | तो आप क्या उसके पिता हैं ? उसने कहा कि नहीं , मैं उसकी माँ हूँ !

कपड़ों का फासला कम किया जा रहा है | धीरे-धीरे कपड़े करीब एक जैसे होते जा रहे हैं | हो सकता है, सौ वर्ष बाद कपड़ों के आधार पर फर्क करना मुश्किल हो जाए | लेकिन, कपड़ों के फासले कम हो जाने से भिन्नता नहीं मिट जाएगी |भिन्नता गहरी, बायोलाजिकाल, जैविक और शारीरिक है | भिन्नता साइकोलाजिकल भी है बहुत गहरे में | कपड़ों

से कुछ फर्क नहीं पड़ जाने वाला है |

पुरुषों ने भी भिन्नता मिटाने के बहुत प्रयोग किए हैं | हमें खयाल में नहीं है | क्योंकि हम आदी हो जाते हैं | राम,कृष्ण ,बुध और महावीर की मूर्तियाँ और चित्र आपने देखे होंगे | और अगर सोचते होंगे थोड़ा बहुत तो यह खयाल आया होगा कि इन लोगों के चेहरे पर दाढ़ी मूंछ क्यों दिखायी नहीं पड़ती ? असंभव है यह बात | एकाध के साथ हो भी सकता है कि किसी एक राम ,कृष्ण ,महावीर , किसी एक को दाढ़ी मूंछ न रही हो | यह संभव है | कभी हजार में एक पुरुष को नहीं भी होती है | लेकिन चौबीस जैनियों के तीर्थंकर , हिंदुओं के सब अवतार, बूढ़ों की सारी कल्पना, किसी को दाढ़ी मूंछ नहीं है ! कुछ कारण है | पुरुष को ऐसा लगा है कि स्त्री सुंदर है, तो स्त्री जैसे होने से जैसे पुरुष भी सुंदर हो जाएगा | फिर राम और कृष्ण को तो हमने मान लिया कि उनको ढाढ़ी मूंछ होती ही नहीं | फिर हम क्या करें ? तो सारी धरती पर पुरुष दाढ़ी मूंछ को काटने की कोशिश में लगा है | स्त्री जैसा चेहरा बनाने की चेष्टा चल रही है | उससे भी कोई भेद मिट जाने वाले नहीं है |

न कपड़े बदलने से कोई फर्क पड़ने वाला है | न चेहरों पर ऊपरी फर्क कर लेने से कुछ फर्क पड़ने वाला है | भेद गहरा है और अगर भेद मिटाने की कोशिश से हम चाहते हों कि असमानता मिटे तो असमानता कभी नहीं मिटेगी | असमानता हमारी थोपी हुई है | भेद में असमानता नहीं है | दो भिन्न व्यक्ति बिल्कुल समान हो सकते हैं | समान प्रतिष्ठा दी जा सकती है |

पहली भूल मनुष्य ने यह की कि भिन्नता को असमानता समझा | और अब उसी भूल पर दूसरी भूल चल रही है हम भिन्नता को कम कर लें | जो काम पुरुष करते हैं, वे ही स्त्रियाँ करें ! जो कपड़े वे पहनते हैं, वे हम भी पहनें ! जिस भाषा का वे उपयोग करते हैं , स्त्रियाँ भी वैसी ही करें ! अमरीका में जिन शब्दों का उपयोग स्त्रियों ने कभी भी नहीं किया था मनुष्य के इतिहास में, कुछ गालियां सिर्फ पुरुष ही देते हैं, वह उनका गौरव है | अमरीका की लड़कियां उन्ही गालियों को देने के लिए भी चेष्टा में संलग्न हैं ! उन गालियों का भी उपयोग कर रही हैं ! क्योंकि पुरुष के साथ समान खड़े हो जाने की बात है |

और समानता का खयाल ऐसा है की हम शायद भेद, भिन्नता को किसी तरह से लीप-पोत कर एक सा कर दें, तो शायद समानता उपलब्ध हो जाए | नहीं, समानता उससे उपलब्ध नहीं होगी, क्योंकि असमानता का भी मूल आधार वह नहीं है | असमानता किन्ही और कारणों से निर्मित हुई है | और जैसे हम कहानी सुनते हैं की सत्यवान मर गया है, सावित्री उसे दूर से जाकर लौटा लायी है | लेकिन कभी कोई कहानी ऐसे सुनी कि पत्नी मर गई हो और पति दूर से जाकर लौटा लाया हो ? नहीं सुनी है हमने |

स्त्रियाँ लाखों वर्ष तक इस देश में पुरुषों के ऊपर बर्बाद होती रही हैं | मरकर सती होती रही हैं | कभी ऐसा सुना, कि कोई पुरुष भी किसी स्त्री के लिए सती हो गया हो ? क्योंकि सारे नियम, सारी व्यवस्था , सारा अनुशासन पुरुष ने पैदा किया है | वह स्त्री पर थोपा हुआ है | सारी कहानियाँ उसने गढ़ी है | वह कहानियाँ गढ़ता है, जिसमें पुरुष को स्त्री बचाकर लौटा लाती है | ऐसी कहानी नहीं गढ़ता, जिसमें पुरुष स्त्री को बचाकर लौटा लाता हो |

स्त्री गई कि पुरुष दूसरी स्त्री की खोज में लग जाता है, उसको बचाने का सवाल नहीं है | पुरुष ने अपनी सुविधा के लिए सारा इंतजाम कर लिया है | असल में जिसके पास थोड़ी सी भी शक्ति है किसी भांति की, वे जो थोड़े भी निर्बल हों किसी भी भांति से, उनके ऊपर सवार हो ही जाते हैं | मालिक बन ही जाते हैं | गुलामी पैदा हो जाती है |

पुरुष थोड़ा शक्तिशाली है शरीर की दृष्टि से | ऐसे यह शक्तिशाली होना किन्हीं और कारणों से पुरुष को पीछे भी डाल देता है | पुरुष के पास क्षमता और शक्ति ज्यादा है | लेकिन सहनशक्ति उतनी ज्यादा नहीं है, जितनी स्त्री के पास है | और अगर पुरुष और स्त्री दोनों को किसी पीड़ा में सफरिंग में से गुजरना पड़े तो पुरुष जल्दी टूट जाता है | स्त्री ज्यादा देर तक टिकती है | सहनशीलता उसकी ज्यादा है | प्रतिरोधक शक्ति उसकी ज्यादा है | लेकिन सामान्य शक्ति कम है | शायद प्रकृति के लिए यह जरूरी है कि दोनों में यह भेद हो, क्योंकि स्त्री कुछ पीड़ाएं झेलती है |

जो पुरुष अगर एक बार भी झेले, तो फिर सारी पुरुष जाति कभी झेलने को राजी नहीं होगी | नौ महीने तक एक बच्चे को पेट में रखना

और फिर उसे जन्म देने की पीड़ा और फिर उसे बड़ा करने की पीड़ा, वह कोई पुरुष कभी राजी नहीं होगा | अगर एक रात भी एक छोटे बच्चे के साथ पति को छोड़ दिया जाए तो या तो वह उसकी गरदन दबाने की सोचेगा या अपनी गरदन दबाने की सोचेगा |

मैंने सुना है, एक दिन सुबह मास्को की सड़क पर एक आदमी छोटी सी बच्चों की गाड़ी को धक्का देता हुआ चला जा रहा है | सुबह है, लोग घूमने निकले हैं | फूल खिले हैं, पक्षी उड़ रहे हैं | वह आदमी रास्ते में चलते चलते बार बार यह कहता है अब्राहम शांत रह – अब्राहम उसका नाम होगा | पता नहीं, वह किससे कह रहा है | वह बार बार कहता है, अब्राहम शांत रह |अब्राहम धीरज रख | बच्चा रो रहा है | वह गाड़ी को धक्के दे रहा है | एक बूढ़ी औरत उसके पास आती है | वह कहती है, क्या बच्चे का नाम अब्राहम है ?

वह आदमी कहता है, क्षमा करना, अब्राहम मेरा नाम है | मैं अपने को समझा रहा हूँ | शांत रह, धीरज रख, अभी घर पहुँचने वाले हैं | इस बच्चे को तो समझाने का सवाल नहीं है | अपने को समझा रहा हूँ कि किसी तरह दोनों सही सलामत घर पहुंच जाएँ |

स्त्री के पास एक प्रतिरोधक शक्ति है, जो प्रकृति ने उसे दी है | एक सहनशीलता की ताकत है | वह बहुत बड़ी ताकत है | कितनी ही पीड़ा और कितने ही दुख और कितने ही दमन के बीच वह जिंदा रहती है और मुस्करा भी सकती है | पुरुषों ने जितना दबाया है स्त्री को,अगर स्त्रियों ने उस दमन को, उस पीड़ा को कष्ट से लिया होता तो शायद वे कभी की टूट गई होती | लेकिन वे नहीं टूटी हैं | उनकी मुस्कुराहट भी नहीं टूटी है | इतनी लंबी परतंत्रता के बाद भी उसके चेहरे पर कम तनाव है पुरुष की बजाय |

सहनशीलता की, झेलने की, सहने की, टोलरेंस की,सहिष्णुता की बड़ी शक्ति उसके पास है | लेकिन मस्कुलर , बड़े पत्थर उठाने की, और बड़ी कुल्हाड़ी चलाने की शक्ति पुरुष के पास है | शायद जरूरी है कि पुरुष के पास वैसी शक्ति ज्यादा हो | उसे कुछ काम करने हैं जिंदगी में, वह वैसी शक्ति की मांग करते हैं | स्त्री को जो काम करने हैं, वह वैसी शक्ति की मांग करते हैं | और प्रकृति या अगर हम कहें परमात्मा इतनी

व्यवस्था देता है जीवन को कि सब तरफ से जो जरूरी है जिसके लिए वह उसको मिल जाता है |

कभी हमने खयाल भी नहीं किया | जमीन पर, इतनी बड़ी पृथ्वी पर कोई तीन साढ़े तीन अरब लोग हैं स्त्रियाँ पुरुष सब मिलाकर | किसी घर में लड़के ही लड़के पैदा हो जाते हैं | किसी घर में लड़कियां भी हो जाती हैं | लेकिन अगर पूरी पृथ्वी का हम हिसाब रखें तो लड़के और लड़कियां करीब करीब बराबर पैदा होते हैं | पैदा होते वक्त बराबर नहीं होते | लेकिन पाँच छ: साल में बराबर हो जाते हैं | पैदा होते वक्त 125 लड़के पैदा होते हैं 100 लड़कियों पर | क्योंकि लड़कों का रेसिस्टेंस कम है | 25 लड़के तो जवान होते होते मर जाने वाले हैं | लड़के ज्यादा पैदा होते हैं | लड़कियां कम पैदा होती हैं, लेकिन जवान होते होते लड़के और लड़कियों की संख्या दुनिया में करीब करीब बराबर हो जाती है |

कोई बहुत गहरी व्यवस्था भीतर से काम करती है | नहीं तो कभी ऐसा भी हो सकता है, इसमें कोई दुर्घटना तो नहीं कि जमीन पर स्त्रियाँ हो जाएँ एक बार या पुरुष ही पुरुष हो जाएँ | यह संभावना है, अगर बिल्कुल अंधेरे में व्यवस्था चल रही हो | लेकिन भीतर कोई नियम काम करता है और नियम के पीछे बायोलाजिकल व्यवस्था दे | जीतने अणु होते हैं,वीर्याणु होते हैं उनमें आधे स्त्रियों को पैदा करने में समर्थ हैं, आधे पुरुषों को इसलिए कितना ही एक घर में भेद पड़े, लंबे विस्तार पर भेद बराबर हो जाता है |

स्त्री को वह शक्तियां मिली हुई हैं, जो उसे अपने काम को और स्त्री का बड़े से बड़ा काम उसका मन होता है | उससे बड़ा काम संभव नहीं है | और शायद माँ होने से बड़ी कोई संभावना पुरुष के लिए तो है ही नहीं | स्त्री के लिए भी नहीं है | माँ होने की संभावना हम सामान्य रूप से ग्रहण कर लेते हैं |

कभी आपने नहीं सोचा होगा, इतने पेंटर हुए, इतने मूर्तिकार हुए, इतने चित्रकार, इतने कवि, इतने आर्किटेक्ट, लेकिन स्त्री कोई एक बड़ी चित्रकार नहीं हुई ! कोई एक स्त्री बड़ी आर्किटेक्ट,वास्तुकला में अग्रणी नहीं हुई ! कोई एक स्त्री ने बहुत बड़े संगीत को जन्म नहीं दिया ! कोई एक स्त्री ने कोई बहुत अद्भुत मूर्ति नहीं बनाई ! सृजन का सारा काम

पुरुष ने किया है और कई बार पुरुष को ऐसा खयाल आता है की क्रिएटिव, सृजनात्मक शक्ति हमारे पास है | स्त्री के पास कोई सृजनात्मक शक्ति नहीं है |

लेकिन बात उलटी है | स्त्री पुरुष को पैदा करने में इतना बड़ा श्रम कर लेती है कि और कोई सृजन करने की जरूरत नहीं रह जाती | स्त्री के पास अपना एक क्रिएटिव एक्ट है | एक सृजनात्मक क्वालिटी है, जो इतना बड़ा कि न पत्थर की मूर्ति बनाना और एक जीवित व्यक्ति को बड़ा करना ....लेकिन स्त्री के काम को हमने सहज स्वीकार कर लिया है | और इसीलिए स्त्री की सारी सृजनात्मक शक्ति उसके माँ बनने में लग जाती है | उसके पास और कोई सृजन की न सुविधा बचती है, न शक्ति बचती है | न कोई आयाम ना कोई डायमेनसन बचता है | न सोचने का सवाल है |

एक छोटे से घर को सुंदर बनाने में – लेकिन हम कहेंगे छोटे से घर को सुंदर बनाना, कोई माइकल एंजलो तो पैदा नहीं हो सकता, कोई वानगॉग तो पैदा नहीं हो जाएगा | कोई इजरा पाउंड तो पैदा नहीं होगा | कोई कालिदास तो पैदा नहीं होगा | एक छोटे से घर को ....लेकिन मैं कुछ घरों में जाकर ठहरता रहा हूं |

एक घर में ठहरता था, मैं हैरान हो गया | गरीब घर है | बहुत सम्पन्न नहीं है | लेकिन इतना साफ सुथरा, इतना स्वच्छ मैंने कोई घर नहीं देखा | लेकिन उस घर की प्रशंसा करने कोई कभी नहीं जाएगा | घर की गृहणी उस घर को ऐसा पवित्र बना रही है कि कोई मंदिर भी उतना स्वच्छ और पवित्र नहीं मालूम पड़ता है | लेकिन उसकी कौन फिक्र करेगा ? कौन माइकेल एंजलो, कालिदास और वानगॉग में उसकी गिनती करेगा ? वह खो जाएगी या एक ऐसा काम कर रही है, जिसके लिए कोई प्रतिष्ठा नहीं मिलेगी | क्यों नहीं मिलेगी ? नहीं मिलेगी ,यह दुनिया पुरुषों की दुनिया है |

स्त्री के विकास, स्त्री की संभावनाओं , स्त्रियों की जो विकास की क्षमता है , उनके जो आयाम, ऊँचाइयाँ हैं, उनको हमने गिनती में ही नहीं लिया है | अगर एक आदमी गणित में कोई नई खोज कर ले तो नोबल प्राइज मिल सकता है | लेकिन स्त्रियाँ निरंतर सृजन के बहुत नये नये

आयाम खोजती हैं | कोई नोबल प्राइज उनके लिए नहीं है ! यह स्त्रियों की दुनिया नहीं है | स्त्रियों को सोचने के लिए , स्त्रियों को दिशा देने के लिए, उनके जीवन में जो हो , उसे भी मूल्य देने का हमारे पास कोई आधार नहीं है |

हम सिर्फ पुरुषों को आधार देते हैं ! इसलिए अगर हम इतिहास उठाकर देखें तो उसमें चोर, डकैत, हर ,बड़े बड़े आदमी मिल जाएंगे | उसमें चंगेज खान, तैमूरलंग और हिटलर , स्टालिन और माओ सबका स्थान है | लेकिन उसमें हमें ऐसी स्त्रियाँ खोजने में बड़ी मुश्किल पड़ जाएगी | उनका कोई उल्लेख ही नहीं है जिन्होंने सुंदर घर बनाया हो | जिन्होंने एक बेटा पैदा किया हो और जिसके साथ, जिसे बड़ा करने में सारी माँ की ताकत, सारी प्रार्थना, सारा प्रेम लगा दिया हो | इसका कोई हिसाब नहीं मिलेगा |

पुरुष की एक तरफा अधूरी दुनिया अब तक चली है और जो पूरा इतिहास है, वह पुरुष का ही इतिहास है , इसलिए युद्धों का, हिंसाओं का इतिहास है |

जिस दिन स्त्री भी स्वीकृत होगी और विराट मनुष्यता में उतना ही समान स्थान पा लेगी, जितना पुरुष का है, तो इतिहास भी ठीक दूसरी दिशा लेना शुरू करेगा |

मेरी दृष्टि में जिस दिन स्त्री बिल्कुल समान हो जाती है, शायद युद्ध असंभव हो जाए | क्योंकि युद्ध में कोई भी मरे,वह किसी का बेटा होता है , किसी का भाई होता है और किसी का पति होता है |

लेकिन पुरुषों को मरने, मारने की ऐसी लंबी बीमारी है, क्योंकि बिना मरे मारे, वह अपने पुरुषत्व को ही सिद्ध नहीं कर पाते हैं | वे यह बता ही नहीं पाते हैं कि मैं भी कुछ हूं | तो मरने मारने का एक लंबा जाल और फिर जो मर जाए ऐसे जाल में उसको आदर देना |

उन्होंने स्त्रियों को भी राजी कर लिया है कि जब तुम्हारे बेटे युद्ध पर जाएँ तो तुम टीका करना ! रो रही है माँ, आँसू टपक रहे हैं,और वह टीका कर रही है ! आशीर्वाद दे रही है ! यह पुरुष ने जबरदस्ती तैयार करवाया हुआ है | अगर दुनिया भर की स्त्रियाँ तय कर लें, तो युद्ध असंभव हो जाए |

लेकिन सब व्यवस्था , सब सोचना, सारी संस्कृति, सारी सभ्यता पुरुष के गुणों पर खड़ी है | इसलिए पूरी मनुष्यता का इतिहास युद्धों का इतिहास है |

अगर हम तीन हजार वर्ष की कहानी उठाकर देखें तो मुश्किल पड़ती है, कि आदमी कभी ऐसा रहा हो, जब युद्ध न किया हो ! युद्ध चल ही रहा है ! आज इस कोने में आग लगी है जमीन के , कल दूसरे कोने में , परसों दूसरे कोने में | आग लगी ही है | आदमी जल ही रहा है | आदमी मारा ही जा रहा है और अब ? अब हम उस जगह पहुंच गए हैं जहा हमने बड़ा इंतजाम किया है | अब हम आगे आदमी को बचने नहीं देंगे |

अगर पुरुष सफल हो जाता है अपने अंतिम उपाय में , तीसरे महायुद्ध में तो शायद मनुष्यता नहीं बचेगी | इतना इंतजाम करवा लिया है कि हम पूरी पृथ्वी को नष्ट कर दें | पूरी तरह से नष्ट कर दें | यह पुरुष के इतिहास की आखरी चरम सीमा हो सकती थी , वहाँ हम पहुंच गए हैं | यहाँ हम क्यों पहुंच गए हैं ?

क्योंकि पुरुष गणित में सोचता है, प्रेम उसकी सोचने की भाषा नहीं है | ध्यान रहे, विज्ञान विकसित हुआ है | धर्म विकसित नहीं हो सका | और धर्म तब तक विकसित नहीं होगा जब तक स्त्री समान संस्कृति और जीवन में योगदान नहीं करती है | और उसे योगदान का मौका नहीं मिलता है |

गणित से जो चीज विकसित होगी, वह विज्ञान है | गणित परमात्मा तक ले जाने वाला नहीं है | चाहे दो और दो कितने ही बार जोड़ों तो भी बराबर परमात्मा होने वाला नहीं है | गणित कितना ही बढ़ता चला जाए वह पदार्थ से ऊपर जाने वाला नहीं है |

प्रेम परमात्मा तक पहुंच सकता है | लेकिन हमारी सारी खोज गणित की है | तर्क की है | वह विज्ञान लेकर खड़ा हो गया है | उसके आगे नहीं जाता |

प्रेम की हमारी कोई खोज नहीं है ! शायद प्रेम की बात करना भी हम स्त्रियों के लिए छोड़ देते हैं या कवियों के लिए जिनको हम करीब करीब स्त्रियों जैसा गिनती करते हैं | उनकी गिनती हम कोई पुरुषों में नहीं करते |

पुरुष ने जो दुनिया बनायी है ....वह पुरुष अधूरा है , अधूरी दुनिया बन गई है | यह ध्यान रहे और स्त्री के साथ बिना उसकी संस्कृति अधूरी होगी |

तो एक एक घर में पुरुष एक एक स्त्री को लाया है | एक एक घर में तो पुरुष अकेला रहने को राजी नहीं है | स्त्री भी अकेले रहने को राजी नहीं है | चाहे कितनी कलह हो, स्त्री और पुरुष साथ रह रहे हैं !

लेकिन संस्कृति और सभ्यता की जहां दुनिया है, वहाँ स्त्री का बिल्कुल प्रवेश नहीं हुआ है | वहाँ पुरुष बिल्कुल अकेला है | पुरुष के अकेले , अधूरेपन से पुरुष बिल्कुल अधूरा है , जैसे स्त्री अधूरी है | वे एक दूसरे के पूरक हैं , दोनों को मिलाकर एक पूर्ण व्यक्तित्व बनता है |

लेकिन मनुष्य की संस्कृति अधूरी सिद्ध हो रही है | क्योंकि वह आधे पुरुष ने ही निर्मित की है | स्त्री से उसने कभी मेल नहीं की | स्त्री सब गड़बड़ कर देती है, अगर वह आए तो | अगर लेबोरेटरी में उसे ले जाओ तो बजाय इसके कि वह आपकी परखनली और आपके टैस्ट ट्यूब में क्या हो रहा है यह देखे , हो सकता है टैस्ट ट्यूब को रंग कर सुंदर बनाने की कोशिश करे | स्त्री को लेबोरेटरी में ले जाओ , गड़बड़ होनी शुरू हो जाएगी या पुरुष को स्त्री की बगिया में ले जाओ तो भी गड़बड़ होनी शुरू हो जाएगी | इस गड़बड़ के डर से हमने कम्पार्टमेंट बाँट लिए हैं|

पुरुष की एक दुनिया बना दी है |स्त्री की एक अलग दुनिया बना दी है | और दोनों के बीच एक बड़ी दीवाल खड़ी कर ली है | और दीवाल खड़ी करके पुरुष अकड़ गया है और कहता है , मुझसे तुम्हारा मुकाबला क्या ? तुम कुछ कर ही नहीं सकती | इसलिए घर में बंद रहो | तुमसे कुछ हो नहीं सकता | हम पुरुष ही कुछ कर सकते हैं | हम पुरुष श्रेष्ठ हैं | स्त्रियो तुम्हारा काम है कि तुम बर्तन मलो, खाना बनाओ, बस इतना ! इससे ज्यादा तुम्हारा कोई काम नहीं है | बच्चों को बड़ा करो ! यह सब पुरुष ने स्त्री को एक दीवाल बना करके वहाँ सौंप दिया है और वह बाहर अकेला मालिक होकर बैठ गया है ! सब तरफ पुरुष इकट्ठे हो गए हैं |

कल्चर की जहां दुनिया है, संस्कृति की, वहाँ पुरुष इकट्ठे हो गए हैं ! स्त्रियाँ वर्जित हैं ! स्त्रियाँ अस्पृश्य की, भांति बाहर कर दी गई हैं|

मेरे दृष्टि में इसीलिए मनुष्य की सभ्यता अब तक सुख की और आनंद की सभ्यता नहीं बन सकी | अब तक मनुष्य की सभ्यता एकीकृत नहीं बन सकी है | उसका आधा अंग बिल्कुल ही काट दिया गया है | इस आधे अंग को समान हक न मिले, इसे वापिस पूरा जीवन , पूरा अवसर, स्वतंत्रता न मिले तो मनुष्य का बहुत भविष्य नहीं माना जा सकता | मनुष्य का भविष्य एकदम अंधकारपूर्ण कहा जा सकता है |

स्त्री को लाना है | भेद हैं, भिन्नताएं नहीं | भिन्नताएं आनंदपूर्ण हैं, भिन्नताएं दुख का कारण नहीं है | असमानता दुख का कारण है | और असमानता को हमने भिन्नता के आधार पर .....असमानता को इतना मजबूत कर लिया है की कल्पना के बाहर है, कि स्त्री और पुरुष मित्र हो सकते हैं | पुरुष को लगता ही नहीं कि स्त्री और पुरुष मित्र ! नहीं हो सकती ! पत्नी हो सकती है ! पत्नी यानी दासी|

स्त्री को बचपन से ही नंबर दो की स्थिति स्वीकार करने के लिए माँ बाप तैयार करते हैं | वह नंबर दो है | इसकी स्वीकृति बचपन से उसके मन पर थोपी चली जाती है |

पूरी संस्कृति, पूरी व्यवस्था.....कैसे यह छुटकारा हो, कैसे यह स्त्री पुरुष के समान खड़ी हो सके, बहुत कठिन मामला मालूम पड़ता है |

लेकिन दो –तीन सूत्र सुझाना चाहता हूँ | इनके बिना शायद स्त्री पुरुष के समान खड़ी नहीं हो सकती | और ध्यान रहे जब तक पूरी परिस्थिति नहीं बदलती है ....पुरुष कितना कहे कि तुमको भी तो समान हक है वोट करने का, तुम समान हो | सब बातें ठीक है | असमानता क्या है ? इससे कुछ हल नहीं होगा | स्त्री के नीचे होने में, उसके जीवन की गुलामी में, उसकी असमानता में कुछ कारण हैं | जैसे जब तक उनकी अपनी आर्थिक ,अर्थगत, संपत्तिगत अपनी कोई स्थिति नहीं है, तब तक स्त्रियों की समानता बातचीत की बात होगी | हम कहते हैं गरीब अमीर समान हैं | बराबर वोट का हक है | सब ठीक है | लेकिन गरीब अमीर समान कैसे हो सकता है ? अमीरी और गरीबी इतनी असमानता पैदा कर देती है |

और स्त्रियों से ज्यादा गरीब कोई भी नहीं है, क्योंकि हमने उनको बिल्कुल अपंग कर दिया है कमाने से | जन्म से अपंग कर दिया है | वे कुछ पैदा नहीं करती | न वे कुछ कमाती हैं | न वे जिंदगी में आकर बाहर

कुछ काम करती हैं | घर के भीतर बंद कर दिया | उनकी गुलामी का मूल सूत्र यह है कि जब तक आर्थिक रूप से बंधी हैं, तब तक वे समान हक में हो भी नहीं सकतीं |

और बुरा है यह | एकदम बुरा है, क्योंकि स्त्रियाँ सब तरफ फैल जाएँ, सब कामों में तो पुरुष के सब तरफ कामों में जो पुरुषपन आ गया है, सब शिथिल हो जाए | फर्क हम जानते हैं | फर्क बहुत स्पष्ट है | स्त्री के प्रवेश से ही एक और हवा हर दफ्तर में प्रविष्ट हो सकती है और हो ही जाती है |

एक क्लास, जहां लड़के ही लड़के पढ़ रहे हैं और पुरुष ही पढ़ा रहा है | एक और तरह की क्लास है | जहां लड़कियां भी आकर बैठ गई है – क्लास की हवा में फर्क पड़ गया है, बुनियादी फर्क पड़ गया है | ज्यादा से ज्यादा सुगंध से भरी वह हवा हो गई है | कम पुरुष, कम कठोर चीजें शिथिल हो गई हैं और चीजें ज्यादा शिष्ट हो गई हैं |

स्त्री को जीवन के सब पहलुओं पर फैला देने की जरूरत है | ऐसा कोई काम नहीं है, जो कि स्त्रियाँ न कर सकती हो |

रूस में स्त्रियों ने सब काम करके बता दिया है | हवाई जहाज के पायलट होने से, छोटे छोटे काम तक | स्त्री अंतरिक्ष में उड़कर भी बताया है | यह इस बात की खबर है कि करीब करीब सब काम कर सकती हैं|

कुछ काम होंगे, जो एकदम मस्कुलर हैं पर अब तो रह नहीं गए | क्योंकि सब काम मशीन करने लगीं | इसलिए स्त्री को समान होने का पूरा मौका मिल गया है | बड़े से बड़े वजन को मशीन पूरा कर देती है | अब पुरुष को भी करना नहीं पड़ रहा है | अब स्त्री प्रत्येक काम मे पुरुष के साथ खड़ी हो सकती है |

और जैसे ही स्त्री जीवन के सब पहलुओं में प्रविष्ट कर जाएगी, सभी पहलुओं के वातावरण में बुनियादी फर्क पड़ेगा | और कुछ काम तो ऐसे हैं .....अब यह हैरानी की बात है, ऐसा शायद ही कोई काम अब बचा है पुरुष के पास, जो स्त्री नहीं कर सकती |

लेकिन कुछ काम ऐसे हैं, जो स्त्रियाँ ही कर सकती हैं और पुरुष नहीं कर सकते हैं | और उन कामों को भी पुरुष पकड़े हुए हैं | जैसे शिक्षक का काम है | शिक्षक के काम से पुरुष को हट जाना चाहिए | पुरुष शिक्षक

हो ही नहीं सकता | उसका तानाशाही दिमाग इतना ज्यादा है कि वह शिक्षक नहीं हो सकता है |

वह थोपने की कोशिश करता है | और वह जो भी मानता है, उसे थोपने की कोशिश करता है | वह कहता है, जो मैं कहता हूँ वह ठीक है | वह झुक नहीं सकता | वह विनम्रहीन हो सकता | शिक्षक अगर जरा भी थोपने वाला है तो दूसरी तरफ के मस्तिष्क को बुनियादी रूप से नुकसान पहुंचाता है |

और नुकसान पहुंचता है सारी मनुष्य जाति को | क्योंकि शिक्षक कैसे व्यवहार कर रहा है | निश्चित ही सारी दुनिया में शिक्षा का करीब करीब सारा काम स्त्रियों के हाथ में चला ही जाना चाहिए | यह बिल्कुल ही हितकर होगा | उचित होगा | महत्वपूर्ण होगा, क्योंकि शिक्षा तब एक रूखी सूखी बात नहीं रह जाएगी | उसके साथ एक रस और एक पारिवारिक वातावरण जुड़ जाएगा और संबंधित हो जाएगा |

बहुत काम ऐसे हो सकते है, जो की स्त्रियों को पूरी तरह उपलब्ध हो जाने चाहिए | और बहुत काम जो स्त्रियाँ कर सकती है, उन्हे सब तरफ से निमंत्रण मिलने चाहिए और बहुत दीक्षाएं जो हमेशा से अधूरी पड़ी हुई है, जिनको कभी छुआ नहीं गया है, खोली जानी चाहिए | उन दिशाओं के दरवाजे तोड़े जाने चाहिए , ताकि एक और तरह की चेतना –स्त्री की चेतना, स्त्री की भावना,बिल्कुल और तरह की हो |

उसमें कुछ डायनामिकली अपोजिट है | कुछ बुनियादी रूप से उलटे तत्व हैं | वह ज्यादा इंट्यूटिव है | बौद्धिक नहीं है | वह बहुत बुद्धि और तर्क की नहीं है , ज्यादा अंतर अनुभूति की है | मनुष्य अंतर अनुभूति से शून्य हो गया है, बिल्कुल शून्य है |

स्त्रियाँ अगर सब दिशाओं में फैल जाएँ और जीवन घरों में बंद न रह जाए, क्योंकि घरों का काम इतना उबाने वाला है , इतना बोरिंग है, इतना बोरडम से भरा हुआ है कि उसे तो मशीन के हाथ में धीरे धीरे छोड़ देना चाहिए | आदमी को करने की, न स्त्रियों को, न पुरुषों को कोई जरूरत नहीं है | रोज सुबह वही काम, रोज दोपहर वही काम , रोज साँझ वही काम !

एक स्त्री चालीस पचास वर्ष तक एक मशीन की तरह सुबह से साँझ , यंत्र की तरह घूमती रहती है और वही काम करती रहती है | और इसका परिणाम क्या होता है ? इसका परिणाम है की मनुष्य के पूरे जीवन में विष घुल जाता है |

एक स्त्री जब चौबीस घंटे ऊब वाला काम करती है | रोज बर्तन मलती है – वही बर्तन, वही मलना, वही रोटी, वही खाना, वही उठना, वही कपड़े धोना, वही बिस्तर लगाना, रोज एक चक्कर में सारा काम चलता है | थोड़े दिन में वह इस सबसे ऊब जाती है | लेकिन करना पड़ता है |

और जिस काम से कोई ऊब गया हो और करना पड़े तो उसका बदला वह किसी न किसी से लेगी | इसलिए स्त्रियाँ हर पुरुष से हर तरह का बदला ले रही हैं | हर तरह का बदला, पुरुष घर आया कि स्त्री तैयार है टूटने के लिए | इसलिए पुरुष घर के बाहर घूमते फिरते हैं क्लब बनाते है , सिनेमा जाते हैं, पच्चीस उपाय सोचते हैं |

वह अपने को समझा रहे हैं की स्त्री नरक का द्वार है | सावधान ! बचना ! स्त्री की तरफ देखना भी मत | यह इन घबड़ाये हुए, भागे हुए पलायनवादी लोगों ने स्त्री को समझने , सम्मानित होने, साथ खड़े होने का मौका नहीं दिया |

अभी जब मैं बंबई में था कुछ दिन पहले , एक मित्र ने आकर मुझे खबर दी कि एक बहुत बड़े संन्यासी वहाँ प्रवचन कर रहे हैं | आपने उनके प्रवचन सुने होंगे | भगवान की कथा कर रहे हैं या कुछ कर रहे हैं , स्त्री नहीं छू सकती है उन्हे ! एक स्त्री अजनबी आई होगी ! उसने उनके पैर छू लिए | तो महाराज भारी कष्ट में पड़ गए हैं ! अपवित्र हो गए हैं ! उन्होंने सात दिन का उपवास किया है शुद्ध के लिए ! जहां दस पंद्रह हजार स्त्रियाँ पहुँचती थीं, वहाँ सात दिन के उपवास के कारण एक लाख स्त्रियाँ पहुँचती थीं, वहाँ सात दिन के उपवास के कारण एक लाख स्त्रियाँ इकट्ठी होने लगीं कि यह आदमी असली साधु है !

स्त्रियाँ भी यही सोचती हैं कि जो उनके छूने से अपवित्र हो जाएगा, असली साधु है ! हमने उनको समझाया हुआ है | नहीं तो वहाँ एक स्त्री भी नहीं जानी थी फिर | क्योंकि स्त्री के लिए भारी अपमान की बात है |

लेकिन अपमान का खयाल ही मिट गया है | लंबी गुलामी अपमान के खयाल मिटा देती है | लाख स्त्रियाँ वहाँ इकट्ठी हो गई हैं | सारी बंबई में यही चर्चा है कि यह आदमी है असली साधु ! स्त्री के छूने से अपवित्र हो गया है ! सात दिन का उपवास कर रहा है ! उन महाराज से किसी को पूछना चाहिए , पैदा किस से हुए थे ? हड्डी, मांस, मज्जा किसने बनाया था ? वह सब स्त्री से लेकर आ गए हैं | और अब अपवित्र होते हैं स्त्री के छूने से | हद्द कमजोर साधुता है, जो स्त्री के छूने से अपवित्र हो जाती है | लेकिन इन्ही सारे लोगों की लंबी परंपरा ने स्त्री को दीन -हीन और नीचा बनाया है | और मजा यह है , की यह जो दीन -हीनता की लंबी परंपरा है, इस परंपरा को तो स्त्रियाँ ही पूरी तरह बल देने में अग्रणी है ! कभी के मंदिर मिट जाएँ और कभी के गिरजे समाप्त हो जाएँ | स्त्रियाँ ही पालन पोषण कर रही हैं मंदिरों , गिरजों , साधु, संतों महंतों का | चार स्त्रियाँ दिखायी पड़ेगी एक साधु के पास, तब कहीं एक पुरुष दिखायी पड़ेगा | वह पुरुष भी अपनी पत्नी के पीछे बेचारा चला आया हुआ होगा |

तीसरी बात मैं आपसे यह कहना चाहता हूँ कि जब तक हम स्त्री पुरुष के बीच के ये अपमानजनक फासले , ये अपमानजनक दूरियाँ – कि छूने से कोई अपवित्र हो जाएगा- नहीं तोड़ देते हैं, तब तक शायद हम स्त्री को समान हक भी नहीं दे सकते |

को एजुकेशन शुरू हुई है | सैकड़ों विश्वविद्यालय , महाविद्यालय को एजुकेशन दे रहे हैं | लड़कियां और लड़के साथ पढ़ रहे हैं | लेकिन बड़ी अजीब सी हालत दिखायी पड़ती है | लड़के एक तरफ बैठे हुए हैं ! लड़कियां दूसरी तरफ बैठी हुई हैं ! बीच में पुलिस की तरह प्रोफेसर खड़ा हुआ है ! यह कोई मतलब है ? यह कितना अशोभन है| को एजुकेशन का एक ही मतलब हो सकता है कालेज की दृष्टि में सेक्स डिफरेंसेस का कोई सवाल नहीं है |

आखिरी बात और अपनी चर्चा मैं पूरी कर दूंगा |

और वह यह कि अगर एक बेहतर दुनिया बनानी हो तो स्त्री पुरुष के समस्त फासले गिरा देने हैं | भिन्नता बचेगी, लेकिन समान तल पर दोनों को खड़ा कर देना है और ऐसा इंतजाम करना है कि स्त्री को स्त्री होने की कांशसनेस और पुरुष को पुरुष होने की कांशसनेस चौबीस घंटे

न घेरे रहे | यह पता भी नहीं चलना चाहिए | यह चौबीस घंटे ख्याल भी नहीं होना चाहिए | अभी तो हम इतने लोग यहाँ बैठे हैं, एक स्त्री आए तो सारे लोगों को खयाल हो जाता कि स्त्री आ गई | स्त्री को भी पूरा खयाल है कि पुरुष यहाँ बैठे हुए हैं | यह अशिष्टता है, असंस्कृती है, असभ्यता है | यह बोध नहीं होना चाहिए | ये बोध गिरने चाहिए | अगर ये गिर सकें तो हम एक अच्छे समाज का निर्माण कर सकते हैं | मेरे बातों को इतने प्रेम और शांति से सुना, उससे बहुत अनुगृहीत हूँ | और अंत में सबके भीतर बैठे परमात्मा को प्रणाम करता हूँ | मेरे प्रणाम स्वीकार करें |

27

नारी स्वभाव पर बुद्ध के विचार

"स्त्रियों की प्रकृति एवं चरित्र संदिग्ध है | बुद्धिमान पुरुष के लिए यही उचित है कि उसकी प्रकृति को समझें, घृणा ना करें| स्त्रियाँ उस धर्म-स्थल की नदी के समान होती हैं जहां साधु और चांडाल दोनों स्नान करते हैं |"

-गौतम बुद्ध

गौतम बुध का जन्म 563 ईसा पूर्व लुम्बिनी (नेपाल) में इक्ष्वाकु वंशीय क्षत्रीय कुल में हुआ था | बुद्ध के उपदेशों का विश्व के अनेक देशों में बहुत गहरा प्रभाव पड़ा | उनके विचारों से बौद्ध धर्म का दुनिया भर में प्रचार प्रसार हुआ | 29 वर्ष की आयु में सिद्धार्थ (गौतम बुद्ध) विवाहोपर्यंत एक मात्र प्रथम नवजात शिशु राहुल और धर्मपत्नी यशोधरा को त्याग कर संसार को वृद्धावस्था ,मृत्यु और दुखों से मुक्ति दिलाने के मार्ग एवं सत्य दिव्य ज्ञान की खोज में रात्री में राजपाठ का मोह त्यागकर वन की ओर चले गए | वर्षों की कठोर साधना के पश्चात बोध गया (बिहार) में बोधि वृक्ष के नीचे उन्हे ज्ञान की प्राप्ति हुई और वे सिद्धार्थ गौतम से भगवान बुद्ध बन गए | उनका निर्वाण 483 ईसा पूर्व हुआ था |

स्त्रियों के बारे में गौतम बुद्ध के विचार कुछ इस तरह थे |

एक बार गौतम बुद्ध अनाथपिण्डक सेठ के घर पधारे | वह सेठ से बातचीत कर रहे थे, इतने में उनके घर से लड़ाई-झगड़े की तेज आवाजें सुनाई देने लगी | बुद्ध के पूछने पर सेठ ने बताया कि वह अपनी बहू सुजाता की वजह से बहुत परेशान है | वह बड़ी घमंडी है, पति का अनादर करती है और हमारी बात भी नहीं मानती | इसी वजह से घर में हमेशा झगड़े का वातावरण रहता है | बुद्ध ने बहू को अपने पास बुलाया | एक प्रश्न किया, 'बताओ सुजाता, तुम कैसी पत्नी हो – वधिकसमा, चोरसमा, प्रमोदसमा, मातृसमा, भगिनीसमा या सखीसमा | इनमें से तुम किस श्रेणी की गृहणी में आती हो ?"

सुजाता बोली, 'मैं आपकी बात समझ नहीं पाई | कृपया अपना आशय स्पष्ट करें |' बुद्ध बोले, 'जो गृहणी हमेशा क्रोध करती है, पति से बदला लेना चाहती है, वह कसाई के समान है | यानी उसे 'वधिकसमा' कहा गया है | जो अपने पति की संपत्ति को अपने मौज और शौक में खर्च करती है वह 'चोरसमा' और जो पत्नी आलसी होती है वह 'प्रमादसमा' है | हमेशा अपने पति की चिंता करने वाली पत्नी 'मातृसमा' यानी माँ के समान है | जो पत्नी बहन की तरह पति से स्नेह रखती है और लज्जा भी करती है, वह 'भगिनीसमा' | जो मित्रभाव रखती है, वह 'सखीसमा' है | जो गृहणी पति के कष्ट सहकर हमेशा की तरह उसकी आज्ञा का पालन करती है, वह 'दासीसमा' है | सुजाता बताओ तो भला, तुम इनमें से कौन सी पत्नी हो ?

बुद्ध की यह बात सुनते ही सुजाता की आँखें भर आईं | वह बुद्ध के चरणों में गिर पड़ी और बोली, 'भगवान! मुझे क्षमा करें | इनमें से मैं कौन हूँ, यह बताने में असमर्थ हूँ, पर आपको विश्वास दिलाती हूँ कि आज से मैं अपने पति और बड़ों का सदैव आदर करूंगी | उनका कभी भी मन नहीं दुखाऊँगी | आज से मैं अपने को घर की लक्ष्मी समझ कर उसकी देखभाल करूंगी|

बुद्ध का मानना था कि वह देश रहने योग्य नहीं है जहां स्त्री शासक है | स्त्रियाँ आम तौर पर असंगत और पापिनी प्रकृति की होती हैं | स्त्रियों की प्रकृति एवं चरित्र संदिग्ध है | बोधिसत्व लोक प्रसिद्ध आचार्य के रूप में अपने शिष्यों को उपदेश देते हैं कि आमतौर पर स्त्रियाँ व्याभिचारिणी

होती हैं | अतएव बुद्धिमान पुरुष के लिए यही उचित है कि उसकी प्रकृति को समझें, घृणा न करें | स्त्रियाँ उस धर्म-स्थल की नदी के समान होती हैं जहां साधु और चांडाल दोनों स्नान करते हैं |

बौद्ध साहित्य में ऐसे अनेक प्रसंग आए हैं जो स्त्रियों के प्रति बुद्ध एवं बौद्ध धर्म के नजरिए को स्पष्ट करने में सहायक हो सकते हैं | सभी जगह स्त्रियों को काला नाग, दुर्गंध, व्यभिचारिणी और पुरुषों को फाँसने वाली कहा गया है | स्त्रियों को रहस्यमयी कहा गया है | स्त्रियाँ अपने दुर्गुणों एवं दुराचारी प्रवृति के कारण सामाजिक कार्यों में भाग नहीं ले सकती थीं थीं | महत्वपूर्ण हैं कि स्त्रियों के संबंध में ये विचार किसी एक स्त्री को ध्यान में रखकर नहीं व्यक्त किए गए थे , बल्कि स्त्रियों की प्रकृति पर विचार करते हुए सामने आए हैं | इस तरह, हम पाते हैं कि बौद्ध साहित्य में स्त्रियों के इर्द-गिर्द जिस तरह की घेराबंदी कर दी गई थी, उससे पूर्वर्ती एवं परवर्ती ब्राह्मण साहित्य की मान्यताओं का अनायास समरण हो आता है, जहां स्त्रियाँ अपने पति और पुत्र की निगरानी में ही सुरक्षित रह सकती थीं | बौद्ध साहित्य भी इस बोध से परे नहीं है | स्त्रियों की मूल भूमिका पति की विश्वासी सेविका की थी | स्त्रियों के स्वतंत्र अस्तित्व एवं स्वतंत्र दायित्व के अस्तित्व की कल्पना का घोर अभाव उसे घर और पितृसत्तात्मक मूल्यों से ही बंधे रहने को प्रेरित करता था | स्वयं बुद्ध की नजरों में भी यह कल्पना से परे था कि कोई स्त्री तथागत या चक्रवर्ती भी हो सकती है |

28

नारी स्वभाव पर चाणक्य के विचार

"मूर्ख शिष्य को पढ़ाने पर, दुष्ट स्त्री के साथ जीवन बिताने पर तथा दुखियों-रोगियों के बीच में रहने पर विद्वान व्यक्ति भी दुखी हो ही जाता है।"

आचार्य चाणक्य

चन्द्रगुप्त को चक्रवर्ती सम्राट बनाने वाले आचार्य चाणक्य की नीतियों ने भारत के इतिहास को बदलकर रखने में बहुत बड़ी भूमिका अदा की। अर्थशास्त्र और राजनीति के महान ज्ञाता रहे आचार्य चाणक्य के सिद्धांतों को आधुनिक युग में भी स्वीकार किया गया है। चाणक्य ने अपने ग्रंथ अर्थशास्त्र में लिखा है :

स्त्रीणा द्विगुणा आहारो लज्जा चापि चतुंगुणा ।

साहसं षड्गुणं चैव कामश्चाष्टगुण: स्मृत: ॥57॥

अर्थात : एक पुरुष की तुलना में एक स्त्री की दोगुनी भूख, चौगुनी लज्जा, छ: गुना साहस, और आठ गुना काम वासना होती है।

आचार्य चाणक्य के स्त्रियों के बारे में विचार है कि अच्छी पत्नी वो है, जो मन से पवित्र हो और अपने पति से ही प्यार करे साथ ही पतिव्रता होने का पालन करे। जिस पत्नी को पति से प्यार हो, जो अपने पति से सत्य बोले उस स्त्री के साथ रहकर किसी भी पुरुष का जीवन सफल हो

जाता है|

जब आप अपने सबसे भरोसेमंद व्यक्ति को किसी खास काम के लिए भेजते हैं तो उस समय उसकी नियत का पता चलता है और सुख,दुख में दोस्तों की पहचान होती है | वहीं जब आपके पास धन, यश ना हो तो पत्नी की परीक्षा होती है |

जब आप पर भारी संकट आए तो अपने धन को बचाएं साथ ही अपनी पत्नी को भी बचाएं | लेकिन जब बात आत्मसम्मान की आती है तो ऐसे में धन और पत्नी का बलिदान भी करना चाहिए , हिचकना नहीं चाहिए |

अगर आप किसी मूर्ख बालक को पढ़ा रहे हैं तो आप खुद मूर्ख हैं साथ ही अगर आप किसी दुष्ट स्त्री के साथ जीवन बिता रहे हैं तो आप भी दुखी हो जाते हैं इसलिए ऐसे लोगों से दूर रहना चाहिए |

जिस तरह एक गलत राजा कभी अपनी प्रजा को सुख नहीं देता वहीं एक दुष्ट पत्नी अपने पति को कभी सुख और शांति नहीं दे सकती है | ऐसे घर में सुख का वास नहीं होता है |

अगर आप के जीवन में एक अच्छी पत्नी रहती है तो आपके घर की रक्षा हमेशा होती जैसे धन से धर्म की रक्षा होती है | साथ ही उन्होंने कहा कि एक पति को अपनी ही पत्नी से संतोष कर लेना चाहिए , चाहे वह रूपवती हो अथवा साधारण , वह सुशिक्षित हो अथवा निरक्षर उसकी पत्नी है यही बड़ी बात है |

चाणक्य ने विवाह के विषय में कहा है कि अगर स्त्री की सुंदरता को देखकर विवाह का निर्णय लिया गया है तो यह व्यक्ति के लिए निश्चित रूप से बड़ी भूल साबित हो सकता है | विवाह के लिए ज्यादा जरूरी है कि बाहरी खूबसूरती के मुकाबले उसके गुणों को परखा जाए | वहीं इसके विपरीत स्त्रियों को भी अपने जीवनसाथी का चुनाव करते समय इन बातों पर ध्यान देना चाहिए | हमेशा ऐसी स्त्री से विवाह करना चाहिए जो अपनी स्वेच्छा से विवाह करने के लिए तैयार हो | जोर जबरदस्ती से किया गया विवाह आगामी भविष्य में काफी शिकायतें उत्पन्न कर सकता है जो कि वैवाहिक जीवन में समस्याएं खड़ी कर सकता है |

अगर कोई स्त्री आपसे बहुत ज्यादा प्यार प्रेम करती है और वह आपकी बहुत ज्यादा परवाह करती हो तो उस स्त्री का साथ कभी नहीं छोड़ना चाहिए | भविष्य में अगर वह स्त्री झगड़े भी करे तो भी उसे नहीं छोड़ना चाहिए | आपको प्यार करने की वजह से ऐसी स्त्रियों को आपकी और आपके परिवार की खुशियों की परवाह होती है | चाणक्य का कहना है कि ऐसी स्त्रियाँ व्यक्ति को उदास और निराश नहीं देख सकती है |

आप जिस स्त्री से विवाह करने जा रहे हैं तो यह देखना चाहिए कि वह स्त्री धर्म कर्म में आस्था रखती है या नहीं | व्यक्ति को ऐसी स्त्रियों पर विश्वास करना चाहिए जो कि आपमें अपने पिता को देखती है | दरअसल, स्त्री के मन में यह भाव रहता है कि उसका पति उसके पिता के समान ही उसका ख्याल रखे | ऐसी स्त्रियाँ भविष्य में आपको कभी भी धोखा नहीं देगी |

29

भारतीय नारी का आधुनिक स्वरूप

"महिलाएं शक्ति का प्रतीक हैं, प्रकृति की बेहतरीन और सबसे सुंदर रचना हैं, इनके बिना कोई निर्माण संभव नहीं है।"

हमारे भारतीय समाज में नारी को बचपन से ही कुछ संस्कार दिए जाते हैं। और वो संस्कार उसे सहेज कर रखना होता है। जैसे धीरे बोलना, किसी के सामने ज्यादा नहीं हँसना, गंभीर रहना अर्थात समझदार बनकर रहना। कई बार तो इतनी वर्जनाएं होतीं हैं की एक बच्ची का बचपन ही न जाने किस अंधेरे में गुम हो जाता है। हमारा पुरुष प्रधान भारतीय समाज क्यों नहीं समझता कि नारी प्रकृति का अनमोल उपहार है। उसके मन में कुछ कोमल संवेदनाएं होती हैं जो उसे खूबसूरत बनाती हैं। वो एक ममता का रूप है और इस ममता रूपी नारी को हर रूप में हमेशा छल कपट ही मिला है। परंतु आज की नारी इन सब बातों को छोड़कर काफी आगे निकाल आई है।

आज नारी में आधुनिक बनने की होड़ लगी है। नारी के जीवन में क्रांतिकारी परिवर्तन हुआ है। वह जीवन के हर क्षेत्र में आगे बढ़ रही है, बदल रही है और ये परिवर्तन सभी को देखने को मिल रहा है। पहले नारी का जीवन घर की चार दीवारों में ही बीत जाता था। चूल्हा-चौका करके और संतानोत्पत्ति तक ही उसका जीवन सीमित था। विशेष रूप से नारी

का एक ही कर्तव्य था | घर संभालना, उसे घर की इज्जत मान कर घर में ही परदे के पीछे रखा जाता था | उसे माँ के रूप में, पत्नी के रूप में, पुत्री के रूप में ही देखा जाता था |

आज नारी का कदम घर से बाहर की ओर बढ़ गया है | पहले नारी के वस्त्रों पर ध्यान दिया जाता था | नारी केवल साड़ी ही पहन सकती थी | मतलब अपने आप को उसे पूरी तरह से ढक कर रखना नारी का कर्तव्य था | आज की नारी बहुत आगे निकल गई है | उसकी वेशभूष काफी बदल गई है, वो अब अपनी मनचाही वेशभूष के लिए स्वतंत्र है | परंतु ज्यादातर लोग और नारी स्वयं अपनी आधुनिक वेशभूष को और स्वच्छंद विचरण को ही नारी का आधुनिक होना मान रहे हैं | परंतु सिर्फ वस्त्र की स्वतंत्रता को अपनाना आधुनिकता नहीं है | नारी को शक्ति का प्रतीक माना जाता रहा है |और उसने अदम्य साहस का परिचय भी दिया है |

इसके अतिरिक्त धैर्य एवं त्याग के गुणों के कारण नारी को पृथ्वी की संज्ञा दी गई है | झांसी की रानी लक्ष्मीबाई और पन्ना धाय जैसी नारियों ने इतिहास में नारी शक्ति और त्याग को सिद्ध किया है | वास्तव में दमन का विरोध और प्रगतिशील नवीन विचारों को अपनाना ही नारी का आधुनिक होना है और नारी ऐसा प्रत्येक युग में करती रही है |

नारी को मानवीय अधिकारों से वंचित किया जाता रहा है | प्राचीन काल में दमन का विरोध करने का, शिक्षा का , राष्ट्र के विकास में सहयोग देने का नारी को अधिकार नहीं दिया जाता था | परंतु बीसवीं शताब्दी के प्रारंभ में पश्चिमी राष्ट्र की नारी स्वतंत्र होकर अपनी प्रतिभा को प्रदर्शित करने लगी थी | उसने शिक्षा का अधिकार प्राप्त कर लिया है | शिक्षा में तो नारी ने बहुत बड़ी उपलब्धि प्राप्त कर ली है | शिक्षा के द्वारा उसके लिए बहुत सारे द्वार खुल गए हैं | ऐसा कोई क्षेत्र नहीं है जिसमें नारी ने प्रगति ना किया हो | बीसवीं शताब्दी में भारतीय नारी की शिक्षा पर समाज सुधारकों द्वारा बल दिया जाने लगा था |

आज भारतीय नारी चार दीवारी से निकल कर अपने अधिकारों के प्रति सजग हो गई है | शिक्षित होकर विभिन्न क्षेत्रों में वो अच्छा प्रदर्शन कर रहीं है | नारी को भोग्या मानने वाले पुरुष प्रधान समाज में नारी

ने प्रमाणित कर दिया कि वो भी इस पुरुष प्रधान देश में अपना स्थान रखती है | साहित्य , चिकित्सा ,विज्ञान , अनेक ऐसे क्षेत्र हैं जिसमें नारी ने अपनी प्रतिभा प्रदर्शित की है | केवल पुरुष का क्षेत्र माने वाले सेना और पुलिस में भी नारियाँ अपनी सेवाएं दे रही हैं और वे किसी पुरुष से पीछे नही हैं | किरण बेदी,कल्पना चावला, बचेन्दरी पाल , अरुणिमा सिन्हा ,मेरी कॉम , पी टी उषा, लता मंगेशकर , ऐसी कई स्त्रियाँ है जिन्होंने भारत का नाम रोशन किया है | चाहे अंतरिक्ष की उड़ान हो, हिमालय पर्वत की ऊंची चोटी हो , या अंटार्कटिका का विशाल बर्फ से ढंका क्षेत्र हो हर जगह भारतीय नारी ने अपना परचम लहराया है|

भारतीय अर्थव्यवस्था में नारियों का महत्वपूर्ण योगदान है | भारत देश में करोना महामारी के संकट काल में देश की वित्त मंत्री श्रीमती निर्मला सीतारमन रही हैं | उन्होंने अपनी जिम्मेदारियों को बखूबी निभाया और यह सिद्ध कर दिया कि एक महिला देश की अर्थव्यवस्था को भी बड़े सुचारु ढंग से चला सकती है | जब एक महिला खुद को उत्पादक कार्य में लगाती है तो न केवल परिवार बल्कि देश को भी फायदा होता है | जीवन का मानक उसी के अनुसार बढ़ता है | क्रय शक्ति बढ़ती है और हम अपने बच्चों को अधिक सुविधाएं दे सकते है | अप्रत्यक्ष तरीके से, यह राष्ट्रीय अर्थव्यवस्था के लिए एक सहायता है | यदि पति और पत्नी दोनों काम पर है, तो उनकी आय दोगुनी हो जाती है | वे अपने बच्चों को बेहतर शिक्षा और चिकित्सा सुविधाएं दे सकते हैं | एक महिला जो आर्थिक सुरक्षा का आनंद लेती है, वह परिवार में हंसी खुशी ले आती है | पूरा परिवार पृथ्वी पर स्वर्ग का स्थान बन जाता है | नया भारत कई बदलावों से गुजर रहा है | सामाजिक परिवर्तन हर जगह दिखाई देता है | देश में महिलाओं की स्थिति में बदलाव हो रहा है, हालांकि यह परिवर्तन क्रमिक है |

नारी में विद्यमान उसकी प्रतिभा और प्रगति समाज के लिए आवश्यक है | परंतु आधुनिकता के नाम पर नारी को समाज को दूषित करने का कोई अधिकार नहीं है | क्योंकि नारी का दर्जा माँ, बेटी, और किसी की पत्नी का भी है | नारी को माँ दुर्गा, लक्ष्मी और सरस्वती के रूप में पूजा की जाती है |इसलिए प्रत्येक नारी का कर्तव्य है कि भारत

की प्राचीन परंपराओं और संस्कृति का सम्मान करते हुए अपने कर्तव्यों और दायित्वों का पालन करे ताकि हर एक परिवार खुशहाल हो |

लेखक की रचनाएं

1. BORDERMAN
2. सीमा प्रहरी
3. आवारा
4. कमीने दोस्त
5. संगिनी
6. काबिल
7. मुक्तिदाता
8. माया
9. चरित्रहीन
10. चक्रव्यूह
11. परिवार
12. प्रेम विवाह
13. वफ़ादार दोस्त
14. जीवन-संघर्ष
15. नारी-शक्ति
16. नारी-महिमा

लेखक से पत्र व्यवहार का पता : rps1959@gmail.com , मोबाईल नंबर 7000153809 ये सभी उपन्यास Notionpress.com, Amazon.in and Flipcart पर उपलब्ध हैं |